Educação e burocracia

FUNDAÇÃO EDITORA DA UNESP

Presidente do Conselho Curador
Herman Jacobus Cornelis Voorwald

Diretor-Presidente
José Castilho Marques Neto

Editor-Executivo
Jézio Hernani Bomfim Gutierre

Assessor Editorial
João Luís Ceccantini

Conselho Editorial Acadêmico
Alberto Tsuyoshi Ikeda
Áureo Busetto
Célia Aparecida Ferreira Tolentino
Eda Maria Góes
Elisabete Maniglia
Elisabeth Criscuolo Urbinati
Ildeberto Muniz de Almeida
Maria de Lourdes Ortiz Gandini Baldan
Nilson Ghirardello
Vicente Pleitez

Editores-Assistentes
Anderson Nobara
Fabiana Mioto
Jorge Pereira Filho

Maurício Tragtenberg

Educação e burocracia

Coleção Maurício Tragtenberg
Direção de Evaldo A. Vieira

© 2012 Beatriz Romano Tragtenberg

Direitos de publicação reservados à:

Fundação Editora da UNESP (FEU)
Praça da Sé, 108
01001-900 São Paulo SP
Tel.: (0xx11) 3242-7171
Fax: (0xx11) 3242-7172
www.editoraunesp.com.br
www.livrariaunesp.com.br
feu@editora.unesp.br

CIP Brasil. Catalogação na fonte
Sindicato Nacional dos Editores de Livros, RJ

Editora afiliada:

Asociación de Editoriales Universitarias
de América Latina y el Caribe

Associação Brasileira de
Editoras Universitárias

Sumário

Apresentação ix

Preâmbulo xi

PARTE I – Artigos e palestras

1 O discurso da servidão voluntária 3
2 Educação brasileira: diagnóstico e perspectivas 13
3 Anotações sobre a educação no Brasil 35
4 Administração, poder e ideologia 43
5 Relações de poder na escola 77
6 Educação ou desconversa? 85
7 O papel social do professor 97
8 Educação e contextos culturais 117
9 Questões educacionais: esclarecimentos de Maurício Tragtenberg 127
10 Neoliberalismo e cultura universitária 131

11 *Sobre a universidade*: introdução ao leitor brasileiro 139
12 Educação e política: a proposta integralista 161
13 O conhecimento expropriado e reapropriado pela classe operária 177
14 Quando o operário faz a educação 191
15 Uma tentativa de crítica 195
16 Que universidade é essa? 199
17 Reformas são a garantia de que nada vai mudar 207
18 A profunda crise da Sociologia e Política 211
19 Unesp: os que excluem com unhas mafiosas 215

PARTE II – Resenhas

20 A Teoria Geral da Administração é uma ideologia? 221
21 As condições de produção da educação 261
22 Geopolítica: ideologia nazista? 267
23 O caráter ideológico dos estudos ecológicos 269
24 Ecologia *versus* capitalismo 271
25 Os meios de comunicação como extensão do homem 281
26 Resenha do livro *Revolución y contrarrevolución en la Argentina* 287
27 Resenha do livro *O despertar de um Estado* 291
28 Confronto de sistemas 295
29 Comunicação coletiva 299
30 Avaliação em comunicação 301
31 Em face de Israel 305
32 Visão de Max Weber 311
33 A essência e a aparência na Rússia em 1917 317
34 Medicina, saúde e trabalho 321
35 Santo Dias da Silva 325
36 Autópsia da barbárie 331
37 Autogestão e sistema social 335
38 Uma pesquisa psiquiátrica 339

39 Organizados, graças a Deus   343
40 Contribuição esforçada, mas que deixa a desejar   347
41 A luta que caiu no esquecimento   351
42 Revista *Novos Rumos*   355
43 Carone levanta os caminhos da teoria
marxista no Brasil   357
44 Carone traça a história da esquerda no Brasil   361
45 Papel dos dirigentes sindicais é vasculhado   367
46 Capital, sindicatos e gestores   371
47 A arma afiada da memória   375
48 A poluição no interior do sistema fabril   379
49 *Economia dos conflitos sociais* [orelha]   383

Referências bibliográficas   387

Apresentação

Os trabalhos de Maurício Tragtenberg se caracterizam pela erudição meditada, a heterodoxia tolerante e a autonomia intelectual. Estes são traços constantes numa obra sempre influente, dispersa em longo período de tempo e variada no assunto, mas que preserva sua agudeza e atualidade de maneira, por vezes, dramática.

Justamente por isso, com o intuito de preservar e mais divulgar as contribuições deste autor, falecido em 1998, a Editora UNESP apresenta ao público a COLEÇÃO MAURÍCIO TRAGTENBERG, composta pela parcela mais representativa de tudo que produziu: seus livros; ensaios publicados em revistas, especializadas ou não; ensaios incluídos em trabalhos coletivos; prefácios e introduções. São também inseridos na COLEÇÃO os artigos saídos esparsamente na imprensa e os escritos destinados apenas à coluna jornalística "No Batente".

Esta reunião de obras impôs certos cuidados formais, aos quais se voltaram tanto o coordenador da COLEÇÃO como a

Editora UNESP, a saber: restabelecimento de textos por meio de comparação com originais; eventuais notas; compilação de artigos; revisão e demais procedimentos necessários a uma edição sólida, que esteja à altura de seu conteúdo e respeite a visita do pesquisador/leitor a este marco da produção intelectual brasileira.

Coordenador da Coleção e Editor

Preâmbulo

Programada em dez volumes, a Coleção Maurício Tragtenberg finda neste livro, *Educação e burocracia*. De fato, a educação e a burocracia constam de motivos condutores (*leitmotiven*) dos artigos e palestras aqui compilados.

Um dos mais atentos e penetrantes pesquisadores da burocracia, Tragtenberg refletiu sempre sobre a educação formal e a educação informal (pela qual mantinha clara preferência) submetida aos males e aos estragos da ação burocrática.

Uma vida voltada ao conhecimento e ao ativismo intelectual em defesa da liberdade de pensamento, Maurício experimentou por anos e anos a trajetória de professor no ensino médio, no ensino superior (graduação e pós-graduação) e palestrou pelo Brasil afora. Assistiu, como docente, às inúmeras reformas educacionais no país, reformas meramente de forma e de nomenclatura, em geral promovidas por "especialistas", os quais pouco, ou quase nunca, deram aulas, simples tecnoburocratas, que vivem disso em qualquer momento.

O título *Educação e burocracia*, proposto por mim, bem expressa a substância dos artigos e palestras, e ainda das resenhas inseridas no livro. Separei em duas partes os escritos de Tragtenberg; de um lado, artigos e palestras proferidas por ele, de outro lado, resenhas publicadas a respeito de diferentes assuntos e livros. O espírito dominante nos artigos, palestras e resenhas se prendem à escola e à burocracia.

A escola em si é examinada em suas principais dimensões, como a administração, a ideologia, o exercício do poder em seu interior, o tipo de conhecimento ensinado à classe operária. O centro de suas reflexões, em se tratando da escola, volta-se especialmente para o aluno e para o professor, afinal aqueles que constituem a vida escolar. As ponderações de Maurício Tragtenberg, quanto à escola, contestam o seu papel disciplinador, a construção do ser obediente, a falta de liberdade de o aluno satisfazer seus interesses intelectuais, aquilo que alguém chamou de "servidão voluntária". Avesso à competição de qualquer natureza entre alunos, entre professores etc., detestava controle de frequência, avaliações de alunos, provas, valorização dos diplomas etc. (tão a gosto dos burocratas nunca avaliados).

Para ele, a vida e o trabalho significam a base do interesse no conhecimento e, se alunos manifestam desinteresse pela escola, isto deriva da miséria cultural das famílias, muitas vezes também da sua miséria material, obrigando-os a procurar alguma ocupação para sobreviver precariamente. Porém, Tragtenberg não busca só fora da escola as razões do desalento e do desprezo dos alunos, motivadores da evasão escolar. Denuncia a má qualidade do ensino e sua inutilidade para a existência deles, tanto na maioria das escolas primárias, secundárias, como na maioria das universidades, contribuindo com o prestígio da burocracia educacional, que vai pesquisar como "reformar o ensino"! A ação burocrática resume-se em alterações superficiais na organização da educação, de forma e de denominação, gerando novas evasões de alunos, humilhando professores, desviando-os de sua prática docente e colocando-os em competição de cunho empresarial.

Ademais, Maurício Tragtenberg empenha-se em tomar a educação em sentido amplo, conforme se verifica nas resenhas existentes no livro. Nelas, arrola inúmeros temas fundamentais ao processo educacional, férteis em informações valiosas para a formação das pessoas.

Educação e burocracia é um livro claro e direto, uma vez mais a argumentação de Tragtenberg demonstra o que pode ser feito pela educação, desde que a ação burocrática seja restringida ao mínimo, outorgando um campo de liberdade aos professores e alunos, sem tecnoburocratas, especialistas e diretores de carreira.

Finalizando a Coleção Maurício Tragtenberg, com dez volumes publicados em mais de oito anos, reitero que estas obras estiveram sujeitas aos cuidados formais indispensáveis, como restabelecimento de textos e eventuais notas etc.. Alguns escritos de Maurício Tragtenberg não apareceram na Coleção em virtude de possuírem trechos ilegíveis nos originais recebidos por nós.

Indicado pela família Tragtenberg e acolhido pela Editora Unesp, aos quais agradeço, lembro que nesse tempo transcorrido revisei os livros já publicados, em linguagem e em bibliografia (quando consegui descobrir a obra em algum acervo), revisei do mesmo jeito e organizei os escritos avulsos, já publicados ou não, distribuindo-os em partes e dando-lhes formato de livro. Substituí título obscuro de obra publicada, denominando-a de acordo com seu real conteúdo. Igualmente, coloquei títulos nos livros compostos com textos esparsos (exceto no denominado *Teoria e ação libertárias*), sempre tendo em vista a relação título e conteúdo.

Mais do que os anos de convivência fraterna e diuturna, minha coordenação da Coleção Maurício Tragtenberg traduz o dever de pôr à disposição dos leitores de língua portuguesa um pensamento crítico, erudito e seguro, cujo destino final está na consolidação da autonomia, da liberdade e, enfim, da dignidade do ser humano, capaz de levar à extinção a miséria, a opressão e a tirania.

Evaldo A. Vieira
Junho de 2012

PARTE I
Artigos e palestras

O discurso da servidão voluntária[*]

Antes de mais nada, a obra *O discurso da servidão voluntária*, de Étienne de La Boétie, coloca o tema do tirano, da obediência e da liberdade alienada.

Inicia o texto com o desejo:

> Em ter vários senhores nenhum bem sei, que um seja o senhor e que um só seja o rei, dizia Ulisses em Homero, falando em público. Se nada mais tivesse dito, senão: em ter vários senhores nenhum bem sei, estaria tão bem dito que bastaria, mas se para raciocinar precisava dizer que a dominação de vários não podia ser boa, pois o poderio de um só é duro e insensato tão logo tome o título de Senhor, em vez disso foi acrescentar o contrário: "Que um só seja Senhor, e que um só seja o rei". (La Boétie, 1982, p.10)

---

[*] *Educação e Sociedade*, n.21, São Paulo/Campinas, Cortez/Cedes, maio-ago., 1985, p.33-41.

O autor considera um extremo infortúnio que se esteja sujeito a um senhor, do qual nunca se pode certificar de que seja bom, pois *"está em seu poderio ser mau quando quiser..."*.

Acrescenta ele ser "difícil acreditar que haja algo público nesse governo *em que tudo é de um*", (Ibid., p.11) "como tantas cidades suportam o tirano que *tem apenas o poderio que lhes dão*", (Ibid.) "enfeitiçadas e encantadas apenas pelo nome de um", (Ibid., p.12) "que vício infeliz ver um número infinito de pessoas não obedecer, mas servir, não ser governadas, mas tiranizadas" (Ibid., p.13). O que deu aos gregos a fibra de sustentar a força de tantos navios nas guerras contra os persas "naqueles dias gloriosos não se tratava da batalha dos gregos contra os persas, mas da *vitória da liberdade sobre a dominação, da franquia sobre a cobiça?*" (Ibid., p.14).

Produz então o autor a noção da reprodução ampliada da tirania: "os tiranos, quanto mais pilham mais exigem, quanto mais são servidos, mais se fortalecem, se tornam cada vez mais fortes" (Ibid., p.15). Se tudo lhes for recusado, cairão como o galho que se torna seco e morto, prevê La Boétie. Mostra ele três tipos de tiranos: os eleitos pelo povo, os pela força das armas e os por sucessão de sua raça.

Porém a tirania grega é um fenômeno datado historicamente. A historicização do conceito tirania é fundamental, sem a qual se corre o risco de sua ontologização e desistoricização.

A *tirania* do mundo grego, especialmente em Siracusa (Weber, 1964, v.3, p.306) se deu quando os estamentos ameaçados pelo *demos* (povo) ajudaram a instaurar a tirania. A tirania grega contava com o apoio da classe média e dos credores explorados por usurários pertencentes a estamentos superiores. Aquela, por sua vez, desterrava alguns membros dos estamentos *superiores*, confiscando seus bens. Na Antiguidade a luta de classes assumiu uma forma específica: os patrícios urbanos com poder militar na qualidade de *credores* e os *camponeses* como devedores.

No mundo oriental, em Israel, por exemplo, a *servidão por dívidas* fora regulamentada no "Livro da Aliança". Todos os "tiranos", de Abimelech a Judas Macabeu, tinham apoio nesses servos fugitivos. Nesse período surgiu a promessa do Deuteronômio, dizendo que "Israel emprestará a todo o mundo". Os cidadãos de Jerusalém serão senhores e credores enquanto os demais serão servos e camponeses.

Esse antagonismo existente no mundo grego e romano fez com que a *tirania* do poder tivesse o apoio dos pequenos camponeses, tendo como aliados uma pequena parte da nobreza e uma parte dos setores urbanos médios.

A tirania desenvolvia uma política de *nivelação* de direitos políticos (Sólon), apoiava-se numa guarda pessoal junto ao *caudilho*, como Pisístrato, onde emergiam os mercenários e os "capitães do povo" medievais.

A política econômica da tirania fundamentava-se em impedir a venda da terra dos camponeses à nobreza urbana, a migração rural-urbana, a compra de escravos, o luxo do comércio intermediário e a exportação de cereais. Em suma, medidas pequeno-burguesas urbanas.

Diferentemente da velha realeza urbana, os tiranos detinham o poder sem legitimidade. Sua oposição à nobreza se dava em todos os níveis e, na esfera de cultos, estimulavam os cultos dionisíacos em oposição à nobreza.

Para expulsá-los, os estamentos dominantes tiveram que fazer concessões ao *demos* – ao povo –, o que resultou na expulsão do tirano Pisístrato e sua substituição por Clístenes. *Uma plutocracia de comerciantes em geral substituiu o tirano.*

A tirania, favorecida pela luta de classes, atuou como elemento de nivelação estamental-democrática.

Na Roma antiga, a nobreza temia a tirania, daí a razão de Ápio Claudio perder a vida, por ordem do Senado, sob pretexto de pretender instaurá-la.

A visão de La Boétie das Guerras Médicas é profundamente idealista: elas se deram em função da formação do *imperialismo ateniense*, preocupado com a expansão territorial e também com a taxação de navios estrangeiros que usavam o Mar Egeu. Não se tratou de uma vitória da liberdade sobre a dominação, como parece, mas sim do imperialismo econômico-naval ateniense contra Ciro.

Referindo-se aos gregos, o autor ressalta que Licurgo, "com suas leis e seu governo, criou e formou tão bem os lacedemônios que *cada* um deles preferia morrer mil mortes a reconhecer outro senhor que a lei e a razão" (La Boétie, 1982, p.21). Só que os lacedemônios engajados nas tropas como *hoplitas* tinham seus escravos como força de trabalho e havia uma concomitância entre "a máxima expansão no emprego da mão de obra escrava com o esplendor da democracia" (Weber, 1964, p.329).

Outra noção que decorre do texto é o conceito da liberdade enquanto fenômeno natural, pois privar alguém da liberdade é uma injúria, "posto que a natureza é completamente razoável" (La Boétie, 1982, p.18). Portanto *"resta à liberdade ser natural,* do mesmo modo que, no meu entender, *nascemos não somente da posse de nossa franquia,* mas também com afeição para defendê--la" (Ibid., p.18). A falta da liberdade consegue "desnaturar o homem" (Ibid., p.19).

Parece-nos que o emprego dos conceitos *natureza* e *razão*, no discurso de La Boétie, tem profunda impregnação estoica, redefinida à luz das mudanças sociais que ocorrem em sua época: ascensão da burguesia e edificação do Estado burocrático ocidental.

Ele aponta como primeira razão da servidão voluntária o *costume de servir*. Referindo-se ao povo, sugere o autor que eles "dizem que sempre foram súditos, que seus pais viveram assim: pensam que são obrigados a suportar o mal, convencem-se com exemplos e ao longo do tempo eles mesmos fundam a posse dos que tiranizam" (Ibid., p.24). A esse quadro agrega que os pertencentes às camadas dominantes que não aceitam a servidão "não se contentam como *a grande populaça* em olhar o que está diante dos pés [...] são esses que, *tendo a cabeça por si mesma bem feita*, ainda a poliram com o estudo e o saber" (Ibid.). Define o tirano como uma espécie de anti-intelectualista quando diz que o grão-turco (despotismo oriental) percebeu bem isto: que os livros e a doutrina dão aos homens, mais que qualquer outra coisa, o sentido e o entendimento para se reconhecerem e odiarem a tirania: averiguo que em suas terras ele não tem sábios, nem os quer. (Ibid.)

Outra causa da servidão, segundo o autor: "a primeira razão por que os homens servem de bom grado é que nascem servos e são criados como tais" (Ibid., p.25).

A visão que La Boétie tem do povo e sua defesa da *liberdade* é aristocrática, em que a preocupação pelas franquias transforma-se em *doutrina* ante o fenômeno de sua época que aparecia dominante: a centralização e a expansão do Estado.

De certa forma a centralização é um "destino" do Estado ocidental, contra isso contrapôs-se historicamente o federalismo (especialmente na Espanha), o *self-government* inglês, que, na realidade, implicava a dominação de uma plutocracia comercial.

Os críticos da centralização do poder foram no Ocidente os primeiros críticos da "burocracia" e da verticalização da obediência que ela implica. La Boétie inaugura uma linha de pensamento antiburocrático de caráter aristocrático fundado na ideia de autogoverno que ecoará em Tocqueville, De Bonald e outros críticos da formidável centralização realizada pela Revolução Francesa, que nesse sentido é vista pelos dois últimos como a culminação de um processo que se inicia com o chamado "absolutismo".

Como disse anteriormente, a visão que o autor tem de povo é aristocrática, assim, o define como "a grande populaça", (Ibid., p.24) "arraia-miúda" (Ibid., p.27) e explica que "os povos abobados acostumavam-se a servir tão tolamente e até pior do que as criancinhas que aprendem a ler vendo as brilhantes imagens dos livros iluminados", (Ibid.) nos quais os tiranos abusavam como podiam "dessa canalha" (Ibid.).

Logicamente que de tal *nulidade popular* nada ele poderia esperar.

Daí depositar sua confiança política na ação de setores da classe dominante, pois

> *sempre se encontra alguns mais bem-nascidos que sentem o peso do jugo e não podem se impedir de sacudi-lo, que jamais se acostumam com a sujeição, não podem se impedir de se atentar para seus privilégios naturais* e de lembrar-se de seus predecessores bem como de seu primeiro ser. (Ibid., p.24)

No fundo é uma defesa do conceito de liberdade "estamental" dirigida contra o Estado.

Analisa as várias formas de manipulação do povo que o poder utiliza – jogos, circo, gladiadores, bichos estranhos, medalhas – e por meio das quais os tiranos iam *"abusando como podiam dessa canalha que, mais que qualquer outra coisa,* não resiste ao prazer da boca" (Ibid., p.27).

Mostra como através de doações como vinho, dinheiro, festas públicas, o tirano manipulava essa "canalha", deduzindo uma lei geral: *o povo sempre teve isso – ao prazer que não pode receber honestamente é de todo aberto e dissoluto; ao erro e à dor que pode sofrer honestamente é insensível.*

Logicamente todo poder liga-se à magia, especialmente nas monarquias da Antiguidade: os reis possuíam qualidades "taumatúrgicas", bastava beijar seu anel para obter efeitos curativos; tendências que atingem seu auge na monarquia francesa centralizada.

É muito claro que numa estrutura tirânica o boato e a credibilidade fácil se desenvolvam com rapidez, adquirindo foros de verdade, daí o exemplo da crença popular de que Vespasiano, ao voltar da Assíria e passar por Alexandria rumo a Roma para apoderar-se do Império, endireitava os coxos, tornava clarividentes os cegos e muitas outras belezas cujo logro quem não conseguia enxergar era, segundo ele, "em meu entender mais cego que aqueles a quem curava" (Ibid., p.29).

O fato é que tais descrições correspondiam às *formas mágicas de legitimidade do poder institucionalizado*, mediante às quais os dominantes asseguravam sua hegemonia.

Já dizia Maquiavel que se pode governar pela força e pela persuasão. O primeiro momento pode ser o da *força*, logicamente seguido pelo da *persuasão*, o nível em que "as ideias dominantes são as ideias da classe dominante".

Nesse sentido, conforme a conjuntura social e as relações existentes entre a classe num momento dado, o dominado pode *internalizar* o dominante. Sem isso seria inexplicável a subida ao poder do nazismo e do fascismo por via legal--constitucional e o carisma de Vargas no Brasil. Porém, é necessário não esquecer a *resistência* e a *contradição*: a subida dos dois primeiros ocasionou expurgos em massa no seio da população nativa. É óbvio que se não houvesse *resistência* não haveria *universo concentracionário*.

Da mesma maneira que dizíamos anteriormente que numa conjuntura dada o dominado internaliza o dominante, numa outra conjuntura o dominante adere à visão do dominado: vejam-se os grandes ideólogos do anarquismo, do marxismo, na sua maioria vieram da nobreza, uns eram príncipes, outros desertaram da burguesia, da pequena burguesia. Sem falar da Revolução Francesa, cuja ideologia fora confeccionada por desertores da nobreza como Condorcet, Montesquieu, e do clero, como Jacques Roux.

Hegemonia e contra-hegemonia revelam as contradições de classes, a persistência de um deles significa um momento de um processo que tem múltiplos desdobramentos.

No meio de tanta complexidade, La Boétie nos fornece uma pequena pista da *razão de servir*: "mas eles querem servir para ter bens, como se não pudessem gerar nada que fosse deles" (Ibid., p.33).

É o acesso às prebendas burocráticas, às mordomias inerentes a qualquer poder fundado verticalmente e exercido diretamente por agentes comissionados da classe dominante, que explica a aproximação com o chamado tirano.

Essa "caça aos bens" é típica da *nobreza palaciana* que floresce com o absolutismo, tão denunciado por La Boétie.

Numa parte do texto parece que o autor descreve a verticalidade existente em estruturas burocráticas, em que quem detém o poder de decisão monocrático exige

> que pensem o que quer e amiúde para satisfazê-lo adivinhem seus pensamentos. Para ele não basta obedecê-lo, é preciso também agradá-lo, é preciso que arrebentem, que se atormentem, que se matem de trabalhar nos negócios dele; e já que se aprazem com o prazer dele, que deixam lismo existente em estruturas burocráticas, em que quem detém o seu natural, é preciso que esteja atento às palavras dele, à voz dele, aos sinais dele e aos olhos dele. (Ibid., p.33)

Tal incorporação do *outro* realizada por quem detém o poder de decisão em estruturas verticais tanto pode ocorrer na *esfera pública* como na *privada*. Muitos executivos, secretários de Estado, ministros, dificilmente admitem que seus *subordinados saibam mais* do que eles, e se o cargo é de *confiança* procuram em quem escolheram uma *extensão* sua, *não uma diferença*. É nesse sentido que "aproximar-se do tirano é recuar mais em sua liberdade" (Ibid.).

Porém, como em nossa civilização domina a razão proprietária, esta constitui a causa motriz, sem ser a única, dessa aproximação do "tirano" de La Boétie, que implica o recuo da liberdade.

A temática da liberdade e a angústia que seu exercício implica, na medida que o indivíduo não tem álibis de caráter impessoal ou universal abstrato em que se apoiar, aparece com clareza em algumas obras de Dostoiévski.

É universalmente conhecida a parábola de Cristo e o Grande Inquisidor nos *Irmãos Karamázov*: quando Cristo desce à Terra durante a Inquisição na Espanha, o Grande Inquisidor mostra que ele é o verdadeiro "amigo" do homem – tirou-lhe a liberdade em troca da segurança, deu-lhe acima de tudo o pão terrestre.

Enquanto Cristo implicar uma mensagem de liberdade e autodeterminação, constitui fonte de angústia, sofrimento para o homem, que abre mão dessa "liberdade", alienando-se nas mãos do Grande Inquisidor.

Essa temática é desenvolvida pelo próprio Dostoiévski na sua obra *Os demônios*, na qual um personagem, Chigalióv, partindo da ideia de que os sistemas sociais do futuro têm que ser anunciados hoje, propõe um sistema de organização mundial. Confessa ele que embaralhou seus próprios dados e que a conclusão está em *contradição direta* com a ideia fundamental do sistema. Diz ele: *"partindo da liberdade ilimitada cheguei ao despotismo ilimitado"* (Dostoiévski, [s.d.], p.358).

O projeto de Chigalióv antecipa em muito as formas de organização de inúmeras seitas políticas da Rússia de então.

> O projeto dele é notável, tornou Verkovenski. Estabelece como regra a *espionagem*. Segundo ele, todos os membros da sociedade *se espionam mutuamente* e são *obrigados* a relatar tudo que descobrem. Cada um *pertence* a todos e todos *pertencem* a um. Todos os homens são escravos e *iguais* na escravidão, nos casos graves pode-se recorrer à *calúnia* e ao *homicídio*, o principal é que todos são *iguais*. O nível especial da ciência e do talento só se obtém graças a inteligências superiores. Os homens da ciência apoderam-se do poder e tornam-se déspotas. A sociedade prevista por Chigalióv não conhecerá o desejo: para *nós* o desejo e o conhecimento, para a sociedade, o chigalevismo. (Ibid., p.371)

A problemática da liberdade e da perda da liberdade em Dostoiévski, seja alienando-a ao Grande Inquisidor, seja a uma organização secreta na qual a delação é um dever e todos se espionam, tem a ver com o período de mudança social pela qual passava a Rússia czarista após a abolição da servidão e o impacto da industrialização.

Dostoiévski é o grande escritor da passagem da Rússia arcaica para a Rússia industrial, daí ser o homem da "consciência inquieta", daí ser o criador de personagens cuja *angústia existencial* é o centro da reflexão sobre a condição humana, o conflito entre o bem e o mal, entre "religião" e "Igreja", entre as tendências eslavófilas – às quais Dostoiévski se filiava – e as "ocidentalistas".

Isso significa que, como toda obra, a de Dostoiévski tem sua *historicidade* e é *datada*. Só nesse contexto de mudança histórico-social pode ser compreendida.

Conclusivamente, podemos dizer que, enquanto houver uma sociedade dividida por um tipo de divisão de trabalho como o existente após a Revolução Industrial na sua estrutura básica, hierarquias de todo tipo e propostas de "mudança social" que estabeleçam "novas hierarquias" com outros nomes, os temas da "servidão" e do "poder", mas também da rebelião contra ele, serão sempre *atuais*.

Educação brasileira:
diagnóstico e perspectivas[*]

O processo de desenvolvimento capitalista no Brasil e os efeitos da dinâmica da reprodução ampliada do capital sobre a educação são elementos centrais desta análise. Retomam-se nesta discussão as questões expressas pela dinâmica intensiva do desenvolvimento capitalista, que se realiza através da "centralização e concentração", e pela dinâmica extensiva, que se dá através da penetração das relações capitalistas de produção em áreas onde domina o pré-capitalismo, concretizadas na destruição dessas mesmas relações sociais e sua substituição por relações tipicamente capitalistas de produção.

Esse processo se efetiva, de forma desigual e combinada, onde as articulações pré-capitalistas se subordinam às relações capitalistas e constituem condição de seu desenvolvimento. Em outros termos, o sistema desenvolve simultaneamente

---

[*] *Brasil 1990*, de Henrique Rattner (org.). São Paulo: Brasiliense, 1979, p.191-205.

disparidades regionais e intrarregionais, tal qual outra face do mesmo processo, combinando desigualdades, sob a égide da lei da reprodução do capital.

A partir de 1930 estabelece-se no país a predominância da estrutura produtiva de base urbano-industrial. A industrialização, que se iniciou sob o signo do capitalismo monopolista internacional, decorreu de um movimento interno de acumulação, no qual se deu a reprodução do capital constante e do trabalho assalariado. Esse processo, porém, se operou restritamente, pois os elementos técnicos de acumulação não foram suficientes para a emergência da indústria de bens de produção. A quantidade da mão de obra se constitui, entretanto, no elemento predominante dessa fase da produção industrial, que emergiu com o surgimento de empresas heterogêneas do ponto de vista produtivo, gerando paralelamente diferenciação interna da força de trabalho, muito mal paga e sobre a qual se sustentará as formas de acumulação brasileira. Em outro movimento, após 1950, as empresas industriais se apresentam como chave do sistema econômico, quando, através do que se chamou de processo de substituição de importações, precipita-se a introdução de uma economia baseada na produção em escala. Evidentemente, nesse novo modelo, dar-se-á a substituição da força de trabalho pela máquina como elemento central do processo de acumulação, concomitantemente com o que se definiu como "trabalho coletivo" na indústria, implicando, ao mesmo tempo, alterações profundas no sistema educacional brasileiro.

É necessário situar que o processo de industrialização se deu também com o amparo estatal, desde a Convenção de Taubaté, ao socializar perdas e privatizar lucros, até a criação de várias autarquias, como a de Açúcar e Álcool, empresas de base, como a Siderurgia de Volta Redonda, além dos benefícios bancários e incentivos fiscais destinados à instalação de determinado tipo de indústria.

O Estado nesse processo passou a exercer o papel de agente "organizador" da superestrutura, na medida em que atuou de 1930 para cá como o "cimento" do bloco histórico, que articulava os interesses da oligarquia rural voltada à exportação, da indústria dirigida ao mercado interno e das multinacionais predominantes no modelo "associado" a partir de Juscelino, que encontra seu ápice em 1964.

Os novos setores dinâmicos da indústria passam a representar a possibilidade de garantir ocupações "superiores" aos assalariados. A educação deverá adquirir um novo reconhecido valor nos sistemas de relações inter e intraclasses. Aparentemente, os "mais bem-dotados" são aqueles que venceram a competição na conquista de um "diploma" enquanto a realidade expressa o seu aproveitamento pelo sistema industrial ou a possibilidade para o capitalista de contratar mão de obra disponível mais qualificada.

O sistema educacional também individualiza ideologicamente uma "incapacidade" decorrente de fatores socioeconômicos. Assim, pobre é sinônimo de "cabeça-oca", "burro" ou "indisciplinado".

A organização da hegemonia pelo Estado, através de seu estamento burocrático-militar e seus respectivos ideólogos, tinha que logicamente contar com o apoio da escola, enquanto "aparelho ideológico".

A difusão da ideologia dominante – "desenvolvimentismo" – se dá através do professorado oriundo da classe média, que tem como modelo o aluno de classe média, agindo conforme tal ótica em relação àqueles de origem proletária ou camponesa.

Fundamentalmente, há uma correlação direta entre a origem social do aluno e o fracasso escolar, seja a entrada tardia no sistema formal de educação, seja a repetência ou a evasão escolar. A escola consagra, no plano pedagógico, aqueles que no plano da origem socioeconômica já estão previamente escolhidos; premia os privilegiados e penaliza os desprivilegiados, outorgando-lhes o título de "carentes".[1]

---

1 Os recursos governamentais têm sido aplicados principalmente na multiplicação de cursos acadêmicos ou de cultura geral, mas os estudantes "filhos"

Na realidade, após o Manifesto dos Educadores de 1922 e a Revolução de 1930, a educação se constitui em um "problema nacional". Se tratava, antes de mais nada, da universalização da escola, propiciando a instrução elementar e viabilizando, portanto, o modo capitalista de produção.[2]

Daí surgir como um dos temas centrais da Escola Nova a luta pela igualdade de oportunidades como elemento central da democratização do ensino. Porém, como é possível almejar a "democratização do ensino" sem a "democracia industrial"? Ou melhor, como conciliar a ideologia capitalista liberal da *igualdade de oportunidades* com a existência da *desigualdade de condições sociais para o usufruto dessas oportunidades*?

Na realidade, o messianismo pedagógico tem curta viseira. A ampliação da escolarização formal não "salvou" o país, nem se constituiu em elemento para formação de mão de obra qualificada. Em outros termos, quanto menos a escola tem esse papel tanto mais ela se realiza como aparelho ideológico, inculcando valores e o comportamento das classes dominantes nas classes dominadas.

Helena Lewin et al. (1977, p.136-63), no seu estudo *A mão de obra no Brasil: um inventário crítico*, demonstrou que apenas 56,7% da mão de obra ativa era alfabetizada; 68% possuía o curso primário incompleto; 36% o curso médio e 4,8% o superior completo. Tais fatos levaram a concluir que os mecanismos de exclusão predominam no sistema de ensino nacional, na medida em que não serve à maioria da população no território. Porém,

---

de trabalhadores preferem cursos comerciais. Os recursos governamentais têm sido aplicados na multiplicação das escolas em pequenas cidades *à custa de restrições e dificuldades* encontradas pelas camadas inferiores da população nas grandes cidades (Gouveia, 1996, p.57).

2 "Seguindo nessa linha o MEC considera que a pobreza acaba sendo vista apenas como um problema do trabalhador, esquecendo-se de que o capital participa do processo em proporção muito mais decisiva, porque a pobreza é muito mais a repressão que o capital exerce sobre o trabalho do que a falta de condições profissionais do trabalhador" (*O Estado de S. Paulo*, 15/7/1979).

verificar-se-á que com o desenvolvimento do capitalismo a escola "aparece" (para o capitalista) como pré-requisito para o trabalho; do lado da mão de obra, ela é vista como um fato inacessível.

Quando integrado à rede escolar, o operário ou seus descendentes são os que mais repetem. Convém lembrar que a escola é o espaço onde atua o professor, integrado à classe média e que sob essa ótica estabelece os critérios de aprovação "ou aproveitamento". Na realidade, temem o exame somente os filhos da classe média alta ou alta. Filhos do proletariado a ele nem chegam, pois os mecanismos de "deserção", "evasão" ou jubilação tratam de "filtrar" essa classe, funcionando assim como seletor educacional.[3]

Por outro lado o próprio desenvolvimento da rede educacional nada mais fez do que acentuar o que já existia. Estabeleceram-se na prática duas redes paralelas; a escola de rico e a escola de pobre. Ao se acentuar por esse sistema as diferenças de classe, apesar de todo o jargão igualitário democrático-liberal, introduziram-se sutilmente condições diversas de estudo vigentes na escola privada e na do Estado, no nível qualitativo de ensino destinado à clientela do período diurno e *noturno*. O pobre frequenta a rede do Estado, na maior parte das vezes no período noturno, seja Mobral, primário, secundário ou até universitário.[4]

Também se deve destacar os fatores intraescolares que acentuam as disparidades sociais. Um deles se refere ao ritmo de aprendizagem. Pessoas aprendem em ritmos diferentes, em função de sua origem social, do capital cultural que possuem. Por sua vez, o professorado é motivado a altas sofisticações

---

3 "Assim, as pressões sociais e políticas que se encontram por detrás dos padrões de expansão anteriormente descritos têm mantido os filhos de trabalhadores manuais ou bem fora do ensino médio ou concentrados em cursos comerciais ou secundários de segunda categoria" (Gouveia, 1996, p.57-8).

4 "A maioria dessas crianças não completa a escola primária e aquelas relativamente poucas que chegam à escola de grau médio encontram-se em cursos vocacionais ou em cursos secundários noturnos" (Ibid., p.57).

metodológico-pedagógicas e cego ao social concreto. Daí o pobre não ter ensino no seu "ritmo", restando-lhe a "deserção" ou "exclusão", que vão definir a falência de sua trajetória escolar. No que se refere ao primeiro grau, é bom não esquecer que a grande maioria do professorado é constituída de leigos. Como falar de "renovação educacional" e "tecnologia educacional" sem que isso se constitua num engodo cruel aos pobres e ao mesmo tempo transforme sua "exclusão" da rede escolar no fruto da vitória dos "melhores", "bem-dotados" ou "mais qualificados"?[5]

Na realidade, o sistema de ensino se realiza através da distribuição diferencial do saber, possibilitando meios para exercício diferencial do poder, que, por sua vez, reproduz diferencialmente a lógica das classes sociais existentes. Dessa maneira os denominados processos de inovação pedagógica nada mais são do que inovações tuteladas pelo Estado, que orientam ideologicamente os métodos de segregação escolar. Assim, quem quiser manter tudo como está realiza uma reforma educacional e as coisas ficarão como sempre estavam, porém, com nova roupagem retórica.

A valorização da "criatividade" e da "espontaneidade", tão comum na mixórdia pedagogística que constitui o grosso da literatura e que entope as estantes de livrarias, nada mais é do que a legitimação de uma desigualdade social estrutural básica. Somente o aluno oriundo da classe dominante tem as condições para "dar de si" ou "tirar de si".

O grupo de origem proletária ou camponesa tem incorporado ao seu capital cultural elementos de caráter mágico-religioso, cultura de senso comum ou o que antropólogos da pobreza cha-

---

[5] "Também conhecido é o fato de que o estreitamento na pirâmide que é obtido via reprovação/deserção não incide de forma equiprovável em todos os grupos sociais. Quanto mais baixo o nível social, maior a probabilidade de abandono do sistema. Assim, nos níveis mais elevados haverá uma predominância cada vez maior dos grupos de *status* elevado [leia-se burguesia], quer definamos esse *status* em termos de prestígio ocupacional do país, de sua educação ou de indicadores de bem-estar econômico e conforto" (Castro et al., 1978, p.35).

mam de visão fatalista do universo. Nesse sentido, seria lógico que um sistema de ensino público, amplamente difundido nos primeiro e terceiro graus, deveria promover um avanço qualitativo no que se refere à visão do mundo do pobre. Bastaria que uma compreensão *racional* substituísse a visão mágica, através do raciocínio matemático, de causalidade histórica e da vida como um processo contínuo de mudança e autotransformação. Porém, os déficits quantitativos no nível do ensino elementar e as altas taxas de evasão escolar nas primeira e segunda séries tornam tal projeto uma utopia.

Fica evidente que problemas como a qualidade de ensino são prioritários nas redes escolares dos países de capitalismo desenvolvido. Nas áreas subdesenvolvidas, por ordem de importância, a luta contra o ingresso tardio na escola primária e a deserção no nível do primário e secundário são os problemas mais urgentes que devem ser atacados.

Por outro lado, é necessário acentuar que a ênfase na tecnologia educacional, fundamentada em modelos distantes da realidade social do país, em nada contribui para a melhora do nível de ensino em qualquer grau ou para a retenção dos alunos de primeiro e segundo graus na rede escolar. Isso porque a sua utilização é permeada por um véu ideológico sob o qual, através das teorias de aprendizagem com fundamento psicológico, o real permanece opaco e a fantasia atua como único elemento transparente. O desconhecimento da realidade socioeconômica concreta não pode ser suprido por nenhuma tecnologia educacional, por mais sofisticada que seja.[6] Ela tem endereço certo: converter o

---

6 "Os dados do México e da Colômbia nos indicam claramente que a incidência dos problemas de visão está fortemente associada ao nível socioeconômico do aluno. Os alunos de classe baixa, os alunos das escolas públicas – que atendem a essa clientela – têm uma probabilidade muito mais elevada de ter deficiências sérias de visão. Há uma proporção significativa de alunos, usualmente de classe baixa, cujo fracasso escolar poderia ser o resultado nítido de acuidade visual insuficiente, mas que passa desapercebida por pais e professores" (Ibid., p.3).

sistema de ensino no grande mercado das quinquilharias audiovisuais, fabricadas pelas multinacionais e impingidas aos pobres como a última palavra do "progresso" e da "modernização". É através desses aparelhos audiovisuais que a rede escolar, do nível primário ao universitário, se transformou em atraente mercado ao "marketing" das grandes empresas produtoras de material didático eletrônico.

Da mesma forma que a apresentação de reformas sofisticadas, fundadas em modernas teorias de currículo importadas dos Estados Unidos, não substitui a ausência de bibliotecas, salas de aula decentes e centros de pesquisa. Considerando a precariedade das instalações educacionais existentes no país, os projetos sofisticados que impliquem a complexa tecnologia educacional só podem ter efeito "ostentatório".

Às vezes, medidas menos sofisticadas, como o aumento da hora/aula para os graus iniciais na rede de ensino, podem ter maior significado do que a introdução de guias curriculares complexos e formalizados, que escapam à compreensão do professor e que obrigam o aluno a "entendê-los", "assimilá-los" e "estudá-los" para a sua melhor "formação".

Em outro plano, visando diminuir a desigualdade de oportunidades e condições educacionais, as entidades governamentais, nos últimos anos, acentuaram o papel do ensino supletivo de primeiro e segundo graus. Um exame mais profundo desses planos impõe de imediato a seguinte questão: quem constitui a clientela do supletivo? São aqueles "desertores" ou "evadidos" das escolas da rede oficial ou particular. Em contrapartida, na sua maioria, os cursos supletivos de primeiro e segundo graus pertencem a instituições privadas. Isto é, ao ingressar no supletivo, o pobre expelido da rede comum de ensino sofre pena acessória e, como diriam os criminalistas: está condenado a pagá-la. Na realidade, os cursos supletivos, sem âmbito específico definido, são empobrecidos ou, no melhor dos casos, transmitem informações de segunda mão. Suas deficiências congênitas reforçam assim a *desigualdade* ante as condições educacionais que permeiam a trajetória escolar do aluno de origem proletária urbana ou rural. E tal reforço contraria, portanto, a ideologia do supletivo, que se apresenta como agente capaz de eliminar as desigualdades das oportunidades educacionais.

A rede de ensino de segundo grau, apesar de seu aumento quantitativo nos últimos anos, especialmente nos grandes centros urbanos, como Rio de Janeiro e São Paulo, não atende mais do que 13% da população escolar estimada entre 14 e 18 anos.[7] Sabe-se que de cada dez alunos matriculados no primeiro grau, somente um atinge o segundo grau de ensino. Por outro lado, são nacionalmente conhecidas as deficiências da rede do segundo grau, destacando-se o fato de a maioria de seus alunos frequentarem o período noturno, o que faz que o cansaço após o dia de trabalho, o desgaste com transporte e as más condições ambientais de acomodação nas escolas públicas em nada favoreçam o chamado "rendimento escolar".[8]

O ensino profissionalizante constituiu-se em outra balela. Com instalações inadequadas para o ensino acadêmico "tradicional", como instituí-lo? É natural considerar que a eterna falta de verbas para o ensino, especialmente para os primeiro e segundo graus, caracteriza a política do Estado. Um ensino pobre, para pobres, pois mais de 50% da população escolar estimada entre 14 e 18 anos trabalha, sendo que mais de 80% cumpre mais de 40 horas semanais. Sem verbas para equipamentos, laboratórios, máquinas e outros acessórios, necessários à sua instituição, o

---

7 "Mais educação para todos não resulta em melhores oportunidades para todos; em termos de distribuição das posições na sociedade, é logicamente possível que tudo permaneça como antes. Simplesmente, afirmamos que é menos desigual a distribuição da escolaridade nos níveis considerados" (Ibid., p.35).

8 "As matrículas têm se expandido consideravelmente, mas as crianças das famílias mais modestas apenas tangencialmente se têm beneficiado dessa expansão" (Gouveia, 1996, p.57).

ensino "profissionalizante" ficou no papel, como ficará o célebre pluricurricular.

Por outro lado, a integração entre os primeiro e segundo graus, prevista por lei, não deixou de criar problemas, tais como a área de competência entre os diretores do primário e secundário ou o desnivelamento etário entre os alunos de primeiro e segundo graus. Coexistindo no mesmo espaço escolar, uniformizando a rede de ensino médio por baixo, com a hegemonia dos estereótipos e preconceitos dos antigos normalistas, travestidos de "diretores" da escola estadual "integrada", introduziu-se a *primarização* do primário e secundário. Cabe chamar a atenção para este fato: a taxa de escolarização do primeiro grau é estacionária há quase uma década, apesar do aumento da população em idade escolar nesse período, enquanto a taxa de evasão da rede de ensino chegou a atingir 50% da clientela.

Os municípios e os governos estaduais arcam com o custo da rede de ensino de primeiro e segundo graus. As verbas especialmente destinadas aos municípios continuam sendo insignificantes. A União tem a parte do leão na arrecadação tributária e, logicamente, investe no ensino universitário prioritariamente, compondo uma pirâmide cuja base é de analfabetos e cuja cúpula é ocupada pelos "doutores" do sistema, títulos outorgados pela apresentação de teses que ninguém viu e que dormem o sono dos justos nas prateleiras do "almoxarifado intelectual" universitário. Ora, a prioridade da "atenção escolar" aos níveis mais "altos" em detrimento dos "baixos" concorre para o privilegiamento dos oriundos da burguesia e pequena burguesia, em detrimento dos setores subalternos da sociedade.[9]

---

9 "Nos estudos mexicanos e argentinos foi possível observar que mesmo dentro dos estratos amostrais – definidos por níveis de escolaridade e localização das escolas – a qualidade dos recursos disponíveis para os alunos (em termos, por exemplo, da qualificação acadêmica dos professores e disponibilidade de equipamentos pedagógicos) era tanto maior quanto mais elevado o *status* socioeconômico dos alunos. Os alunos de famílias de mais alto nível dispu-

O problema educacional, tal qual é usualmente detectado, o é na *aparência*. Na realidade ele é a forma *aparencial* de algo essencial: as determinações econômicas que regem a lógica das classes, transmutada em lógica de poder e legitimada pelo aparelho escolar, através do fornecimento de uma educação diferencial.

Contudo, é necessário salientar que se a escola opera por exclusão também o faz por integração. É desse ponto de vista que o sociólogo José de Souza Martins procurou analisar a forma que a escolarização assume no meio rural, onde está ligada diretamente ao trabalho produtivo; sendo assim, frequentar a escola é equivalente ao trabalho. A escola se apresenta incorporada ao meio rural e seu conteúdo é reinterpretado para torná-lo compatível com a "ética do trabalho". Assim, o que aparece como fenômeno socioeconômico e escolar, dependente das relações sociais de produção, capitalistas ou não, são as noções de trabalho e escolarização.

A simplicidade das formas de trabalho agrícola não exige estruturas escolares e conhecimentos teóricos sofisticados. A escola só se define como tal separada do trabalho e à medida que se integra ao meio urbano, através da produção mercantil. Os trabalhadores de origem rural, embora não possam estar submetidos diretamente à ação do aparelho escolar, pois a execução de suas tarefas não depende da escolarização formal, estão, porém, submetidos às funções hegemônicas do Estado, já que valorizam a escola como "canal" ou pré-requisito "de distinção" ou "ascensão ocupacional".

Por outro lado, o migrante rural que chega à cidade emerge como trabalhador *não qualificado*, na condição de ajudante. Tem consciência de que não poderá fazer "carreira" na fábrica. Contu-

---

nham de escolas mais bem montadas, mais caras e com professores mais bem qualificados. Os dados do México mostram, então, uma correlação significativa positiva entre a qualidade dos insumos escolares e o nível socioeconômico dos alunos do primário" (Castro et al., 1978, p. 36).

do, usufrui de um salário parco, porém, garantido. Considera-se vivendo num período transitório, rumo a uma qualificação posterior. Espera chegar a "mestre" ou "suboficial". Daí as "boas maneiras", o "acatar ordens" e o "respeito" se constituírem na evidência das funções de hegemonia, que se dão na condição de trabalho, muitas vezes, à margem do aparelho escolar.

A universidade, que recebe a maior parte das verbas para o ensino, forma competências definidas, permite a execução de tarefas de caráter hegemônico e técnico-ideológico, segundo uma conformação econômico-social capitalista, que por sua vez assegura uma estrutura desigual de classes e uma concentração autoritária do poder político. O Estado reproduz, assim, no plano educacional o que já se realizara no plano socioeconômico: a concentração de renda. No que se refere à administração da educação, Anísio Teixeira afirmava que

> uniformizaram-se e unificaram-se os governos, impostos, orçamentos, quadros, estatutos de pessoal, repartições e serviços sem consideração nem de lugar, nem de tempo, nem de circunstâncias, nem de pessoal. Procedeu-se, além disso, à centralização dos serviços de pessoal e material de todos os governos, desde o federal e os estaduais até os municipais, destruindo-se de um jato todas as independências e diferenciações, criando-se monolitos burocráticos tão gigantescos quanto inoperantes. (Teixeira, 1968)

Paralelamente a esse processo, a presença da universidade no conjunto dos aparelhos ideológicos, com funções de hegemonia, aparece com sua autonomia relativa, que a coloca em posição peculiar e com a qual a sociedade civil conta, no que diz respeito às suas relações com o Estado: reprodutora/contestadora. A universidade sofre um processo de "domesticação", na medida que a sua atuação ocorre no âmbito da ação dos especialistas, restrita à sua prática pedagógica, sem conexões com a sociedade global, pelo menos explícitas, transigindo com os mecanismos "externos" de exclusão e capacitando os seus diplomados a preencherem as funções de inculcação/repressão que garantam a hegemonia da facção dominante. A universidade "tradicional", "arcaica" ou mandarinesca está em crise e a crítica tecnocrática a visualiza enquanto relação custo/benefício, *input/output*, cujo produto final é o pesquisador especializado ou o professor-pesquisador. O próprio acordo MEC-Usaid a definiu através dessa ótica tecnocrática, cujos critérios de "eficiência" e "retorno" se chocam com situações estamentais e "arcaicas".

Na realidade, nem a universidade mandarinesca nem a tecnocrática respondem aos imperativos das necessidades da "maioria". Isso porque a universidade tem que produzir o conhecimento que ensinará, o qual não existe ainda. A universidade só será de pesquisa quando definir a cultura que vai ensinar. Logicamente, essa cultura, ainda não elaborada em função da realidade nacional, definirá uma universidade informativa e não formativa. Isso era demonstrado com muita clareza por Anísio Teixeira (1968), quando dizia que

> as instituições brasileiras, na minha opinião, são de uma fragilidade enorme. De nada adianta mudar o nome delas à vontade. O fato que é real é a fragilidade institucional brasileira. Isso decorre de as ideias estarem na cabeça das pessoas, não na sociedade a qual pertencem [...] No Brasil, não falta informação democrática, não falta quem exponha a democracia com a maior clareza. *Por que então não funciona esta democracia?* Porque *uma* coisa é termos na cabeça, *outra* coisa são essas ideias se refletirem em nossas cabeças. É absolutamente necessário que a educação seja uma introdução de uma *cultura real* na sociedade; não um acréscimo, um ornamento, um processo informativo [...] Uma coisa é estarmos informados sobre o *pensamento* político [...] outra coisa é esse pensamento político *existir* na sociedade e não sermos o reflexo dele, que, no entanto, só poderia existir na sociedade se todo o processo educativo estivesse embebido do seu espírito.

A formulação de uma cultura nacional como elemento de manutenção da hegemonia é radicalmente diferente da concepção MEC-Usaid de uma universidade voltada para competências específicas, onde a ideologia dominante da tecnocracia decisória é não ter ideologia. Com isso, consegue sua autossustentação nos cargos, refletida nesse conceito popular a respeito da perenidade do estamento burocrático numa sociedade de classes: o governo passa e a polícia fica, o ministro passa e o burocrata resta.

A Reforma Universitária de 1968 nada mais significou do que uma inovação tutelada pelo Estado, ao ampliar as vagas para atender à pressão social das classes médias. Isolou materialmente mais ainda a universidade nos *campi* e espiritualmente no cultivo da especialidade, do academismo, do neutralismo político. Ora, quem é *neutro* em política reproduz a política do *poder*. Pelo fato de a universidade ser uma instituição, agrupando o cientista que não é dono de seus meios de pesquisa, o funcionário separado dos meios de administração como o operário em relação aos meios de produção, a universidade reafirma o seu caráter de instituição *política*, ocupando um espaço social definido, claro, entre os aparelhos de dominação ou poder. Produz e reproduz conhecimentos "legítimos" ao mesmo tempo que confere, através do título, poder simbólico a quem já tem poder real. Por outro lado, absorve as *contradições do social*, permeando suas atividades pela dicotomia reprodução/contestação, da mesma maneira que o trabalho aparece como função do capital e sua negação simultânea na figura do "trabalhador coletivo".

As vicissitudes das chamadas "Ciências Humanas" no ensino universitário, ao atingirem determinado padrão de excelência intelectual, mostram bem como os cursos de Ciências Sociais, Geografia e História foram castrados, com a introdução de "Estudos Sociais" no melhor modelo da metrópole, através de licenciaturas "curtas" e "longas" e da estruturação de pós-graduação fundada num modelo único. Constitui-se hoje em mera *reciclagem da graduação*, pois em sua estrutura e funcionamento faltam tudo:

nível de professores qualificados, bibliotecas especializadas com suficiente acervo para atender a número elevado de alunos e bolsas financeiramente significativas, que não obriguem o pós--graduando a dedicar-se a "bicos", em detrimento de suas horas de leitura e reflexão.[10]

A imposição de pós-graduação com cursos regulares, permeados de exames de ingresso e qualificação, transformou seu respectivo aluno em corretor de créditos.[11] Nesse sentido, o produto final – a dissertação do mestrado ou tese de doutorado –, na maioria dos casos, condensa um montão de banalidades.[12] Na realidade, o centro da pós-graduação deveria ser orientado em função do projeto do pós-graduando, constituindo-se o "curso" numa série de sessões nas quais o mesmo projeto possa ser discutido multidisciplinarmente. A dissertação de mestrado continua sendo um ato solitário, e a chamada integração de disciplinas um sonho de uma noite de verão. Resumindo, em relação aos temas tratados anteriormente definimos os seguintes itens:

Ensino primário: entre seus mais graves problemas estão a baixa taxa de retenção escolar, num regime de escola de três turnos

---

10 "Por outro lado, a regressividade nos gastos educativos corresponde ao que politicamente seria mais esperado na América Latina de hoje. Os mecanismos políticos de tomada de decisões na área educativa pendem a favor dos ricos e educadores cuja presença nos focos de decisão se faz visivelmente notar" (Castro, 1978, p.36).

11 "Após duas horas de discussões, responsáveis pela pós-graduação das Universidades de Brasília, PUC, Unicamp e representante do MEC concluíram que: a) há um excesso de regras que deve ser eliminado; b) o credenciamento dos cursos precisa ser feito por pessoas indicadas por universidades; c) é necessária uma seleção tanto para admissão como para permanência do aluno no curso; d) exige-se a estabilidade de um fluxo de recursos para o setor" (*Folha de S.Paulo*, 22/7/1979, p.27).

12 "Rogério Cerqueira Leite: A tese não é o único elemento para avaliação de um programa de pós-graduação. Outros indicadores são: se está satisfeito, o que aconteceu com o pessoal que fez pós-graduação e como melhorou seu nível de ensino. Azevedo: Eu sei que se forem analisadas as teses feitas nos EUA talvez 5% valham alguma coisa, o resto pode-se vender a peso" (Ibid.).

que mal chega a atender a um terço da população demandatária; elevado índice de "deserção"; alto contingente escolar que ingressa tardiamente na rede, tornando inócua a manutenção da relação idade/ano escolar; programas altamente formalizados, cujos conteúdos são relegados a segundo plano; sistemas de avaliação obsoletos; instalações precaríssimas, especialmente na área rural; predominância de professores leigos, além de péssimo nível salarial, haja vista as numerosas greves ocorridas nos últimos tempos.

Ensino médio: entre os principais problemas, figuram: a pequeníssima porcentagem da faixa etária correspondente provinda dos meios populares que tem acesso a esse nível; baixa taxa de retenção escolar, com predominância dos critérios de exclusão gerados por motivos econômicos; alto percentual de sua clientela que trabalha e o frequenta em período noturno, recebendo um curso empobrecido, com docência insuficientemente qualificada – seja por motivos técnicos ou pelo baixo nível salarial, que não atrai professores competentes para a carreira –, deficiência de prédios escolares e equipamentos ou ausência de orientação educacional e vocacional dignas desse nome.

A redistribuição dos recursos arrecadados pela União, tendo em vista os estados e os municípios que mantêm redes oficiais de ensino primário e médio, coloca-se com extrema urgência. Sem a retroconversão desses recursos é impensável se falar em "qualidade de ensino". Dessa maneira, a escola média, num período de "lactescência" do adolescente, em vias de dirigir-se ao mercado de trabalho, constitui-se em instituição apenas "disciplinadora", que ensina as regras de obediência e respeito à hierarquia a que se sujeita nas empresas privadas burocráticas e hierarquizadas.

Ensino superior: entre seus problemas mais graves, estão: a ausência de representantes da classe média baixa e operária nos seus quadros discentes, onde prepondera a seletividade econômica na sua composição; a expansão do ensino superior, sem consideração aos aspectos *qualitativos*; a não participação da comunidade acadêmica, professores, alunos e funcionários nos processos decisórios básicos; a política de malthusianismo cultural com a imposição de barreiras ao acesso à universidade; o fato de que só quem tem recursos para frequentar a "indústria dos cursinhos" tem condições de acesso à universidade gratuita e de nível médio melhor do que as particulares, que vicejam pelos bairros das grandes cidades.

Outro dado importante: a liberdade que deve prevalecer na produção e discussão do conhecimento é reduzida diante da existência de numerosos serviços de "segurança", que geram a "insegurança" geral, socializando o medo, a restrição mental e a timidez, incompatíveis com qualquer projeto universitário mais sério.

Pós-graduação: A crítica à pós-graduação está na moda e conta com o bafejo áulico que vem de Brasília. Isso merece algumas reflexões.

É sabido que os precursores da atual pós-graduação institucionalizada foram os Centros Regionais de Pesquisas Educacionais e o Instituto Nacional de Estudos e Pesquisas Educacionais Anísio Teixeira (Inep), que procuraram condições não só de transmissão de um saber já feito, mas de produção de um novo saber adequado à realidade do país.

Os atuais programas de pós-graduação, especialmente na área de educação, na qual temos experiência vivida, em sua grande maioria oferecem um quadro de multiplicidade de temas de pesquisa: observa-se mais de quarenta linhas de pesquisa em menos de vinte programas de pós de educação. Observa-se uma profunda falta de integração entre os mesmos e a inexistência de recursos humanos qualificados que confiram níveis de "excelência" a esses programas.

Por outro lado, os órgãos financeiros e o próprio Ministério da Educação (MEC) procuram reforçar programas de pós-graduação fora das fronteiras da universidade, sendo que esta é a única que promove pesquisas que abrangem todos os níveis de ensino hoje em dia.

A forma cartorial da estruturação dos cursos de pós, a instabilidade de fluxo de recursos para continuidade das pesquisas, o culto à pesquisa pela pesquisa, desvalorizando a formação do professor como uma das tarefas da pós-graduação são fatores impeditivos à sua melhora qualitativa.[13]

Eis que a tese se constitui em indicador de excelência de um programa em termos relativos, pois geralmente se perde de vista o destino ocupacional do pós-graduado. É claro que na análise da pós-graduação dever-se-ia considerar o peso da universidade enquanto espaço onde se exerce um poder interno burocrático por professores-burocratas ou burocratas-professores que podem se constituir em obstáculos ao desenvolvimento qualitativo de um programa.[14]

Tanto a pressão das fontes de financiamento – que visa fins imediatistas, opera contra a pesquisa fundamental e contra uma formação mais sólida ao longo do tempo – quanto o controle cartorial e burocrático do MEC ou do Conselho Federal de Educação, a falta de autonomia real das universidades e a não participação dos alunos de pós-graduação na definição da política de pesquisa e ensino na área se constituem em outros fatores que a transformam numa "reciclagem" da graduação. Além disso, a

---

13 "Joel Martins: Eu não acho que o objetivo fundamental da pós-graduação seja a pesquisa; existe também a formação do bom professor. Isso em geral é descuidado, pensa-se no bom pesquisador e não se pensa no bom professor" (Ibid.).
14 "Fernando A. S. Rocha, do MEC: Além disso, todo sistema político interno da universidade é extremamente fechado, no sentido de que é monolítico em suas decisões. As querelas, as picuinhas internas, o sistema de poder dentro dos departamentos, tudo são variáveis que temos que introduzir na análise de uma problemática de pós-graduação. Esses critérios de excelência que estamos discutindo têm que ser formalizados a partir da comunidade acadêmica e colocados em contraposição à retórica oficial, daí nosso apelo para que a comunidade acadêmica nos ajude a gerir esses processos que são complicados" (Ibid.).

pós-graduação é "aproveitada" por luminares acadêmicos que a ela se dedicam muito menos na produção de conhecimentos e mais na ostentação do *status* de "vendedores de prestígio" nos *campi* universitários deste país afora.

Diante disso, em que medida a prioridade ao ensino fundamental se constitui num elemento de democratização do ensino?

O Brasil ainda não resolveu um problema resolvido pelos países de capitalismo desenvolvido no século XIX – universalizar a educação fundamental – e, por isso, tem que enfrentar os desafios do século XX, que pressionam por uma política educacional que atenda ao desenvolvimento científico e tecnológico em nível internacional.

É que a formação do capitalismo no Brasil se dá sob a lei do desenvolvimento desigual e combinado, isto é, o capitalismo surge no Brasil quando já está em crise na sua pátria de origem: Europa. Conhecemos a decadência do sistema sem conhecer suas virtualidades positivas, e, ao mesmo tempo temos a combinação de formas de economia coletora no Xingu, que são o complemento necessário à economia de escala na região Centro-Sul.

Ante isso, urge enfrentar equilibradamente a questão educacional: seria um populismo barato e fácil privilegiar a educação fundamental; tal atitude em nada mais se constitui do que, em nome da democratização do ensino fundamental, possibilitar ao partido do governo o aumento da massa de eleitores, tendo em vista futuras eleições diretas. Em suma, o aumento dos "currais eleitorais" sob nova nomenclatura: prioridade à educação popular.

Por outro lado, tal constatação não deve implicar a renúncia à utilização dos meios fiscais que possibilitem a garantia de acesso da população operária e subempregada à educação. Mas deve estar vinculada à definição de uma política de tecnologia alternativa, adequada à realidade do país, como um dos recursos para se superar a barreira do "subdesenvolvimento retardatário". Isso implica, é claro, o apelo à mobilização popular e da comunidade acadêmica para que se crie a possibilidade de opinar e interferir na formulação da política educacional.

O problema educacional não se resolve com a utilização de recursos fiscais, tendo em vista sua manutenção e expansão no referente à rede física, instalações escolares, bibliotecas, valorização da merenda escolar, dotação das escolas dos recursos mínimos para cumprirem a função de ler, escrever e contar.

Países que romperam o círculo vicioso cumulativo do subdesenvolvimento, atacando frontalmente os problemas educacionais nas suas áreas críticas a partir de uma remuneração salarial condigna do professorado dos vários níveis de ensino, são países que partiram para reformas estruturais no plano da questão agrária, da intervenção nos mecanismos econômicos, não deixando ao sabor da célebre lei de oferta e procura que tende à hegemonia do forte (do capital). Essas medidas se realizaram com a coexistência entre a mobilização de todos os assalariados em defesa de uma escala móvel salarial condizente com o aumento do custo de vida e ampliação das organizações autônomas dos trabalhadores rurais, urbanos e dos estudantes secundaristas e universitários. Tais elementos constituem a pré-condição para uma discussão séria do problema educacional e para tentativas de solucionar seus pontos "cruciais". Educação, acima de tudo, deve ser vista como um *bem público* e não como mercadoria vendida no mercado dos títulos acadêmicos, embora a exploração comercial do bem educação se equipare, em nível de lucratividade, à exploração dos motéis, segundo declaração de uma "autoridade" das Faculdades Integradas Estácio de Sá, do Rio de Janeiro. A opulência privada pode coexistir com a miséria pública e a educação não escapa em nossa terra desse "destino".

Em suma, a democracia política é insuficiente sem a democratização das instituições. Esse processo se dará na medida que os envolvidos nelas tenham condições de participação real e não simbólica. Quanto menos os corpos docente e discente participam das decisões na universidade, mais o estamento burocrático ocupa lugar. Constitui-se numa figura sem rosto, serve a qualquer poder, a qualquer política, coberta pela ética da irresponsabilidade burocrática: "recebi ordens". Essa ética, levada ao limite, converte o próprio mal numa banalidade e origina os Eichmann da existência.

Em suma, o problema educacional só o é na aparência; na realidade o problema central é socioeconômico-político, ao qual está estreitamente vinculado o aspecto educacional, que possui um nível de autonomia relativa em relação a esse conjunto. Porém, é importante sublinharmos esse nível *relativo* de autonomia do educacional, para não iniciarmos uma discussão do irrelevante ou promovermos uma "cultura da desconversa".

Como sugestão setorial, seria interessante que aqueles vinculados direta ou indiretamente à indústria do ensino, que ocupam cargos nos Conselhos Estaduais e Federais de Educação, fossem substituídos por educadores desengajados do industrialismo pedagógico. Essa medida daria um parâmetro das "boas intenções" propaladas pelos donos do poder e criaria condições mínimas para o saneamento do "clima educacional" em nossa desinfeliz terra.

Tal proposta poderia pecar por "utopismo", porém, lembramos que Sandino na sua época também era "utópico" e hoje não o é.

Anotações sobre a educação no Brasil[*]

Ser educador é saber, antes de tudo, dialogar, polemizar, colocar desafios. E essas são as características do professor Maurício Tragtenberg.

A ideia, ao organizar este debate no Centro de Debates, era suscitar questões provocativas sobre um tema amplo como esse. E foi isso que o professor Maurício fez durante sua conferência. Com pitadas de ironia, às vezes até com certo ceticismo, falou sobre os dilemas da educação brasileira, como a burocratização, o elitismo de nosso ensino, os partidos políticos, a Igreja etc. Transcrevemos alguns trechos de sua conferência, procurando conservar o seu estilo de falar, de polemizar.

Algumas preliminares

Todo mundo fala em educação. Eu sei que a educação não se restringe à escola. Nas discussões, a gente começa pela escola;

---

[*] *Idéias*, n.1, São Paulo, Fundação para o Desenvolvimento, 1988.

as coisas, no entanto, são diferentes. Quem educa é a sociedade. A escola ensina e a sociedade educa.

Outra coisa: você pode ter o máximo de escolaridade e o mínimo de consciência social. Vejam bem, eu não estou propagando o analfabetismo, mas não há relação direta entre altos índices de escolarização e o alto índice de consciência social.

Houve um sociólogo chamado Weber que escrevia muita coisa sobre burocracia do Estado e da religião. Ele publicou um livro sobre a universidade chamado *Universidade e liberdade acadêmica na Alemanha imperial*. E lá ele dizia: "educar é escolarizar". Era o começo do século XX e a universidade alemã, na época dele, era razoável. De 1890 a 1900, a universidade alemã era assim; medíocre que chama medíocre e tenta reproduzir a mediocridade. Isso na época dele, imagine hoje!

Outra coisa: quanto menor é o grau de ensino, mais se é ignorado. Porque tudo é hierárquico. Você tem a hierarquia da Igreja, a hierarquia da carreira pública. E você tem a hierarquia do saber. Não tem tese nenhuma? Então ninguém fala com você. Se não tem PhD, você não é nada.

Uma coisa que eu sempre perguntei: por que a defasagem brutal entre o professor de primeiro e de terceiro grau? É uma imoralidade social brutal o professor de terceiro grau ganhar 200 a 300% mais do que o professor de primeiro grau. Isso acaba com qualquer sistema escolar. É menor a responsabilidade social de uma professora que fica cinco horas com uma criança do que a do professor que fica com um barbudo de pós-graduação com aquela angústia da tese? Você, então, é qualificado de acordo com a classe social a que serve. E qual é a maior glória do professor? Deixar de ser professor. Isso é o fim! Uma carreira de professor cuja maior glória é deixar de ser professor! Depois dizem que a administração é racional. Se uma organização estrutura a carreira cujo ápice está na condição de você abandonar a sala de aula, e quanto mais abandona maior é a prova de que você tem *status*...

É terrível! Quando o profissional ganha salário baixo, o que acontece? A profissão é feminilizada; mixaria é para a mulher. E aí se confunde mãe com professora e o aluno chama a professora de tia. É uma loucura total, uma confusão de papéis sociais tremendo. E nem se fala da professora que cuida das crianças de 0 a 6 anos. Eu, por exemplo, conheço muitas cidadãs que não são professoras, são pajens. E o que ocorre? Esse pessoal ganha salário de superescravo. E é tão "atraente" o salário que uma cidadã voltou a ser faxineira, porque ganha mais fazendo faxina em casas do que trabalhando com crianças de 0 a 6 anos. E depois vêm me falar da pré-escola! É uma brincadeira!

Você está numa sociedade capitalista em que tem que pagar tudo. Você não é professor mercenário e até para respirar você paga. Numa economia capitalista, o salário é o elemento central. E num país onde o salário é de escravo, é muito difícil você falar em pedagogia, falar de técnicas de educação, falar da função formativa do professor, do professor como detentor do saber. Não se iludam, não há tanto saber assim para deter. E isso até o terceiro grau. Quem está preocupado com o professor monopolizador do saber, fique tranquilo que não existe, porque o ensino ficou um lixo, ficou um comércio. A universidade hoje forma semianalfabetos. Nos últimos anos o que cresceram foram motéis e universidades. Uns, pela taxa de lucro, preferiram criar motéis, e outros criaram universidades. Quantas cidadezinhas do interior não transformaram colégios em faculdades. Faculdade Barão de Mauá, Joaquim Nabuco, Rui Barbosa. São títulos desse tipo que nada mais são do que comércio, mercado de diploma. Hoje, 80% das universidades brasileiras são particulares. Mas a grande pesquisa brasileira é feita pelos 20% das universidades estaduais e federais. São elas que mantêm a pesquisa no Brasil. Com exceção de alguns casos isolados, a maioria das faculdades particulares é um lixo. As FMUs da vida e outras boates desse tipo existem somente como mobilização de capital.

Mas é preciso acabar com a hierarquia do saber. É um crime que 80% do orçamento do Ministério da Educação vá para o terceiro grau. Aqui no Brasil, estamos enfrentando problemas, no século XX, que se resolveram no século XIX na Europa. Parece que a única tendência com esse ministro da Fazenda é universalizar o arrocho salarial, e aí vai ficar muito difícil discutir pedagogia.

Eu percebi uma coisa: que os níveis de remuneração tão diferentes entre os graus têm relação com a classe social, com a clientela a quem se serve. Quanto mais você serve a população mais carente, menos o teu salário tem peso e menos você tem *status*. Tem muita gente que se envergonha de dizer que é professor de primeiro grau porque ele foi inteiramente desvalorizado durante os últimos anos. E isso não foi somente no período da ditadura. Muito antes já era desvalorizado. E aí se estruturou a carreira cuja glória é deixar de ser professor.

O que eu percebo na universidade é que tudo que é "anta" tem um peso morto. São pessoas que não têm nada pra dizer, gente que não estuda, não lê. Está na universidade por mil outras razões que só Deus sabe. E a universidade se torna um simples meio de redistribuição de renda para a classe média alta. A universidade, no fundo, é isto: um meio de que o Estado se vale para distribuir renda para a pequena burguesia. E a gente fica mistificando a função social do professor, a universidade como elemento de mudança. Que mudança? Você quer coisa mais conservadora do que o ensino acadêmico? Você quer coisa mais terrorista do que a tese? Você quer coisa mais autoritária do que a escala de graus? São mais exercícios de conformismo do que outra coisa, porque na universidade você é julgado por seus pares. Então o que acontece? Muitas vezes você fica cheio de dedos porque chega a conclusões não convencionais. A universidade expele muito os não convencionais. Não é só a ditadura que expele. Não precisa de ditadura militar, que é outra burrice acrescentada à burrice acadêmica.

Educação e os partidos

Quando foi que partido se interessou por educação? A educação foi a coisa mais sacrificada na ditadura militar, antes e depois. Tem a Lei Calmon, mais isso não adianta nada, porque não se discrimina em que grau se aplicam os recursos. Vai aplicar, na verdade, naquele grau que tem mais poder de pressão, que é a universidade. Menino de primeiro grau não faz greve, o professor universitário faz. Então o ensino de primeiro grau não tem dinheiro; primeiro grau só serve para comício. Infelizmente, eu percebo isso. A rede pública que serve a população pobre é crucificada pela precariedade de recursos e isso é antissocial.

Eu não vejo por parte dos partidos essa preocupação em relação à educação. Isso mostra a estrutura antissocial do Estado brasileiro. Você tem verbas imensas de ministérios, inclusive secretas. Educação e saúde pública são áreas crucificadas.

Partido político no Brasil é uma máquina de redistribuição de cargos públicos. Aqui, ideologia não vale nada. Os partidos mais ideológicos no Brasil sempre estiveram menos abertos. Quanto menos ideológico é o partido, mais malandramente ele se articula; quanto mais o partido procura uma identidade, mais ele se torna uma seita. E há razões sociais que explicam isso. Oliveira Vianna já dizia que os partidos políticos no Brasil são entidades de direito privado e não de direito público. Pode ser uma firma comercial "Silva & Souza Cia. Ltda".

Educação e sindicatos

Agora, os sindicatos. Tem muitos sindicalistas entrando em partidos. O Luiz Medeiros fez inscrição no PFL. Corre o risco de virar subversivo! As condições de vida aqui são tão desgraçadas que não se tem muito tempo para se preocupar com as coisas do dia a dia. Porque a condição do trabalhador numa empresa é de semiescradidão, uma escravidão moderna. E o sindicato é mobilizado em função de coisas mínimas, como garantir o pão de cada dia. Esperar que o sindicato se mexa por educação é esperar em vão. Isso pode ocorrer, mas depois que o trabalhador comer três vezes por dia. É essa a preocupação dos setores médios para cima.

E os intelectuais?

Intelectual, também não sei. O pessoal que eu conheço está todo assessorando em tudo que é pepineira e está muito pouco preocupado com o social. Está preocupado com a renda no final do mês. O poder coopta muito intelectual. Professor, por exemplo: se a glória, como eu disse, é deixar de ser professor, você fica assessor disso e daquilo. É uma máquina de cooptação. Agora, vai pedir que ele se interesse por educação! É um sonho de uma noite de verão, não vai ocorrer!

O que o pessoal está tentando hoje é sobreviver a um terremoto: o Fundo Monetário Internacional. Sobreviver a isso já é algo importante. Depois é que você tem que pensar em outra coisa. Ainda mais se retirar a Unidade de Referência de Preços (URP) do setor privado. Virá um arrocho salarial que põe dez ditaduras militares no bolso. Eu não vejo uma luz no fim do túnel. Eu só estou vendo o túnel...

Por que o pessoal do primeiro grau não cria uma associação só, por exemplo? Por que tem que ter associação de superior, de diretor etc.? Por que isso? Por que esse taylorismo maluco? Por que não formar uma associação como a de Minas Gerais – a União dos Trabalhadores do Ensino? Valeria à pena pensar numa hora dessas. O pessoal mais vale como parte de uma força coletiva que ela mesma. Aí o poder teria menos possibilidade de jogar um contra o outro. Se a cúpula não quer, a base pode empurrar para isso.

E a Igreja?

Quanto à Igreja, é um nó. Essa área é complicada porque a Igreja é uma instituição muito antiga e tem grande capacidade de se readaptar a situações novas. Ela sobreviveu à queda do Império Romano, à Idade Média e à Revolução Francesa.

Agora, o problema depende muito da "bisparada". A política da Igreja é a política da "bisparada" em cada lugar. O que vale para dom Evaristo, por exemplo, não vale para dom Pedro Casaldáliga. E agora, José?

Você tem que ver a Igreja como possuidora de estruturas horizontais e verticais. A Conferência Nacional dos Bispos do Brasil (CNBB) é uma estrutura horizontal-verticalista. E a Igreja sempre viveu uma ambiguidade muito grande... E isso não é só problema da Igreja Católica: é o problema da religião judaica, da muçulmana, que têm o poder de legitimar o poder de controlar o povo. É no sentido chinês. E isso leva a Igreja a muitas ambiguidades. Ela, por exemplo, apoiou o golpe de 1964. A Marcha com Deus pela Família e pela Liberdade foi organizada pela Igreja. E a Liberdade acabou, ficou a Marcha da Família por Deus... Porém, no processo de 1964 a Igreja separou-se do Estado e começou a ter uma atitude crítica. Começou a montar estruturas horizontais com as Comunidades Eclesiais de Base (CEBs), que têm uma importância relativamente grande em termos de organização popular. Então ela oscila muito entre legitimar o poder e desmobilizar povo, e vice-versa. É um pêndulo que oscila muito. Eu, em religião, sou de fritar bolinhos. Mas me interesso pela importância social e política da Igreja.

Administração, poder e ideologia[*]

Administração é antes de mais nada o exercício do poder por intermédio de um quadro administrativo, que atua como elemento mediador entre os que detêm o poder de decisão e a sociedade civil, especialmente os não proprietários, a quem Weber chama "os dominados".

O poder administrativo, seja na esfera pública ou privada sob o capitalismo, ou em formações econômico-sociais pré-capitalistas, tem como principal função a reprodução do conjunto de relações sociais determinadas pelo sistema econômico dominante.

Ele atua como poder delegado, da mesma forma que o feiticismo mercantil esconde as relações sociais reais sob o manto opaco da categoria comprador-vendedor, mediado pela mercadoria. A burocracia com seu quadro administrativo "feiticista",

---

[*] *Iniciação teórica e prática às ciências da educação*, de Antônio Muniz Rezende (org.). Petrópolis: Vozes, 1979. p.165-92.

seu papel de mediação entre dominantes e dominados, procura sua autolegitimação, como necessidade "natural" ao bom funcionamento das instituições.

Coube a Marx e Max Weber a historicização do conceito "burocracia": não se trata para eles de estudar a burocracia enquanto conceito fundado numa generalidade formal e abstrata, negadas as condições específicas de ordem socioeconômica, que lhe deram origem e asseguram sua reprodução.

Sem ser propriamente "a razão na história", conforme o queria Hegel, a burocracia se constitui numa estrutura que, sob modos de produção pré-capitalistas ou capitalistas, cumpre seu caráter de reprodução do valor, assegurando assim as condições de reprodução ampliada do capital.

A burocracia é acima de tudo uma categoria histórica, inserida num processo em que a história se constitui como a história dos modos de produção.

Daí uma tipologia dos modos de produção ser a primeira indicação para a compreensão das estruturas administrativas e seu papel na reprodução das relações de produção.

Trata-se de definir as determinações que, na sua generalidade abstrata, aplicam-se mais ou menos a todos os tipos de sociedade, para depois indicar especificamente como tais determinações se "manifestam", concretizam-se, particularizam-se num momento dado da história concebida como processo. Pois tudo é histórico, tudo que existe é resultado do devir, é um momento, por definição, passageiro e transitório do processo histórico. O indivíduo é resultado da história, é através do processo histórico que ele adquire sua singularidade; as necessidades pretensamente "naturais" são resultantes do trabalho social, constituem-se num produto histórico. Quais são as determinações universais e como aparecem suas formas históricas?

De uma maneira mais ampla, as relações sociais estão intimamente ligadas às forças produtivas. Essas relações sociais definem-se conforme o caráter dos meios de produção. Entre esses meios de trabalho figuram a terra e as condições materiais da produção como obra humana, a tecnologia, elemento de ação do trabalho sobre a natureza, definindo o processo de produção da vida material e, consequentemente, as relações sociais e as categorias intelectuais derivadas conforme a organização dessas relações sociais.

Porém as forças produtivas não se reduzem à tecnologia, simbolizada pela vinculação do moinho tocado a ar no feudalismo e o moinho a vapor condicionando o capitalismo, porque a tecnologia não é fator soberano e constituinte das instituições econômico-sociais. Os meios de produção são um dos elementos que constituem as forças produtivas. Em *A Ideologia alemã* e em *O capital*, Marx enuncia claramente o papel produtivo das "formas de cooperação". Forças produtivas significam ao mesmo tempo: condições materiais de produção, instrumentos de produção e formas de cooperação.

O trabalho, o uso da força de trabalho, sua venda como mercadoria ao seu comprador, permitem transformar os objetos em mercadorias que possuem valores de uso e, portanto, satisfazem qualquer necessidade.

Antes de mais nada, o trabalho humano diferencia-se do trabalho animal pela finalidade e por estar na mente do produtor antes de sua materialização como produto. O trabalho caracteriza-se por um finalismo, o objeto é o instrumento de trabalho, pois o que distingue as épocas econômicas umas das outras não é o que se faz, mas como se faz e com que instrumento de trabalho se faz (Marx, 1946, t.I, v.1, p.202).

Esse processo termina no produto, em que os meios de trabalho e o objeto são meios de produção e o trabalho é um trabalho produtivo. A atividade humana, que se materializa no processo de trabalho, obedece a uma racionalidade, a fins e a meios, em que a cooperação entre os trabalhadores atua como força produtiva.

A cooperação é um dos temas centrais que Marx analisa na *Ideologia alemã* e em *O capital* para a compreensão das estruturas administrativas que daí decorrem, salientando a importância de seu estudo vinculado sempre ao modo de produção. De conformidade com as relações de propriedade (propriedades comum, relação entre senhorio e servo ou capital e assalariado), decorrem as formas de cooperação. A cooperação funda-se na presença simultânea no mesmo espaço e na execução de operações diversas pelos trabalhadores realizando uma integração. A presença de um conjunto de trabalhadores na fábrica define as condições sociais de trabalho, que levam à necessidade de coordenação. Daí a função diretiva e gerencial. Elas respondem pela harmonia das operações e cumprem papéis de função geral; o trabalho combinado aparece sempre como mais produtivo do que o trabalho individualizado.

Para Marx, "a forma de trabalho de muitos operários coordenados, reunidos e sujeitos a um plano no interior do processo produtivo ou em processos de produção distintos, mas relacionados, se chama cooperação" (Ibid., p.362).

O homem, na medida em que é um animal social antes de ser um animal político, é forçado, para produzir os meios de existência, a cooperar, combinar de uma maneira ou outra suas forças individuais, a "socializar" e associar seus esforços produtivos, a repartir o trabalho social em proporções determinadas entre os diversos ramos de atividade. A precondição de existência social é certo equilíbrio entre a "massa" de produtos e as diversas "qualidades de bens necessários". A necessidade de uma repartição proporcional de trabalhadores entre os diversos setores da produção atual como força "natural", que se impõe a todas as sociedades, qualquer que seja seu regime econômico. O que distingue os diversos regimes econômicos e as formas de organização social é a forma de manifestação dessa "lei natural". Essa forma é determinada, em cada caso, pelo modo de produção específico e pela estrutura das relações de produção.

O modo de manifestação dessa lei – necessidade de repartição proporcional de trabalhadores – varia segundo a estrutura fundamental das relações sociais (escravidão, feudalismo, capitalismo) e a forma (despótica ou democrática da direção da economia, a forma comunitária ou autoritária da cooperação) no modo de produção asiático, antigo, capitalista.

Nos modos de produção pré-capitalista desenvolve-se a cooperação em grande escala, na forma de cooperação simples. O processo de trabalho é unitário ou subdividido em operações, sem apresentar-se estritamente como divisão de trabalho.[1]

Nas sociedades arcaicas, emerge um modo de produção definido como modo de produção asiática. É o regime de economia estatista que prevaleceu no Egito, na Mesopotâmia, na Índia, na China e no Peru. Prevaleceu em todas as sociedades que tinham necessidade de um controle coletivo das forças naturais. A necessidade de controlar periodicamente a cheia e vazão dos rios, tendo em vista a agricultura, levou as comunidades a se submeter ao controle e intervenção do Estado burocrático. A regulação da água dos rios constituiu-se numa das bases materiais da dominação do Estado sobre as comunidades. Devido à sua insignificância e à falta de contato entre si, tais comunidades estavam impedidas de assumir os trabalhos de irrigação, que pressupunham um plano de conjunto, minuciosamente elaborado, exigindo a mobilização de grandes massas de trabalhadores, de muitas gerações de trabalhadores.

No modo de produção asiático, o Estado atua como supremo proprietário da terra; não há apropriação privada da mesma, o que não quer dizer que não haja exploração do trabalho. Ao contrário, as relações de exploração e apropriação do trabalho no modo de produção asiático eram mais *transparentes* do que no modo de produção capitalista; dava-se a apropriação do sobretrabalho por uma burocracia que possuía o Estado como "propriedade privada".

---

[1] "A divisão do trabalho generalizado na sociedade é condição de divisão na manufatura, que, por sua vez, repercute sobre aquela, impulsiona a divisão territorial do trabalho, circunscrevendo a cada país determinados ramos da produção" (Marx, 1946, t.I, v.1, p.392).

Todo o desenvolvimento da "civilização" foi condicionado pela existência e superexploração do sobretrabalho. Uma fração de sociedade liberou-se da produção de objetos de consumo, especializando-se na produção de meios de produção – precondição da reprodução posterior da produção; ao mesmo tempo, outra fração da sociedade destacou-se do trabalho diretamente produtivo para dedicar-se exclusivamente a trabalho não material, mas indispensável: todo tipo de serviços, transportes, comércio, administração, ensino, ciência e artes. Ao mesmo tempo que surge o excedente econômico, surge a possibilidade do aparecimento do sobretrabalho. Isto é, um trabalho que, ultrapassando o necessário às condições de reprodução do trabalho individual ou coletivo, possibilite, também, a luta pela divisão desse excedente e pela apropriação desse sobretrabalho.

Todos os regimes econômicos que se sucederam na história, encarada como processo, podem ser definidos pela forma de exploração desse sobretrabalho. A história é a história da exploração dos trabalhadores, seja tomando a forma de "escravidão generalizada", como diz Marx referindo-se ao Oriente, escravidão privada no mundo greco-romano, servidão medieval ou a forma moderna de salariado.

Como dizíamos anteriormente, a história é a história dos modos de produção; e as estruturas burocráticas existem para a realização dos objetivos desses modos de produção. De maneira sintética, entendemos por modos de produção uma combinação específica de diversas estruturas e práticas, em que o econômico aparece finalmente como dominante. Frise-se bem que o "econômico" aqui tratado abrange o conjunto "das condições de produção" de uma estrutura dada, não se restringindo ao ato econômico "puro" dos economistas clássicos.[2]

---

2 "Aproveitarei a oportunidade para responder a uma crítica feita por um jornal norte-americano, editado em língua alemã, por ocasião da publicação de meu livro, em 1859, *Contribuição à Crítica da economia política*. Para esse jornal, minha tese, segundo a qual o regime de produção vigente numa

O modo de reprodução é um conceito, não uma realidade observável. O que é observável é a formação econômico-social, por exemplo: a Inglaterra no período elisabetano ou a Alemanha sob Bismarck.

Notamos que a exploração do sobretrabalho é transparente nos modos pré-capitalistas de produção. Isso se dá porque a relação do homem com a comunidade é direta e imediata.

Na China, a regularização dos cursos de água dos rios e a construção de canais, especialmente na zona setentrional e central – para fins de intercâmbio comercial, realizado mediante incorporação dos súditos nas obras, construção de depósitos para armazenamento de tributos em espécie, donde os funcionários retiravam os recursos para abastecer o Exército –, constituíram-se nos fundamentos do poder de uma burocracia patrimonialista, hegemônica no modo de produção asiático. Para impedir a ameaça de apropriação privada dos cargos, formação de clientes e monopólios de barões locais, o poder patrimonial imperial

---

época determinada e suas relações de produção específicas, numa palavra, a estrutura econômica da sociedade, são a base real sobre a qual se constrói a superestrutura jurídica e política e a que correspondem determinadas formas de consciência social e, ainda segundo a mesma tese, o regime de produção da vida material preside todo o processo da vida política, social e espiritual, era indubitavelmente exata com relação ao mundo moderno, em que predominam os interesses materiais, mas não podia ser aplicada à Idade Média, quando reinava o catolicismo, nem a Atenas ou a Roma, quando dominava a política. Em primeiro lugar, é de se estranhar que haja alguém que pense que todos esses aspectos vulgaríssimos, largamente difundidos sobre a Idade Média e o mundo antigo, sejam ignorados por quem quer que seja. Significa indubitavelmente que nem a Idade Média podia viver do catolicismo, nem o mundo antigo podia viver da política. Longe disso, o que explica por que neste era fundamental a política, naquela, o catolicismo, é precisamente como um e outra se formaram no seio de relações sociais reais. Não é necessário conhecer profundamente a história da República Romana para saber que sua base secreta radica na história da propriedade territorial. Já Dom Quixote pagou caro o erro de acreditar que a cavalaria era uma instituição compatível com todas as formas econômicas de sociedade" (Ibid., p.90-1).

realizava nomeações em curto prazo, exclusão dos cargos nos territórios em que o burocrata tinha parentes, vigilância exercida por espiões do rei, inaugurando na história da burocracia duas práticas: exigência de exames formais e provas de capacidade para os candidatos e burocratas. Os cargos não eram obtidos por graça ou favor.

Muito longe da cultura "especializada" requerida pela burocracia moderna, da burocracia chinesa eram requeridas uma capacidade caligráfica e a perfeição estilística, corroborada por um estilo de pensamento fundado no principal idealizador da burocracia chinesa, Confúcio.

Justamente o ideal confuciano do "homem como fim de si mesmo", voltado ao autoaperfeiçoamento, opõe-se à ideia de profissão, impedindo o desenvolvimento de áreas de competência na burocracia e o treinamento tendo em vista o exercício de uma profissão objetiva. Essa ética confuciana não só legitimou o "mandarinato" como também o Estado providencial, fundando-se em relações de piedade filial, de respeito e de subordinação dos filhos ao pai, dos funcionários inferiores aos superiores, dos súditos ao príncipe.

É claro que a burocracia dominante não vivia do exercício do "poder" em si mesmo; sua dominação apoiava-se em sólidos fundamentos econômicos: o patrimonialismo e a monarquia militar não se devem a circunstâncias puramente políticas – o engrandecimento do território e a necessidade de uma proteção permanente das fronteiras –, mas frequentemente às transformações econômicas, à crescente racionalização da economia, à especialização profissional e à separação entre súditos "militares" e "civis" (Weber, 1944, v.4, p.146-7).

Essa burocracia dominante funda-se na ocultação de suas intenções, cultiva ao máximo o "segredo do cargo". Isso constitui o sintoma da intenção de afirmar-se no poder, daí a importância da legitimação da dominação. A burocracia tende a considerar seu poder como fruto do mérito e a contestação dos outros, como fruto da culpabilidade. A burocracia oculta dentro do possível seu saber e sua atividade ante a crítica.

No modo de produção pré-capitalista, seja no modo de produção asiático, escravismo, feudalismo patrimonial ou na burocracia chinesa clássica, a finalidade da educação era o homem *culto*. Ele toma forma literária (China), ginástico-musical (Grécia) ou a forma convencional do *gentleman*, no mundo anglo-saxão. As aptidões para pertencer às camadas dominantes não se fundam num saber especializado, como no capitalismo. Baseiam-se num saber definido como certa "aptidão cultural". Somente no modo de produção capitalista é que o saber especializado será incrementado, tendo em vista a realização da mais-valia pelo sistema.

Nas formações pré-capitalistas, o cargo burocrático aparece como um *direito pessoal* do funcionário, não como consequência de interesses objetivos. Uma infração à tradição pode atrair sobre o culpado a ira do soberano, com seu caráter arbitrário. A cegueira ou a morte podem atingir o servidor desobediente.

A satisfação das necessidades diárias do quadro administrativo nas formações pré-capitalistas realizava-se pela prebenda ou pelo feudo. Na China, no Egito e na Assíria, a prebenda correspondia a uma porção fixa do depósito de alimentos do senhor, convertendo-se numa espécie de comércio, antecipando o conceito de renda pública. Outro tipo de prebenda era o benefício, determinados emolumentos que correspondiam ao senhor pelo cumprimento de tarefas específicas. Isso tudo estava sujeito ao circuito comercial, daí surgindo a ideia do cargo como "alimento". No pré-capitalismo, nas formações estatais patrimoniais, o comércio dos cargos e a capitalização das probabilidades de emolumentos mediante a criação em massa de *sinecuras* tornava-se uma operação financeira significativa. Max Weber nota, a respeito da oposição à penetração do Direito Romano na Inglaterra, que os interesses pelos emolumentos fez que os advogados ingleses tratassem de obter pela força que os juízes fossem exclusivamente de seu meio e que os próprios advogados surgissem dos aprendizes por eles instruídos. Desse modo, e em oposição a outros países, eliminaram os graduados em Direito Romano precedentes das universidades e, dessa forma, evitaram a penetração do Direito Romano na Inglaterra (Ibid., p.158).

O comércio de prebendas nas formações pré-capitalistas era um fenômeno universal. Na China, as prebendas não sofriam apropriação individual, porém, mediante suborno, era possível adquiri-las por dinheiro. O mesmo ocorria com as prebendas dos ulemás islâmicos, isto é, os candidatos aos cargos de *cadi* (juiz) ou *mufti* (jurista eclesiástico). Só por ano e meio podiam usufruí-las, isso para permitir o rodízio no estamento burocrático e impedir a apropriação privada da prebenda.

Weber mostra com clareza que, no pré-capitalismo, "a possibilidade de pagar os serviços concretos prestados pelo funcionário de cuja boa vontade dependia a posse do tesouro foi em todas as partes o fundamento indispensável da autoridade patrimonial" (Ibid., p.168).

No modo de produção asiático, a emergência de uma burocracia hidráulica e de um aparelho burocrático hegemônico está na razão direta da impossibilidade das pequenas comunidades enfrentarem as grandes obras que exigem a regularização dos rios. Isso é atestado por Weber, quando nota que

> a grande importância da regulação fluvial, e das grandes construções nas épocas de ociosidade da mão de obra rural, tornou possível a submissão da população a serviços pessoais numa proporção jamais prevista, conduzindo a uma situação, no Antigo Império, em que toda a população submeteu-se a uma organização hierárquica de clientes, por meio da qual o homem sem dono foi incorporado às quadrilhas de escravos do faraó. (Ibid., p.175-6)

Marx observa que no Ocidente a necessidade de utilização em comum da água levou os empresários a se unir em associações, como em Flandres e na Itália, impondo no Oriente, onde o nível de civilização era muito baixo e as distâncias imensas impediam o surgimento de associações privadas, a intervenção centralizadora do governo.

A passagem da cooperação simples a outras formas de cooperação, do pré-capitalismo ao capitalismo, que por sua vez, leva à criação de novas estruturas organizacionais burocráticas, significa a passagem de produção mercantil à produção capitalista.

A economia de troca e as relações mercantis existiram em épocas primitivas da evolução social, bem antes do capitalismo, manifestando-se esporadicamente, sem alterar qualitativamente a vida da sociedade.

Enquanto as forças produtivas, divisão do trabalho e produtores independentes, artesãos e camponeses, estão pouco desenvolvidos, o comércio, o dinheiro, o capital existem, como diz Marx, "nos poros da economia". Essa economia está confinada à produção de valores de *uso*, isto é, produtos destinados ao consumo daqueles que se apropriam dos mesmos (produtores ou classes dominantes). Enquanto o sobretrabalho conserva-se como sobretrabalho agrícola, com sua forma natural – não é convertido em dinheiro –, o comércio, o mercado e o capital são pouco desenvolvidos, a grande massa de produtores não aparece no mercado, os camponeses consomem o que produzem, com a exceção do excedente econômico que se destina às classes dirigentes. Pela mesma razão, a grande massa da população é incapaz de adquirir os produtos do artesanato urbano, limitando a produção de luxo. Em todos os sistemas econômicos em que a divisão do trabalho é regulamentada por um poder central (as antigas comunidades urbanas primitivas, o Estado do modo de produção asiático, o escravista ou o senhor feudal), os produtos *não* assumem a forma de mercadorias.

Nessa etapa do desenvolvimento histórico, a produção mercantil foi atingida pelas cidades medievais com seus milhares de pequenos produtores que vendiam seus produtos para poder subsistir, aparecendo ao seu lado os comerciantes, usurários e banqueiros que compravam as mercadorias para revendê-las com lucro. Nesse momento, a propriedade dos meios de produção e dos produtos funda-se no trabalho pessoal. A exploração do trabalho alheio era excepcional. A pequena produção mercantil é limitada pela dimensão e produz para um pequeno mercado. Porém, um dos traços específicos da alienação capitalista aparece: *os produtores perdem o controle de suas relações sociais*. Ninguém sabe a quantidade de produtos que enviará ao mercado, nem sabe se seu produto satisfará uma necessidade real, se é comerciável ou não. É a anarquia da produção social.

A coletividade se dispersa num conjunto de pequenos produtores independentes, "indiferentes" entre si. Os indivíduos tornaram-se independentes dos laços comunitários, aboliram os tabus de casta que tornavam suas profissões hereditárias, libertaram-se das prescrições corporativas que limitavam os movimentos do capital e do trabalho.

A liberdade e igualdade do indivíduo reinavam, os indivíduos subordinavam-se à produção social que existia como um dado externo e objetivo.

Nas economias de mercado, nenhum órgão registra as necessidades; estas e os modos de fazê-las diversificam-se, não se definindo mais pela tradição ou pela subsistência fisiológica. O capitalismo aí cumpre o papel histórico de ter substituído as necessidades historicamente condicionadas, porém satisfeitas por mediação do mercado.

Nenhuma força coletiva estabelece qualquer hierarquia entre as diversas necessidades e dirige a produção. Nenhum órgão de divisão assegura a repartição do produto entre os membros da sociedade; é o acaso, o arbitrário que parecem dominar soberanamente. No entanto, segundo expressão de Adam Smith, uma "mão invisível" – o mercado – coordena as atividades das esferas de produção e circulação, assegurando a concordância entre a produção e as necessidades. É o valor de troca que constitui o sinal da dependência universal das pequenas unidades dispersas e isoladas. É a *lei do valor* que determina como cada sociedade pode utilizar seu tempo disponível para produzir determinada espécie de mercadorias. Por sua vez, os homens estão condenados a ignorar as relações humanas que são *objetivadas* no processo econômico. E ignoram que esse processo é a materialização de relações humanas básicas, é o feiticismo inseparável da produção de mercadorias. Enquanto o feiticismo mágico dos primitivos exprimia a dominação da natureza sobre os homens, o feiticismo da economia mercantil exprime a dominação dos produtos sobre os homens.[3]

A produção mercantil pressupunha que os produtores fossem proprietários de seus meios de produção. Seu desenvolvimento posterior leva a negar essa propriedade pessoal. É a lei do valor, força motriz da anarquia social da produção que transforma os homens em proletários.

A concorrência arruína os produtores independentes, eles aumentam o contingente de operários assalariados e enriquecem um grupo restrito de capitalistas, que se libertam do trabalho diretamente produtivo.

---

3 "O caráter misterioso da forma mercantil radica, portanto, pura e simplesmente, em que projeta ante os homens o caráter social do trabalho, como se fosse um caráter material dos próprios produtos de seu trabalho, um dom natural social desses objetos, como se a relação social que medeia entre os produtores e o trabalho coletivo da sociedade fosse uma relação social estabelecida entre os objetos, à margem dos produtores. Esse aspecto é o que converte os produtos do trabalho em mercadoria, em objetos fisicamente metafísicos ou em objetos sociais. Algo idêntico sucede com a sensação luminosa de um objeto no nervo visual, que parece como se não fosse uma excitação subjetiva do nervo da vista, mas sim, a forma material de um objeto situado fora do olho. Nesse caso, há realmente um objeto, a coisa exterior, que projeta luz sobre outro objeto, sobre o olho. É uma relação física entre objetos físicos. Por sua vez, a forma mercadoria e a relação de valor dos produtos do trabalho em que essa forma se materializa nada têm que ver com seu caráter físico, nem com as relações materiais que derivam dessa forma: o que aparece, aos olhos dos homens, a forma fantasmagórica de uma relação entre objetos materiais, não é mais que uma relação social concreta estabelecida entre os próprios homens" (Marx, 1946, t.I, v.1, p.80-1).

Essa transformação da produção mercantil em produção capitalista é feita à custa dos produtores; é independente da vontade humana, agindo pela lei do valor.

O capitalismo pressupõe a separação entre capital e trabalho, a separação dos produtores e seus meios de trabalho, monopolização desses meios de produção por um grupo restrito de indivíduos personificando o capital, com a criação de uma classe cada vez maior que só pode subsistir vendendo sua mercadoria: sua força de trabalho.

O modo de produção capitalista pressupõe a existência de um capital inicial para concentrar os meios de produção e os trabalhadores. A acumulação deu-se pela secularização dos bens da Igreja, conquista da América, fluxo de metais preciosos da Europa acompanhados de revolução nos preços, fatores de acumulação primitiva.

Paralelamente, deu-se a separação dos produtores artesãos de seus meios de produção, sua transformação em proletários, expropriação da população rural, índios condenados ao trabalho escravo, africanos vendidos como escravos.

A generalização do salariado, por meio da qual a força de trabalho toma a forma universal de mercadoria, marca a generalização da forma mercantil dos produtos do trabalho.

O capitalismo nasce da destruição da pequena produção mercantil e da propriedade pessoal a ela vinculada. O capitalismo funda-se na destruição do artesanato, das relações entre o produtor e os meios de produção, entre trabalho e propriedade. No lugar da produção mercantil simples de produtores individuais, o capitalismo funda um modo de produção estruturado na cooperação universal e no "trabalhador coletivo". O modo de produção capitalista responde à necessidade de transformar o trabalho isolado em trabalho social, daí as três formas de cooperação, a cooperação simples, a cooperação de manufatura e a cooperação da indústria, que constituem a "infraestrutura" das formas administrativas.

Das formas de cooperação simples, em que a divisão de trabalho e o emprego das máquinas não são significativos, em que se reúnem operários para realização de determinadas tarefas impossíveis de ser realizadas isoladamente, já tratamos anteriormente, anunciando os princípios e o funcionamento do modo de produção asiático.

A nós interessa estudar a cooperação da manufatura, em que a cooperação se funda numa divisão metódica do trabalho que reduz o produtor a um trabalhador parcelado, separando nitidamente as funções de direção das funções de execução, trabalho intelectual e trabalho material.

As formas de cooperação na manufatura, gênese das estruturas administrativas e da função dirigente imposta pelo caráter antagônico do processo capitalista de produção, orientam-se pela apropriação da mais-valia.

A separação entre o operário e os meios de produção, a pressão para vender sua força de trabalho no mercado e a existência do capitalista como proprietário dos meios de produção fundam a relação autoritária entre capital e trabalho e a subordinação deste àquele. A cooperação assume formas diferentes segundo as relações sociais existentes, é uma quando há propriedade comum, outra na relação senhor e servo, e assume formas específicas na relação capital e trabalho. Tanto pode levar a um poder unificado que provém da comunidade (cooperação simples), quanto a um poder estranho acima do indivíduo, como nos recorda Marx em *A ideologia alemã*. Esse poder estranho, enunciado por Marx no texto citado, transforma-se na extorsão da mais-valia sob a direção despótica do capital em *O capital*.

A coordenação capitalista está vinculada ao modo de produção capitalista tendo em vista a obtenção de mais-valia.

A cooperação funda-se na presença simultânea no mesmo espaço e na execução de operações diversas realizando uma integração. Por sua vez, a presença de um conjunto de trabalhadores na fábrica vai definir as condições sociais do trabalho e as formas que assume o trabalho combinado, mais produtivo que o individualizado.

A cooperação na manufatura implica a função de coordenação da mão de obra, daí emergir uma função dirigente imposta pelo processo coletivo de trabalho. Porém, da apropriação privada da mais-valia emerge uma função dirigente imposta pelo caráter antagônico do processo de produção capitalista. Direção pode significar cooperação derivada das condições de produção ou uma relação de dominação no interior de uma forma de cooperação, que sob a manufatura não suprime o antagonismo, coexistindo com o conflito.

A organização manufatureira do trabalho significa a evolução das formas simples de cooperação às formas de cooperação derivadas do trabalho e das máquinas.

O processo de trabalho caracteriza-se pela divisão e integração em operações diferentes, heterogêneas, frutos da decomposição de uma atividade artesanal anterior, definida permanentemente em operações individuais. Tem como resultado tornar unilateral a atividade artesanal; o trabalho desenvolve-se por ações parciais, cumpridas por operários parcelados. Um só indivíduo trabalha artesanalmente em determinado número de funções heterogêneas de trabalho. Operações parciais diferentes podem realizar-se por operários diferentes, podendo haver também uma função permanente diferente para cada operário, ou ligação entre as duas faces enunciadas. É a cooperação manufatureira que transforma um ofício artesanal numa operação artesanal.

Diferentemente do artesanato, a divisão manufatureira do trabalho potencia unilateralmente algumas habilidades do operário; a operação parcial é contínua; a cooperação garante a conexão entre as partes, reunido processos de trabalho inicialmente separados num processo de trabalho dividido, porém integrado, determinado numa continuidade entre as fases do trabalho. As técnicas de organização que garantem tal continuidade têm por função manter a conexão das várias partes do sistema manufatureiro. A cooperação manufatureira do trabalho implica que cada função exija diversas habilidades, estabelecendo-se uma hierarquia de funções e uma hierarquia de força de trabalho.

A racionalidade da organização manufatureira está sujeita a três leis:

primeira lei – o resultado de cada operação deve ser obtido num tempo determinado, que se aplica a uma cadeia de trabalho em que funciona o operário parcial ou a grupos de operários;

segunda lei – a conexão das partes exigirá proporcionalidade numérica dos grupos e operários parciais, pois diferentes operações requerem tempos desiguais, evitando que numa unidade de tempo apareçam números desiguais de peças;

terceira lei – regula o desenvolvimento da escala de cooperação, com referência ao número de operários parciais entre os quais se divide o trabalho.

A manufatura cria uma hierarquia de trabalho, diferenciando os operários em operários especializados e peões.

A divisão manufatureira do trabalho pressupõe a concentração dos meios de produção num sistema capitalista. A divisão social do trabalho pressupõe a divisão dos vários meios de produção entre muitos produtos independentes entre si. A lei do valor encarrega-se de determinar quanto a produção de um tipo de mercadoria pressupõe como parte do tempo global disponível, pois a divisão do trabalho na sociedade e seu equilíbrio são assegurados pelas leis férreas do mercado.

Na manufatura o trabalho ainda tem um conteúdo e está adaptado ao operário que usa um instrumento, agora exclusivamente, e numa área restrita. O trabalho tem ainda um conteúdo, embora restrito numa função exclusiva. A estabilidade relativa da ocupação implica na redução da área de trabalho e numa função permanente executada. O operário é mutilado, convertido em operário *parcial*.

Porém a divisão manufatureira de trabalho não representa o máximo de eficiência organizacional, pois os limites da manufatura estão contidos em sua base artesanal, e o trabalho é executado por operários parciais. O operário perdeu a possibilidade de exercer um ofício completo.

Enquanto na cooperação simples a produtividade é consequência do trabalho comum, na manufatura com divisão de trabalho ela significa exploração da mais-valia. Enquanto a cooperação simples leva a desenvolver técnicas racionais de trabalho, a manufatura com divisão de trabalho desenvolve a técnica de exploração do trabalho. Os métodos de decomposição e recomposição do trabalho servem apenas para aumentar o poder do capitalismo. Isso supõe a autoridade sobre a mão de obra, à livre disposição do capital. O operário é a mercadoria; qualquer regulamentação da oferta da mão de obra no mercado de trabalho é violentamente criticada pelo capitalista. Ele tem seu escravo moderno, o operário manufatureiro.

A cooperação na indústria funda-se na subordinação do operário, no aspecto técnico e organizacional. A subordinação do operário é evidente tecnicamente, porque o trabalho foi transferido para a máquina; ele não tem controle sobre as operações específicas. Houve o esvaziamento de seu trabalho e a perda de controle sobre as operações vinculadas à mecanização crescente do trabalho. A máquina, absorvendo mais funções, equivale a maior subordinação do operário à autoridade despótica no universo fabril. Equivale à maior concentração de decisões nas mãos da direção, ao maior divórcio entre o trabalho intelectual e o trabalho manual. O operário fica eternamente vigiando a mesma máquina, seu trabalho é fluido, obedece às variações impostas pelo capital. Ele pode passar de uma função a outra, porém sem conteúdo maior. Ao contrário da cooperação fundada na divisão do trabalho da manufatura, em que o operário vigia sua atividade, na sua cooperação na indústria ele é que passa a ser vigiado.[4]

---

4 "Na sociedade moderna esse poder dos reis asiáticos e egípcios passa ao capitalista, atue ele isoladamente ou como capitalista coletivo na forma de sociedade anônima. Ela se converte em função do capital, tão logo o trabalho submetido a ele tome a forma cooperativa" (Marx, 1946, t.I, v.1, p.367-8, 371).

A utilização capitalista das máquinas no sistema fabril intensifica o caráter social do trabalho. Por sua vez, implica em:
a) ritmos rígidos;
b) normas de comportamento estritas;
c) maior interdependência mútua.[5]

A máquina impõe como absolutamente necessário o caráter cooperativo do trabalho, a necessidade de uma regulação social. Porém, o uso capitalista das máquinas leva a uma direção autoritária, à regulamentação administrativa sobre o operário, tendo em vista a extorsão da mais-valia pelos membros do quadro administrativo, executivos, diretores, supervisores, capatazes. Os patrões conseguem fazer passar por simples regulamentação social o que na realidade é o seu código autoritário. Direção autoritária é o objetivo capitalista que, pela chamada "racionalização do trabalho" e controle do comportamento do operário, define as garantias da cooperação.[6] O processo é contraditório; enquanto

---

[5] Weber lembra que "esse adestramento encontra seus maiores triunfos no sistema norte-americano do *scientific management*, que leva às últimas consequências as implicações da mecanização e da organização disciplinar da empresa. Os elementos psicofísicos do homem são adaptados às exigências do mundo externo, o instrumento, a máquina, em suma, a função. Desse modo se despoja o homem do ritmo que impõe sua própria estrutura orgânica e, mediante uma sistemática decomposição conforme as funções dos diversos músculos e por meio da criação de uma economia de energia maximizada, se estabelece um novo ritmo que corresponde às condições de trabalho" (Weber, 1944, v.1, p.80-1).

[6] Nas formações pré-capitalistas, a mão de obra escrava era composta de solteiros que viviam aquartelados; eram incorporados ao trabalho mantendo a formação de "esquadras" (Roma Antiga) e conduzidos aos trabalhos por capatazes; o cárcere atuava como controle sobre os recalcitrantes. A empresa capitalista, ao contrário, funda-se numa disciplina racional, entendida como a realização sem crítica de uma ordem recebida. Seus capatazes diplomados, executivos, inculcam a obediência tendo em vista uma subordinação disciplinada. O adestramento da mão de obra se dá, na maioria dos casos, pela "prática", cumprindo regulamentos internos nas empresas. Também pode essa subordinação ser imposta pela inculcação ideológica; a motivação ao trabalho pode aparecer fundada em motivos éticos, "dever", o fervor pela "causa da organização" ou o apelo à "lealdade organizacional"; em suma,

na empresa moderna há divisões do trabalho regulamentadas rigorosamente, na sociedade global a única regra é a livre concorrência para distribuir o trabalho. Enquanto na sociedade a divisão do trabalho é exercida menos autoritariamente, no interior da empresa reina a maior divisão de trabalho sob controle autocrático. Marx notava que o mesmo processo que promove a concentração dos instrumentos de produção promove a divisão do trabalho, especialmente no regime político, onde se dá a concentração de poderes públicos e a divisão de interesses privados.

Nas formas de cooperação da indústria, as funções diretivas transformam-se de normas de controle em normas de repressão. A cooperação na indústria caminha com a maior extensão do quadro burocrático. Não é por acaso que, num país de capitalismo retardatário, como a Alemanha, o tema da burocracia tenha sido estudado através de Hegel, Marx e Max Weber.

Referimo-nos ao estudo da burocracia como alavanca para a realização da lei do valor sob o capitalismo e, portanto, como uma categoria historicamente situada: a burocracia a serviço do modo de produção capitalista, por ele produzida, e, por sua vez, cumprindo a função de reproduzi-lo.

Enquanto a Inglaterra, no processo de acumulação do capital, transformava a antiga aristocracia numa classe vinculada ao capitalismo e subsidiariamente cumpridora de funções burocráticas práticas, a França, após a Revolução, construíra praticamente a organização burocrática sob os regimes da Convenção e de Napoleão, organização destinada a expandir o capital e a liberdade. A Alemanha, desvinculada da luta pela hegemonia dos mercados externos, pensara os grandes temas da organização da sociedade civil e do Estado. Enquanto a Inglaterra produzia um

---

formas diferentes de extração da mais-valia. Lewis Mumford e Max Weber mostraram as conexões entre a disciplina militar e a fabril, uma precedendo a outra. Por isso, "não é necessário deter-se no fato comumente aceito de que a disciplina militar foi o padrão ideal, tanto das antigas plantações como das empresas industriais capitalistas modernas" (Ibid., p.80).

Adam Smith e um Ricardo, a França, Robespierre e Napoleão, a Alemanha produzia Fichte, Kant, Hegel e Weber. Foram produzidos desigualmente economistas clássicos, políticos burgueses revolucionários e pensadores idealistas, articulando-se como "trabalhadores combinados" sob a égide das relações capitalistas de produção.

As funções de direção, convertidas em funções de repressão, emergem da empresa capitalista como unidade econômica e se articulam com a introdução e o desenvolvimento das burocracias públicas.

Max Weber, no decorrer de sua obra *Economia e sociedade*, vincula a emergência das estruturas de organização burocrática, nos modos de produção pré-capitalistas e capitalista, aos seus fundamentos econômicos.

Nas economias pré-capitalistas, Weber vincula a emergência das formações burocráticas ao desenvolvimento da economia monetária. Assim, nota a emergência do fenômeno no Império Novo e no Egito, na monarquia diocleciana no Baixo Império Romano, no Estado bizantino, no Estado europeu sob o absolutismo. Não é a extensão do território o principal fator de incremento da burocracia, mas sim a existência de uma economia monetária desenvolvida (Weber, 1944, v.4, p.93-5, 101-2, 110).

Uma estrutura burocrática, para Weber, apresenta as seguintes características básicas:

1) predominância do princípio da hierarquia funcional em torno de um sistema de mando e subordinação mútua, agindo de forma monocrática;
2) a administração moderna baseia-se em documentos, separando a esfera burocrática oficial da esfera privada, e meios e recursos oficiais dos meios e recursos do burocrata enquanto pessoa física;
3) a atividade burocrática implica uma conscienciosa aprendizagem especializada, profissional;
4) o cargo exige o máximo empenho do funcionário;

5) o desempenho do cargo pelos funcionários realiza-se conforme normas gerais, mais ou menos fixas ou completas, possíveis de aprendizagem;
6) o cargo é uma profissão, exigindo exames especiais para seu preenchimento;
7) o funcionário burocrático é nomeado por autoridade superior;
8) a estrutura administrativa é uma estrutura de cargos.

Weber aponta na burocracia um sem-número de qualidades, tais como: precisão, rapidez, oficialidade, continuidade, descrição, uniformidade, rigorosa subordinação, impessoalidade no julgamento, eliminação do amor e do ódio e de todos os elementos racionais não passíveis de cálculo. A ação burocrática realiza para Weber a ação racional vinculada a fins. Em nível extremo, se corporifica na dominação burocrático-legal.

Atua como reprodução do capitalismo, na medida em que a ação racional corporificada nas estruturas burocráticas permite a universalização do cálculo racional.

A racionalização atinge todas as áreas da vida social. Assim, a dominação burocrático-legal, acoplada ao capitalismo, realiza-se através de normas jurídicas racionais, impessoais, fruto de conhecimento especializado produzido pelas universidades e produzido pelo estamento de juristas. A racionalização da atividade econômica no capitalismo, mesmo contrastada pela anarquia da produção, pela concordância, implica a existência de um "cosmo" de direitos e deveres claramente definidos, impessoalmente estruturados, cuja desobediência acarreta sanções racionalmente previsíveis. O capitalismo e a empresa racional pressupõem o Estado racional e o direito racional.

Mesmo as "irracionalidades" aparentes na esfera do Estado (o aumento, por exemplo, do trabalho, que acompanha o aumento do número de funcionários e não o contrário); as situações de litígio resolvidas "casuisticamente" no plano jurídico, ou as situações de lealdade política vinculadas ao feiticismo da pessoa e "carismatismo", obedecem a um percurso racional que jaz nas entranhas do sistema: a realização da lei do valor, além das aparências.

Nesse sentido, a burocracia do aparelho de Estado segue o movimento do capital, é uma alavanca na realização da mais--valia e na sua redistribuição entre as diferentes frações da classe dominante. Nesse sentido, opera a política tributária, a política de incentivos estatais.

Porém, a aparência não é a essência; atrás das fulgurações burocráticas existe a reprodução das relações de produção, a realização da mais-valia que abrange a totalidade do social, seguidas pelo processo de burocratização.

Daí a importância do estudo da dominação oriunda da lei do valor, exercida por mediação do aparelho de Estado e das burocracias privadas, sobre os dominados.

Marx apontara como uma das características básicas do modo de produção capitalista a separação entre o produtor e os meios de produção. Weber notara que essa separação opera amplamente: opera no laboratório, onde o cientista está separado dos meios de pesquisa, no Exército, onde o militar está separado dos meios de guerra, e na burocracia, onde o funcionário está separado dos meios administrativos.[7]

A essa separação liga-se a dominação de forma monocrática, obedecendo, na empresa, às ordens do patrão, no Exército, às ordens dos generais, no laboratório, às ordens do burocrata--mor, e na administração, às ordens do que detém os máximos poderes de mando. É a alienação como totalidade, em que a

---

7 "Na área da pesquisa e ensino científico, a burocracia nos 'institutos' permanentes das universidades (cujo primeiro exemplo importante foi o laboratório de Liebig, em Giessen) se dá em função das crescentes necessidades de meios materiais de produção. Na medida em que estão concentrados nas mãos dos chefes oficialmente privilegiados produz-se uma separação entre o conjunto de pesquisadores e professores e seus 'meios de produção' análoga à que ocorre na empresa capitalista entre os trabalhadores e os meios de produção" (Ibid., v.4, p.112).

universalidade é representada pela heteronomia sofrida pelos agentes de produção.

A heteronomia, a monocracia, a separação de trabalho e meios de trabalho, a exploração intensiva da mão de obra de todos os níveis, com vista à reprodução ampliada do capital é que vinculam os processos do capitalismo aos processos da burocratização concomitante.[8]

A separação entre dirigentes e dirigidos é concomitante à separação entre a esfera pública e a esfera privada; a democratização das instituições públicas é acompanhada do despotismo na fábrica; os direitos da cidadania nada mais são do que uma reprodução da inserção da mão de obra no mercado. O interesse geral nada mais é do que o particular transfigurado; na ideologia, no seu discurso generalizado, o interesse geral vincula o particularismo dos dominantes; é a ideologia dominante.

A ideologia dominante aparentemente pluralista, mas de fato monocrática, vincula as maneiras de sentir, pensar e agir das classes dominantes. É produzida, através da divisão intelectual do trabalho, pelos "intelectuais", e reproduzida para consumo popular através da "inculcação" por mediação dos mais variados aparelhos ideológicos estatais ou privados: jornais de empresa, manuais escolares ou ideologias administrativas.

---

8 "Quem diz burocratização, diz impessoalização, nem a prática religiosa está imune ao processo do capitalismo e da burocratização e consequente impessoalização. A *caritas*, a 'fraternidade', as relações patriarcais e pessoais eticamente valorizadas do senhor com o servidor pessoal constituem no islamismo, judaísmo, budismo e cristianismo os fundamentos básicos da ética eclesiástica, porém, 'o nascimento do capitalismo' significa que esses ideais ante o universo das relações econômicas se tornam inteiramente absurdos, como por exemplo o foram desde épocas imemoriais os ideais pacifistas procedentes do cristianismo primitivo opostos ao poder enquanto tal e a qualquer dominação política fundados na força. Pois, no capitalismo, todas as relações autenticamente patriarcais perdem esse caráter, a *'caritas'*, a 'fraternidade', só podem ser exercidas pelo indivíduo unicamente fora de sua 'vida profissional' econômica, alheia àquelas virtudes" (Ibid., p.329).

A função da ideologia administrativa é legitimar a dominação heterônoma sobre a mão de obra, que se realiza por mediação do quadro administrativo que elabora os movimentos do capital, seja "pessoal" ou "anônimo", na grande corporação.

As ideologias administrativas fingem perseguir a maior produtividade, maior cooperação, maior integração. No modo de produção capitalista, o aumento da produtividade transforma-se em maior exploração do trabalho; a maior integração da mão de obra nos planos da empresa transforma-se na domesticação do escravo contente e a maior cooperação encobre as relações de dominação nas quais o trabalho é função do capital.

Como o capitalismo muda no tempo, as ideologias administrativas que o legitimam também sofrem idêntico processo. Na medida em que a mudança no capitalismo se verifica no nível da aparência, da livre concorrência ao monopólio, das sociedades anônimas às multinacionais, conservam-se as mesmas relações capitalistas de produção. As ideologias administrativas de Taylor, Fayol, Mayo, a Teoria dos Sistemas, apesar de mutações aparentes, conservam a mesma identidade básica: administrar no modo capitalista de produção é ainda dirigir, comandar e organizar.

Administração, poder, ideologia e escola

A chamada "administração escolar" nada mais é do que a aplicação à escola do sistema administrativo e de uma prática teorizada por Taylor, Fayol, Mayo ou pelos sistêmicos, na medida em que a escola tem como função reproduzir o modo de produção dominante a cada época.

Assim, a escola formada por monges e pelo humanismo jesuítico e seus continuadores procurava fornecer uma formação "literária" em que a obediência e submissão aparecem institucionalizadas na *ratio studiorum*. Após a Revolução Industrial, com a introdução da técnica em todos os níveis da sociedade, dá-se a derrubada da preponderância das letras nos currículos e a antiga seletividade do ensino é questionada. A escola passa a ser a fábrica dos produtores e consumidores. Na medida em que está inserida na totalidade do social, a escola procura definir "certo tipo de homem" a ser produzido e reproduzido.

Da mesma maneira que, no mundo de produção capitalista, a fábrica articula-se por segmentos hierárquicos, obedecendo a padrões monocráticos de "unidade de comando", em que a burocracia não emerge somente para atender a apelos "técnicos", mas como poder de mediação, em que a decisão burocrática é obscura, difusa, transformando as organizações de meio em fim, recusando a mudança e gerando o conformismo e "carreirismo", tais padrões são lentamente introduzidos no universo escolar. À burocratização da produção de objetos na fábrica corresponde a burocratização na produção e reprodução de conhecimentos e ideologia nas escolas. Através da ideologia da obrigatoriedade, gratuidade e laicidade, institucionalizou-se a pedagogia burocrática da mesma forma como através da ideologia da igualdade de todos ante a lei, direito da cidadania, institucionalizou-se o Estado liberal capitalista.

A igualdade, entendida como troca entre equivalência no processo de produção de mercadorias, foi reproduzida com a igualdade de direitos políticos no âmbito do Estado e a igualdade de oportunidades ante a educação no âmbito escolar.

A burocracia é acompanhada daquilo que Weber definia como a "democracia negativa"; todos são igualmente números de processos burocráticos, ao lado de uma organização autoritária de programas impostos ao aluno e vigilância ao professor através dos mecanismos de inspeções e exames, tudo isso denotando extrema hierarquização e autoritarismo no âmbito escolar. A conformidade ao programa é considerada um ponto de honra do mestre, a obtenção da obediência e docilidade sua maior glória e o êxito nos exames, sua autorrealização enquanto professor. Nisso tudo há certa cumplicidade da chamada comunidade. Pois os pais dos alunos, que sofreram a "escolarização", gostam de ver seus filhos dirigidos, enquadrados, condicionados, violados em sua personalidade como eles o foram por sua vez, porque pensam que tais violações são requisitos para que seus filhos se tornem "adultos" ou "entrem na vida" ingressando no universo das "responsabilidades", onde a originalidade ou conduta individualizada são passiveis de punição em nome da "disciplina" ou dos interesses do "grupo" ou da "comunidade".

No entanto, um sistema escolar que se jacta de sua "eficiência" e "operacionalidade", que usa e abusa de termos da computação como *feedback*, "entrada" e "saída", tem sua utilidade comprovada na aquisição dos mecanismos de leitura e das operações aritméticas por parte dos alunos. Já a aquisição de um saber em nível cientifico ou literário se faz mais fora do sistema escolar. O ensino profissional é um exemplo dessa "deseconomia"; aí estão as empresas que instituem estágios internos, colocando em dúvida os diplomas fornecidos pelas escolas profissionais.

Tal "deseconomia" ou fracasso da "eficiência" escolar deve-se ao fato simples de que a aprendizagem se realiza através de motivação e não através de coação, como se dá na pedagogia burocrática. A escola apelando à coação, às técnicas de exclusão, acentua a passividade e submissão como condições de apreensão de um "saber" raquítico, transmitido por mestres desinteressados no processo pedagógico e muito mais interessados no "sucesso" pessoal no magistério encarado como "carreira", cujo ápice é atingido quando o docente se livra da docência através de mil acúmulos de cargos de "responsabilidade" – cargos burocráticos, já que o ensinar traz a pecha de sua origem escrava: é coisa de escravos dependentes.

As estruturas administrativas estão em crise. Através da crise das organizações é que se chegou às formulas de cogestão e autogestão nas empresas. A escola é uma organização em crise permanente. A instituição universitária se constitui no "barômetro" da crise de uma sociedade dada. É através dela que os jornais se tornaram os analisadores, os críticos que desmistificam as organizações, que mostram sua entrada de serviço oculta sob a fachada da entrada social. Os estudantes jovens agem como analisadores sociais, revelando pela prática as contradições do sistema social no nível dos controles institucionais.

A instituição universitária em crise constitui-se no elo mais fraco das instituições burocráticas (Igreja, Exército e empresa). Na instituição universitária, pela primeira vez, o professor revela dúvidas acerca dos fundamentos de seus ensinamentos. Porém a autoridade ritual conferida pela sua simples presença afirma, contra suas reservas íntimas, a cientificidade do seu discurso. A encantação mágica de seu dizer atesta a exigência da "ciência" que ensina; se ele pode ousar colocar-se em dúvida, por escrúpulos de homem mais bem informado que seus ouvintes, corre o risco de não ser entendido. Pois só o discurso da instituição é entendido; a cátedra constitui-se numa adoração de um tabernáculo vazio cumprida diariamente, do "saber" instituído. A dúvida do professor, nesse contexto, aparece como derivada de sua honestidade intelectual e prova indiscutível de sua informação. O que importa para qualquer instituição burocrática (e a universidade o é antes de mais nada) é sua sobrevivência como tal; não é por acaso que esse tema se constitui no *leitmotiv* da obra de um dos teóricos conservadores da organização: Amitai Etzioni. Não se trata de salvar conteúdos, mas sim as prenoções continuamente redefinidas pelo discurso com a mais variada significação, pois o essencial de sua legitimidade advém de uma encenação praticada por uma hierarquia de mestres que denotam os signos de seu supremo valor.

A universidade de classe funda-se em dois princípios: a seleção dos estudantes e a nomeação para o recrutamento dos professores; eis por que a maioria das reformas educacionais são na realidade "restaurações". A universidade não é uma instituição neutra como o é a linguagem, é uma instituição dominante, ligada à dominação, que organiza um tipo de "formação" escolar fundado na relação burocrática professor x aluno. Como instituição de classe, sofre a clivagem dos conflitos sociais da totalidade, constitui-se numa instituição onde as classes populares não têm representação, produzindo a ideologia de uma "cultura superior" e de um "saber neutro" com fins de "utilidade social", última fantasia de um saber objetivo.

Na defesa da escola enquanto instituição, leiga ou confessional, pública ou particular, há o desejo secreto de preservá-la das contradições e dos conflitos sociais em que se constitui como reflexo ou mecanismo de dissimulação, onde as diferenças socioeconômicas preexistentes na sociedade global não teriam livre entrada. A escola, mesmo a mais democrática, traduz, no nível escolar, as desigualdades de nível social. Possibilidade de escolaridade prolongada e sucesso escolar são privilégios dos privilegiados, possíveis àqueles cujas famílias ocupam posição dominante na estrutura social. O interior do sistema escolar oculta, sob a aparência de diferenciações funcionais, tipos de cursos ou níveis de ensino, diferenças que se manifestam por uma hierarquia social que aparece nas oportunidades desiguais de escolarização às crianças de origens sociais diversas. A eliminação do sistema escolar atinge as camadas pobres; a elite é raramente afetada; o mecanismo do exame, com elemento de eliminação, dissimula a eliminação social da escola que se dá sem exame.

Daí as discussões sobre rendimento do ensino, técnicas de ensino, avaliação ou qualidade do ensino silenciarem sobre o assunto, pois quem discute isso pertence por sua origem a classes que somente mediante o exame podem ser eliminadas. Eis que a democratização da escola não surge em função da facilitação do exame, que continua favorecendo os favorecidos.

O que há é que as famílias pertencentes à elite habitam grandes centros urbanos, têm oportunidades de viagem internacionais, de adquirir um capital cultural que é mais próximo aos padrões difundidos pela escola; daí a maior facilidade em se oferecer aos filhos de elite modelos de identificação, apoio e sucesso. As vantagens ou desvantagens sociais operam cumulativamente, dificultando, por meio de reforma parcial, mudança definitiva. Os "herdeiros", filhos da classe dominante, têm maior predisposição à inculcação escolar, encontrando na escola seu *habitat* "natural" por causa dos hábitos familiares, enquanto os desfavorecidos não têm condição de preencher um dos requisitos exigidos pela cultura escolar: uma competência e sensibilidade à mensagem escolar adquiridas no meio familiar, de que carecem as camadas desprivilegiadas. Ao não conceder à totalidade o que em parte se deve à família, o sistema de ensino sanciona desigualdades estruturais.

Papel importante cabe à linguagem, pois a escola impõe certo tipo de domínio da língua distante da linguagem dos desfavorecidos, e isso já constitui um *handicap* à aprendizagem das crianças pobres.

O que nos interessa mais no universo escolar é a análise da universidade enquanto tal. Já no século XIX ela estava defasada em relação ao desenvolvimento industrial, era uma escola "nobre". É o século da universidade liberal, onde seus frequentadores, oriundos de uma burguesia cujos modelos educacionais familiares são autoritários, vão aprender na universidade não somente os elementos de uma formação médica, jurídica ou literária, mas as normas de comportamento exigidas por sua origem social que define os parâmetros de suas aspirações sociais.

Essa "demora cultural", esse desajuste causado pelo desenvolvimento capitalista rápido e pela obsolescência das estruturas educacionais, tornou-se luta comum. Até os inícios do século XX as disciplinas literárias e jurídicas ligadas à ideologia dominante constituem o essencial da formação universitária, inclusive de técnicos e engenheiros formados pelas grandes escolas. No século XX surgem na empresa novos níveis de competência, multiplicam-se os quadros médios na área do comércio e finanças, emergindo profissões diretamente ligadas à manipulação de necessidades, via publicidade sob as formas mais diversas.

Essas novas necessidades da economia capitalista entram em choque com a estrutura e funcionamento tradicional das universidades. As novas funções que aparecem exigem um entrecruzamento de disciplinas que as estruturas "departamentais" tradicionais não permitem. O Estado, órgão de realização do capitalismo, introduz a lógica capitalista do lucro nas estruturas universitárias. A famosa "crise universitária" constitui-se num particular que se transforma num diálogo de surdos envolvendo diferentes especialistas. É um sintoma do ajustamento tardio da instituição, desse setor especial da produção, às mutações do sistema produtivo global. Os resíduos da velha ideologia da universidade liberal banalizam-se no momento em que sua base social some. No período liberal ela aparecia como poder autônomo, restrita a fornecer à minoria privilegiada uma cultura geral adequada antes de "entrar na vida". Daí a inutilidade da nostalgia dos "cães de guarda", os professores do sistema pré-tecnocrático, que a ele opõe os "bons velhos tempos", quando o humanismo e as "belas-letras" eram cultivadas sem maiores compromissos com a fábrica, ou o escritório, cuja rotina de trabalho é industrial e operada por "colarinhos-brancos" portadores de um saber "técnico". Tal nostalgia se constitui em freio à "modernização tecnográfica", travestido de defesa das tradições do "humanismo". Constitui-se numa reação conservadora, especialmente no setor médico, traduzindo a vontade de uma minoria em procurar manter os privilégios ameaçados pela "socialização" – melhor seria dizer "estatização" – dos serviços médicos e de assistência social.

A ideologia que serve de cobertura a essas operações é a liberal; é uma ideologia de mandarins num sistema institucional acadêmico altamente hierarquizado, autocrático e monopolista, que realiza no interior da universidade o entrecruzamento de três modos de produção distintos: o despotismo oriental, o paternalismo feudal e a dominação burguesa.

A instituição universitária não produz ou reproduz somente a ideologia do mandarinato; ao lado da ideologia da tolerância repressiva e da neutralidade, do saber objetivo, a universidade, assim como a imprensa e os meios de comunicação de massa, se encarrega de transmitir a ideologia dominante. Enquanto instituição separada e relativamente autônoma encarregada de produção e difusão de um tipo de saber, ela simboliza, através dos seus sistemas de controle, como exames, seleção de estudantes e a nomeação de professores, a organização de uma sociedade em que há a contaminação entre o saber e o poder.

Isso implica que no topo da hierarquia acadêmica dominem os mandarins, no topo da hierarquia fabril os executivos, na base da hierarquia acadêmica os executantes, na base da hierarquia industrial os operários. Os primeiros são portadores do saber e os últimos do não saber, daí sua localização na extremidade de um sistema de exploração e de dominação. Como usina do saber a instituição universitária tem duas funções: legitimação do poder e formação da mão de obra qualificada para a produção.

Ela está ligada radicalmente ao modo de produção dominante, tanto pelos servos que forma como pela ideologia que transmite. A universidade constitui-se no espaço de entrecruzamento de instâncias, onde a relação professor x aluno é básica. Tradicionalmente, essa relação é descrita como relação entre gerações; no esquema culturalista, os professores são os agentes culturais encarregados de transmitir o saber e a experiência acumulada às gerações novas. Essa relação de formação esconde em seu bojo as determinações econômico-político-ideológicas. A relação de formação é condicionada pelo modo de produção e, também, pela influência sobre o mesmo. A relação pedagógica é midiatizada pelo saber; o professor constitui o saber absoluto e o aluno o não saber absoluto. Na realidade, o professor possui "parte" de um saber que está em contínua transformação e o estudante possui parte do saber que não se constitui numa "tábula rasa". O que separa professor de estudante não é o saber e o não saber, é a instituição exame, é o batismo burocrático do saber, como diz Marx. Poderíamos definir a universidade como a instituição onde o estudante é submetido aos exames, que se constituem numa parte de entrada vigiada por um porteiro: o professor.

O exame aparece como o elemento mais visível da seleção do aluno, da mesma forma que o concurso é o elemento mais visível da seleção do professor. Da mesma forma que a seleção educacional reproduz mecanismos de seleção social quanto ao aluno, quanto ao professor observam-se critérios visíveis e invisíveis de avaliação: os visíveis são os títulos, número de publicações; os invisíveis são definidos pela "cooptação". Por outro lado, quanto menos a universidade produz conhecimentos, mais esse controle de conhecimentos visa a se transformar numa instituição controladora de conhecimentos, que tende a se tornar um câncer que invade e degrada a atividade universitária, pois cada vez ela se transforma numa atividade controladora de conhecimentos que não tem condições de transmitir e produzir. O que importa aos selecionadores é que haja poucos eleitos, conscientes, porém, de sua situação. A universidade não é somente uma instituição controladora de conhecimentos, mas também o espaço onde a repressão pedagógica se institui.

Entendemos por repressão pedagógica a severidade nos exames, o culto ao curso magistral em que um fala e todos ouvem, a disposição de controlar o comportamento de alunos mediante a troca de informações entre professores. O professor universitário, mais ainda que seus colegas do nível secundário ou primário, é preparado para as funções de cão de guarda, funções que ele cumpre pela posição que ocupa no interior do sistema. Nesse sistema hierárquico que é o universitário, os valores de submissão e conformismo, manifestados a todo instante e em qualquer situação pelo comportamento professoral, constituem-se num sistema ideológico. Os professores interiorizaram os valores da hierarquia, dependência e submissão indispensáveis a qualquer sistema de exploração, particularmente ao modo capitalista de produção. Enquanto no sistema feudal a ideologia dominante é a religiosa, que ocupa lugar privilegiado, na sociedade moderna tal função cabe à ideologia da organização, que agrupa o saber em níveis hierárquico-funcionais, justificando o poder. Um modelo hierárquico universitário aceito e em vigor nas usinas, casernas, conventos, fábricas, hospitais e manicômios é a condição para assegurar a dominação do capital na fábrica.

Essa mesma função cumpre na universidade a hierarquia dos títulos e do poder acadêmico.

Mas a mesma estrutura que cria a legitimação acadêmica cria seu contrário, e a universidade constitui-se também num elemento crítico, num reflexo dos conflitos que agitam a sociedade global, num espaço onde eles repercutem. Seríamos, porém, adeptos do messianismo pedagógico se instituíssemos a universidade como foco da mudança social e a educação como o grande agente; na realidade ela se constitui no solo dos herdeiros do sistema e a educação cada vez mais num veículo de disfunção narcotizante.

Relações de poder na escola*

Professores, alunos, funcionários, diretores, orientadores. As relações entre todos esses personagens no espaço da escola reproduzem, em escala menor, a rede de relações de poder que existe na sociedade. Isso não é novidade. O que interessa é conhecer como essas relações se processam e qual é o pano de fundo de ideias e conceitos que permite que elas se realizem de fato. A nós interessa analisar a escola através de seu poder disciplinador. Como dizia o pensador francês Michel Foucault, a escola é o espaço onde o poder disciplinar produz saber.

Essa situação surgiu no século XIX com a instituição disciplinar, que consiste na utilização de métodos que permitem um controle minucioso sobre o corpo do cidadão através dos

---

* *Lua Nova – Cultura e Política*, n.4, v.1, São Paulo, Cedec/Brasiliense, jan.-mar. 1985, p.68-72. Também publicado em *Educação e Sociedade*, n.20, jan.-abr. 1985.

exercícios de utilização do tempo, espaço, movimento, gestos e atitudes, com uma única finalidade: produzir corpos submissos, exercitados e dóceis. Tudo isso para impor uma relação de docilidade e utilidade.

Na escola, ser observado, olhado, contado detalhadamente é um meio de controle, de dominação, um método para documentar individualidades. A criação desse campo documentário permitiu a entrada do indivíduo no campo do saber e, logicamente, um novo tipo de poder emergiu sobre os corpos.

Os efeitos do poder se multiplicam na rede escolar devido à cada vez maior acumulação de novos conhecimentos adquiridos no campo do saber. Conhecer a alma, a individualidade, a consciência e o comportamento dos alunos é que tornou possível a existência da psicologia da criança e a psicopedagogia.

As áreas do saber se formam a partir de práticas políticas disciplinares, fundadas em vigilância. Isso significa manter o aluno sob um olhar permanente, registrar, contabilizar todas as observações e anotações sobre os alunos, através de boletins individuais de avaliação (ou uniformes-modelo, por exemplo), perceber aptidões, estabelecendo classificações rigorosas.

A prática de ensino, em sua essência, reduz-se à vigilância. Não é mais necessário o recurso à força para obrigar o aluno a ser aplicado, é essencial que o aluno, como o detento, saiba que é vigiado. Porém, há um acréscimo: o aluno nunca deve saber que está sendo observado, mas deve ter a certeza de que poderá sempre sê-lo.

As normas pedagógicas têm o poder de marcar, salientar os desvios, reforçando a imagem de alunos tidos como "problemáticos", estigmatizados como "o negrão", o "índio", o "maloqueiro" ou o "morador da favela". A escola, ao dividir os alunos e o saber em séries e graus, salienta as diferenças, recompensando os que se sujeitam aos movimentos regulares impostos pelo sistema escolar. Os que não aceitam a passagem hierárquica de uma série a outra são punidos com a "retenção" ou a "exclusão".

Um aparelho para o controle de todos

A escola se constitui num centro de discriminação, reforçando tendências que existam no "mundo de fora". O modelo pedagógico instituído permite efetuar vigilância constante. As punições escolares não objetivam acabar com ou "recuperar" os infratores, mas "marcá-los" com um estigma, diferenciando-os dos "normais", confiando-os a grupos restritos que personificam a desordem, a loucura ou o crime.

Dessa forma a escola se constitui num observatório político, um aparelho que permite o conhecimento e controle perpétuo de sua população, através da burocracia escolar, do orientador educacional, do psicólogo educacional, do professor ou até dos próprios alunos.

É a estrutura escolar que legitima o poder de punir, que passa a ser visto como natural. Faz com que as pessoas aceitem tal situação. É dentro dessa estrutura que se relacionam os professores, os funcionários técnicos e administrativos e o diretor.

É necessário situar, ainda, que a presença obrigatória do "Diário de Classe", nas mãos do professor, que marca ausências e presenças, atribuindo "meia falta" ao aluno que atrasou uns minutos ou saiu mais cedo da aula, é a técnica de controle pedagógico burocrático por excelência herdada do presídio. Esse professor é visto como encarregado de uma "missão educativa" por uns; como "tira" e "cão de guarda" da classe dominante por outros, "contestador e crítico" por muitos.

Não há dúvida de que a escola, em qualquer sociedade, tende a renovar-se e ampliar seu âmbito de ação, reproduzir as condições de existência social formando pessoas aptas a ocupar os lugares que a estrutura oficial oferece. Como a religião e o esporte, a educação pode se constituir num instrumento do poder e, nessa medida, o professor é o instrumento da reprodução das desigualdades sociais em nível escolar.

No seu processo de trabalho, o professor é submetido a uma situação idêntica à do proletário, na medida em que a classe dominante procura associar a educação ao trabalho, acentuando a responsabilidade nacional do professor e de seu papel como guardião do sistema. Nesse processo o professor contratado ou precário (sem contrato e sem estabilidade) – mais de 85 mil só no Estado de São Paulo – substitui o efetivo ou estável, conforme as determinações do mercado, colocando-o numa situação idêntica à do proletário.

O professor é submetido a uma hierarquia administrativa e pedagógica que o controla. Ele mesmo, quando demonstra qualidades excepcionais, é absorvido pela burocracia educacional para realizar a política do Estado, portanto, da classe dominante, em matéria de educação. Fortalecem-se os célebres "órgãos" das Secretarias de Educação em detrimento do maior enfraquecimento da unidade escolar básica.

Na unidade escolar básica é o professor que julga o aluno mediante a nota, participa dos Conselhos de Classe, onde o destino do aluno é julgado, define o Programa de Curso nos limites prescritos e prepara o sistema de provas ou exames. Para cumprir essa função ele é inspecionado, é pago por esse papel de instrumento de reprodução e exclusão.

E, nas escolas particulares de classe alta, ao ultrapassar a entrada do colégio, o professor perde seus direitos em função das normas impostas e do papel a desempenhar. Mestres e alunos submetem-se a esse inconsciente coletivo transmitido por herança cultural: um "respeitável" professor não fala de sua vivência pessoal por temer ser considerado medíocre. O aluno, por sua vez, espera do professor certo tipo de comportamento, seu desprezo ou sua admiração.

A própria disposição das carteiras na sala de aula reproduz relações de poder: o estrado que o professor utiliza acima dos ouvintes, estes sentados em cadeiras linearmente definidas de maneira próxima a uma linha de montagem industrial, configura a relação "saber/poder" e "dominante/dominado".

O professor subordina-se às autoridades superiores, e essa submissão leva-o a acentuar uma dominação compensadora. Delegado dessa ordem hierárquica junto aos estudantes, ele é o símbolo vivo dessa dominação, o instrumento da submissão. Seu papel é impor a obediência. Na relação do professor com a classe, encontram-se dois adolescentes: o adolescente aluno, a quem ele deve educar, e o adolescente reprimido, que carrega consigo.

O que prova a prova?

O poder professoral manifesta-se através do sistema de provas ou exames, por meio dos quais o professor pretende avaliar o aluno. Na realidade, está selecionando, pois uma avaliação de uma classe pressupõe um contato diário demorado com ela, prática impossível no atual sistema de ensino.

A disciplinação do aluno tem no sistema de exame um excelente instrumento, a pretexto de avaliar o sistema de exames. Assim, a avaliação deixa de ser um instrumento e torna-se um fim em si mesmo. O fim, que deveria ser a produção e transmissão de conhecimentos, acaba sendo esquecido. O aluno submete-se aos exames e provas. O que prova a prova? Prova que o aluno sabe como fazê-la, não prova seu saber.

O fato é que, na relação professor/aluno, enfrentam-se dois tipos de saber, o saber do professor inacabado e a ignorância do aluno relativa. Não há saber absoluto nem ignorância absoluta. No fundo, os exames dissimulam, na escola, a eliminação dos pobres que se dá sem exame. Muitos deles não chegam a fazê-lo, são excluídos pelo aparelho escolar muito cedo. Veja-se o nível de evasão escolar na primeira série do primeiro grau e nas últimas séries do primeiro e segundo graus.

O exame permite a passagem de conhecimentos do professor ao aluno e a retirada de um saber do aluno destinado ao mestre. O exame está ligado a certo tipo de formação de saber e a certo tipo de exercício de poder. O exame permite também a formação de um sistema comparativo que dá lugar à descrição de grupos, caracterização de fatos coletivos, estimativa de desvios dos indivíduos entre si.

Qualquer escola se estrutura em função de uma quantidade de saber, medida em doses, administrada homeopaticamente. Os exames sancionam uma apropriação do conhecimento, um mau desempenho ocasional, certo retardo que prova a incapacidade do aluno em apropriar-se do saber. Diante de um saber imobilizado, como nas Tábuas da Lei, só há espaço para humildade e mortificação. Na penitência religiosa só o trabalho salva, é redentor, portanto, o trabalho pedagógico só pode ser sadomasoquista.

Não é por acaso que existe relação entre a estrutura simbólica da religião com a da escola. Ambas reforçam a estrutura simbólica por meio da qual se realiza a estrutura de classe. A mesma relação de indignidade existente entre o pescador e a religião é a existente entre os alunos e o saber. O aluno é visto como se tivesse uma essência inferior à do mestre, como o homem o é ante a figura de Deus.

O trabalho mortificante no plano pedagógico – a ansiedade em saber se foi aprovado ou reprovado no exame – é a via de redenção, a expiação da indignidade. É o único caminho para atingir o Templo do Saber, da Graça e da Riqueza.

Para não desencorajar os mais fracos de vontade surgem os métodos ativos em educação. A dinâmica de grupo aplicada à educação alienou-se quando colocou em primeiro plano o grupo em detrimento da formação. A utilização do pequeno grupo como técnica de formação deve ser vista como uma possibilidade entre outras. Tal técnica não questiona radicalmente a essência da pedagogia educacional.

O fato é que os grupos acham-se diante de um monitor; aqueles caracterizam o não saber e este representa o saber.

Agente de reprodução social

Em vez de colocar como tarefa pedagógica dar um curso e o aluno recebê-lo, por que não colocar em outros termos: em que medida o saber acumulado e formulado pelo professor tem chance de tornar-se o saber do aluno?

Vistos estaticamente a escola e o professor, este aparece como guardião de um saber estratificado, como o sacerdote das salvaguardas educacionais, como o gerente de sua distribuição, como o profeta da necessidade do trabalho e do mérito vinculado a um esforço redentor, finalmente, da vontade que tudo salva.

Porém, há o outro lado da moeda. O professor é agente de reprodução social e, pelo fato de sê-lo, também é agente da contestação, da crítica. O predomínio das funções de reprodução e de crítica professoral depende mais do movimento social e sua dinâmica que se dá na sociedade civil, fora dos muros escolares.

Em períodos de mudança social, o professor enquanto assalariado ou funcionário do Estado se organiza contra a deterioração de suas condições de trabalho. Nesse momento ele contesta o sistema. Porém, para contestar o sistema é necessário estar inserido nele numa função produtiva.

É o que se dá com o operário. Reproduzindo o capital, ponto terminal do trabalho acumulado, tem ele condições de contestar o capital mediante sua auto-organização e ações práticas. Desvinculado da produção pouco pode fazer. Greve de desempregados é coisa difícil.

Por tudo isso a escola é um espaço contraditório: nela o professor se insere como reprodutor e pressiona como questionador do sistema, quando reivindica. Essa é a ambiguidade da função professoral.

A possibilidade de desvincular saber de poder, no plano escolar, reside na criação de estruturas de organização horizontais por meio das quais professores, alunos e funcionários formem uma comunidade real. É um resultado que só pode provir de muitas lutas, de vitórias setoriais e derrotas também. Mas, sem dúvida, a autogestão da escola pelos trabalhadores da educação – incluindo-se os alunos – é a condição de democratização escolar.

Sem escola democrática não há regime democrático, portanto a democratização da escola é fundamental e urgente, pois ela forma o homem, o futuro cidadão.

Educação ou desconversa?[*]

Discutimos educação num país de "democracia relativa", conceito cunhado em Nova York pelo politicólogo do Pentágono Samuel Huntington, que se transformou em tema das reuniões da Comissão Trilateral, organizada por Rockfeller em 1973. Essa Comissão Trilateral era constituída pelos representantes das principais empresas e bancos multinacionais dos Estados Unidos, Japão e Mercado Comum Europeu. Para essa Comissão Trilateral a "democracia relativa" se constitui em fator fundamental da estabilidade política nos países do chamado "Terceiro Mundo", possibilitando o crescimento econômico nos moldes do capitalismo.

Não é por acaso que 76% do capital estrangeiro (se é que assim pode ser chamado) que atua no "Terceiro Mundo" atua no Brasil. Nos inícios da década de 1950 a maioria de empresas e bancos no Brasil eram nacionais; hoje 70% deles pertence às

[*] *Almanaque*, n.11, São Paulo, Brasiliense, 1980, p.11-15.

multinacionais. Até 1960 a América Latina possuía somente cem bancos multinacionais; hoje passam de 1500.

A internacionalização da economia capitalista, a penetração do capitalismo em áreas pré-capitalistas no campo, liquidando a economia de subsistência, criava um novo tipo social – o boia-fria.

Enquanto isso, o trabalhador urbano, com suas organizações sindicais atreladas ao Estado, suas organizações políticas "fora da lei", sofria o arrocho, base da superacumulação capitalista.

Junte-se a esse processo a universalização do Fundo de Garantia por Tempo de Serviço (FGTS), que significou o direito de o empregador demitir o operário ou qualquer tipo de assalariado na hora que quisesse, além de o FGTS converter-se em instrumento de política financeira estatal, teremos as condições estruturais que tornaram o Brasil o paraíso das multinacionais de 1964 para cá.

Mais do que isso, o Brasil é a terra dos superlucros das multinacionais, da corrupção administrativa nas suas mais variadas formas, da doença como produto social generalizado, e é nesse contexto que o item *educação* tem que ser entendido.

Segundo o *Coojornal* de março de 1980 (p.15), o montante dos prejuízos aos cofres da União causados pela corrupção e desmandos administrativos na administração federal atinge Cr$ 801,6 milhões, que é o total de recursos públicos manipulados ilicitamente nos órgãos federais em operações de desvios, desfalques, pagamentos indevidos e saldos não recolhidos.

De acordo com os dados do Tribunal de Contas da União (TCU), a liderança entre os órgãos federais pertence ao Ministério do Exército, com um total de Cr$ 479,3 milhões entre pagamentos indevidos, saldos não recolhidos, desfalques ou desvios. A maior parte das irregularidades apontadas pelo TCU se deve a saldos de caixa não recolhidos (Cr$ 466,7 milhões). Mas existem pagamentos indevidos (Cr$ 4.172,2 mil), desfalques e desvios (Cr$ 5,1 milhões).

Questionam-se as contas referentes à construção da Ponte Rio-Niterói, as concorrências da Companhia Siderúrgica Nacional e a intervenção do Banco Central no mercado financeiro por meio da cobertura de déficits de todo o tipo, desde falências fraudulentas à emissão de "cheques administrativos" sem fundos, praticadas por doze empresas e nove bancos. Além de a Superintendência do Desenvolvimento da Pesca (Sudepe) financiar a Companhia Distribuidora de Pescados Ltda (Codipesca), que recebeu incentivos e foi transformada em estrebaria. Não bastasse isso, o Banco Nacional de Habitação (BNH), principal órgão de construção de casas populares, construiu sua sede no Rio de Janeiro com banheiros de mármore, enquanto 6 dos 21 andares da sede do Banco Central de Brasília foram especialmente decorados para ser ocupados pela presidência do estabelecimento.

Isso nada é ante as comissões que a General Electric (GE) pagou para conseguir vender 195 locomotivas à Rede Ferroviária Federal no fim da gestão do general Milton Gonçalves, conforme revelação do pagamento feita (sem dar nomes) pelo presidente da subsidiária brasileira da GE, Thomas Smilley, em depoimento no Conselho Administrativo de Defesa Econômica (Cade).

Junte-se a esse quadro o episódio do "vazamento" de informações referentes à maxidesvalorização do cruzeiro, que permitiu a algumas pessoas próximas ao poder e grupos bem informados auferir imensos lucros; a venda a 40% abaixo do preço nominal de ações da Companhia Vale do Rio Doce por mediação de uma corretora que, praticamente falida antes, atualmente se recupera da queda. Tudo isso mostra um dado: quanto mais desmobilizada e desorganizada a sociedade civil ante o Estado, quanto menos "opinião pública" exista realmente, quanto menos exista o cidadão que reivindique direitos, no seu lugar emerge um Estado autoritário altamente burocrático, ao qual interessa uma sociedade civil desorganizada, ao qual interessa não enfrentar cidadãos que lutem por direitos e sim ter "súditos" que obedeçam ao *diktat* do poder. Autoritarismo e corrupção são, portanto, sinônimos. Quanto menos os trabalhadores participam dos processos decisórios nas empresas ou na sociedade global, mais a burocracia, os áulicos ocupam o espaço.

Daí a emergência do conceito "democracia relativa", cunhado pelo politicólogo norte-americano Samuel Huntington, que, na realidade, é a ideologia dos grupos oligárquicos vinculados às multinacionais e órgãos repressivos para manter "legitimamente" calado o povo.

Quando o povo se mobiliza, como está acontecendo hoje enquanto escrevemos estas linhas, com os metalúrgicos do ABC decidindo-se pela greve, teremos ocasião de verificar como funciona a "democracia relativa" sobre as costas do trabalhador.

Em suma, desmobilizada a sociedade civil, restritos os trabalhadores à sua vida privada, reina na sociedade a paz social do cemitério, a idealizada pelos ideólogos do autoritarismo, como Huntington. Porém, ao lado da multinacionalização da economia brasileira, do autoritarismo político concomitante e da corrupção administrativa hegemônica, cabe mostrar outro elemento: a precariedade da saúde dos trabalhadores, o desmantelamento da saúde pública em favor da medicina empresarial e curativa, como um dos tripés do sistema "antipovo".

Nós vamos discutir *educação* de um povo que, sob o ângulo saúde, apresenta o seguinte quadro: segundo a Divisão Nacional de Tuberculose, há de 30 a 40 milhões de infectados, com 100 mil pessoas adoecendo anualmente; a esquistossomose atinge hoje 12 milhões de pessoas; o mal de Chagas, mais de 5 milhões; 150 mil brasileiros são portadores de lepra; morrem anualmente 141 mil pessoas de tétano; 10 milhões são vítimas de tracoma e 500 mil são cegos; 10 milhões são doentes mentais e 6 milhões são excepcionais. Todas essas patologias estão associadas à desnutrição que atinge 40 milhões de brasileiros. Destes, 12 milhões são crianças, o que leva a uma mortalidade infantil de pelo menos 100 mil nascidos vivos, ou seja, uma em cada dez crianças morre antes de completar o primeiro ano de vida (Soares apud Possas, 1980).

É muito claro que o arrocho salarial, que diminui o padrão de alimentação do assalariado, e a carência de saneamento básico, que cobre área mínima nas grandes e médias cidades, não permitem a criação de condições mínimas de sanidade física para o brasileiro. Daí o cuidado médico tornar-se significativo, por faltarem as condições apontadas anteriormente.

É nesse contexto que se situa a problemática educacional: como educar um povo doente, pobre e roubado?

Devemos considerar a política antissocial que foi erigida em norma a partir de 1964: arrocho salarial, ilegalidade da greve e predominância de investimentos em outras áreas que não saúde e educação – estas entendidas como saúde *pública* e educação *pública* e gratuita.

É essa política que leva à situação atual da educação nacional: um país sem política educacional estruturada, com índice de analfabetismo que o Mobral só reduziu em seus relatórios, com professores de primeiro e segundo graus cansados, alunos de terceiro grau desinteressados e apáticos. É a colheita da "democracia relativa".

O fato é que sentimos reinar uma grande desorientação na área da educação. Seja porque em Brasília diariamente são espalhados rumores segundo os quais o atual ministro da Educação está prestes a cair e ser substituído pelo reitor atual da Universidade de Brasília, seja porque o Cesup do Ministério da Educação (MEC) admitiu muitos novatos e não tem linha de ação definida ante os problemas do ensino universitário; o fato é que a indecisão parece ser a forma de atuação do MEC na conjuntura atual.

Segundo inferi, com base no pronunciamento de Cláudio Moura Castro, da Coordenação de Aperfeiçoamento de Pessoal de Nível Superior (Capes), parece ser linha estrutural de política educacional o MEC privilegiar os primeiro e segundo graus, minimizando o terceiro grau e desativando progressivamente centros de pós-graduação.

Parece-me profundamente infeliz tal política. Eis que a prioridade dada aos primeiro e segundo graus pelo MEC, até agora no papel, se pode trazer algum ganho do tipo "populista", revela-se absolutamente inadequada ao enfrentamento dos desafios a que deve fazer frente a educação brasileira a essa altura do século.

Sem dúvida a universalização dos primeiro e segundo graus se constitui em tarefa do século XIX, que os países de capitalismo desenvolvido já resolveram e que para nós está no rol dos "problemas não resolvidos". Porém eles o fizeram há cem anos. Nós temos dois desafios a enfrentar: a universalização do ensino de primeiro e segundo graus e, ao mesmo tempo, possuir um terceiro grau à altura dos centros mais desenvolvidos, capaz de criar "saber" e "tecnologia" de ponta.

Por que são concomitantes as soluções aos problemas de ensino dos primeiro e terceiro graus? Porque o capitalismo moderno caracteriza-se pelo seu desenvolvimento combinado, combinando a solução de problemas educacionais típicos do século XIX com a criação de saber e ciência à altura do século XX. Daí nos parecer falaciosa a oposição entre primeiro e segundo graus contra o terceiro grau, este tachado de "elitista".

Assim, uma pesquisa realizada pela Fundação Universitária para o Vestibular (Fuvest) mostrou que, entre os vestibulandos classificados nos concursos de 1979, 50% das famílias a que pertencem têm renda inferior Cr$ 25 mil. Somente 20% dessas famílias apresentam renda superior a Cr$ 50 mil.

Por sua vez, o professor Newton Balzan, pesquisando os concluintes de cursos de graduação na Universidade Estadual de Campinas (Unicamp), mostrou que o que se convencionou chamar estrato superior não atinge um quinto do total de alunos que em 1978 concluíram cursos de graduação na mesma universidade. Na verdade, pertencem ao que ele chamou de "classe média média". Outro dado: 38,5% dos pais e 50% das mães dos alunos concluintes cursaram somente até o final do primário.

Por essa razão, situar a universidade como elitista, para esvaziá-la, contrapondo-a ao ensino médio ou primário e, com fundamento nisso, procurar instituir o ensino pago, constitui-se numa política *antissocial*.

Não há por que instituir o ensino pago na universidade. Eis que ele está mais do que pago pelos impostos diretos e indiretos que o povo paga. Em segundo lugar, o ensino pago em nada resolveria o problema do "financiamento do ensino". É sabido que a Fundação Getúlio Vargas (FGV) e a Fundação Armando Alvares Penteado (Faap), onde vigora o ensino pago, recebem subvenções do Estado; a Pontifícia Universidade Católica de São Paulo (PUC-SP) ficará à beira da insolvência se o Estado não a socorrer; daí a pergunta: como o ensino pago na universidade resolve esse problema? Na realidade se trata de aumentar o montante de verbas para o conjunto do sistema educacional, sem discriminar setores, em relação às verbas destinadas a investimentos *improdutivos*: armas, aparelhos de informação e repressivos, por exemplo. Na realidade, a universalização do ensino pago privilegiará o ensino-mercadoria, institucionalizará a indústria do ensino, em que a maior taxa de lucro é o parâmetro que mede as "realizações" educacionais. O Estado, desobrigado da educação, poderá direcionar seus investimentos para outras áreas prioritárias, no pensar da tecnocracia governamental: construção das Transamazônicas, Rio-Niterói, ampliação do quadro de burocratas-informantes, e o desenvolvimento de outras funções de "segurança nacional".

É importante acentuarmos que a retórica do poder após 1964 opera na forma stalinista: a burocracia totalitária que exerce o poder delegado pelas multinacionais, o empresariado nacional, as forças do latifúndio, "cimentadas" pela ação do estamento militar burocrático, adota a técnica stalinista de propaganda a serviço da reprodução do capital e da dominação sobre as classes subalternas.

Assim, da mesma maneira que Stálin lança a repressão sobre os camponeses afirmando o contrário, que está reforçando a aliança operário-camponesa, os donos do poder e seus áulicos brasileiros expropriam o operariado de recursos através do PIS/Pasep, convertendo-os em instrumentos de política econômica estatal, porém afirmando *ser* tal expropriação do trabalhador um dos instrumentos da "política social" da nova ordem instaurada em 1964; da mesma maneira que Stálin efetua formidável repressão interna no Partido (de cujo Comitê Central 98 dos 139 membros eleitos em 1937 foram mortos) e entrega à URSS o que ele chamou de "Constituição mais democrática do mundo", aqui instaura-se a alta rotatividade da mão de obra com o FGTS, também instrumento de política estatal, e afirma-se tratar-se de uma das maiores conquistas sociais dos trabalhadores: o direito do patrão de demiti-los à hora que lhe aprouver.

A prática stalinista, em que a ação numa direção é justificada com argumentos que nada têm a ver com a mesma, aparece na contradição existente entre vários escritos de integrantes dos altos escalões do MEC, que tanto falam em "participação", enquanto o governo emite um *"diktat"* segundo o qual o presidente da República, a seu talante, escolhe e indica os nomes daqueles que dirigirão, sob a tutela federal, as universidades, transformadas em autarquias ou fundações. Por acaso a comunidade acadêmica foi consultada a respeito? As associações de professores foram ouvidas? Positivamente, não. A técnica stalinista de propaganda utilizada pelos áulicos do Palácio do Planalto leva a dourar a pílula: a expropriação do poder de indicação pelos professores em lista tríplice daqueles que seriam os futuros reitores, e sua substituição pela escolha arbitrária do "príncipe" são apresentadas como grande vitória "da comunidade". O pior é que tal medida oficializada o foi por razões casuísticas: preservar o cargo de reitor a um cidadão que por sua atuação anterior jamais seria escolhido por seus pares. Apresentar a "expropriação" do poder decisório dos professores como uma vitória de sua "participação" é utilizar a mesma empulhação stalinista utilizada quando se liquida a Terceira Internacional em nome do fortalecimento dos laços internacionalistas. Da mesma maneira o poder fala em "abertura" quando os explorados se mexem, como agora, com a eclosão da greve do ABC, por meio da qual, entre outras coisas, os metalúrgicos reivindicam a institucionalização do "delegado sindical" – direito garantido pela própria Consolidação das Leis do Trabalho (CLT). Diante disso, qual é o discurso do poder? Intervenção no sindicato, destituição da diretoria, especialmente numa área que se constitui na base de um futuro partido de trabalhadores. O poder assim mata dois coelhos com um golpe só: destitui lideranças sindicais autênticas e corta no nascedouro a possibilidade de um partido de trabalhadores da base para o topo, fato inédito na história brasileira.

As ameaças de intervenção nos sindicatos e a utilização do aparato repressivo são acompanhadas de um discurso "aberto", participativo. Na realidade, o discurso serve para *encobrir* a prática; ele vale tanto mais na medida em que é o oposto da prática sociopolítica.

A educação na sociedade dividida em classes serve para:
a) a criação da mão de obra disponível que o sistema necessita;
b) a inculcação de maneiras de sentir, pensar e agir que traduzem a ideologia da classe dominante como sendo da "sociedade em geral", e de seu interesse privado como sendo de "interesse público".

Nesse sentido, jamais poderá ser elemento redutor de desigualdades, ao contrário, tende a petrificá-las ao conferir, através do diploma, poder simbólico a quem já o possui no real.

O que há estruturalmente é um modo de produção capitalista que destrói os modos de produção anteriores, que expulsa a população das áreas rurais rumo às grandes cidades e, nas cidades, por força da chamada valorização do "solo", expulsa a mão de obra operária às periferias. Ao mesmo tempo mantém uma população excedente, não qualificada, a qual pode acorrer quando necessite e que tem como função manter em níveis baixos o salário da mão de obra ativa.

A periferia não é constituída de "pobres" no sentido bíblico do termo, mas constitui mão de obra integrada à produção. Seus membros fazem parte da *classe trabalhadora* e, nessa medida, sofrem a *expropriação econômica* dos frutos do seu trabalho: a *expropriação política*, a tendência de suas lideranças serem "cooptadas" pelo poder à custa de alguns metros de manilhas ou fios elétricos; a *expropriação cultural*, na medida em que a cultura se converte cada vez mais em uma *mercadoria* sujeita ao preço do mercado, através da tentativa de universalização do ensino pago, que já está mais do que pago pela comunidade.

Ela pouco pode esperar do *poder*. Pesquisa realizada na periferia paulista mostra a escola com efeito contrário: pesquisando na periferia paulista junto a Osasco, entre alunos que frequentam o Mobral, geralmente elementos vindos com a migração do Nordeste para São Paulo, verificou-se que alunos frequentando os cursos do Mobral por três meses não adquiriram as habilidades que os capacitariam a ler, escrever e contar corretamente; haviam, porém, adquirido os valores da ideologia dominante: subserviência ante a hierarquia, respeito sagrado ao poder, independentemente de sua legitimidade, e aceitação das desigualdades sociais como "naturais".

Isso mostra a eficiência das agências governamentais de educação, tipo Mobral, muito mais como *tranquilizante social* do que como elemento de *conscientização social*. No fundo, uma extensão da prática médica do Inamps ou da propaganda da Benfam em torno da "democracia da pílula": querem acabar com o *pobre*, não com a *pobreza*!

Se a política social do poder é antissocial, como é possível que a pobre educação seja motor de redução de desigualdades num país onde somente 2% da população tem acesso à atenção médica individual? É sabido que a prática médica orienta-se pela acumulação do capital: enquanto corpo produtivo, você recebe uma atenção equivalente a sua contribuição como força de trabalho. Executivo, operário qualificado ou não qualificado recebem atenção médica diferenciada, enquanto o improdutivo, o doente crônico ou o chamado "louco" é preso, desde Pinel; é internado no manicômio.

Não é por acaso que o manicômio é o centro de internação dos improdutivos sob o ponto de vista do capital. Daí receberem sua carga repressiva; sua doença geralmente é a pobreza, falta de atenção e afeto. No entanto, os diagnósticos médicos tipificam-nos como esquizoides, paranoides e outras categorias que convertem a psiquiatria no discurso do *médico* e na exclusão do *doente*.

A mão de obra improdutiva diante dos olhos do sistema é confinada em asilos, em hospitais psiquiátricos. A população confinada nos manicômios é composta de operários, camponeses e donas de casa. Sobre ela é que a repressão se exerce.

A luta pela democratização da saúde e da atenção médica, como a luta pela democratização da educação, é inseparável da luta pela auto-organização da mão de obra assalariada. Somente a autonomia organizatória dos assalariados das fábricas, hospitais e escolas é que criará o espaço necessário à democratização dos serviços, especialmente a educação.

Cabe aos trabalhadores em educação, professores e funcionários se organizarem em suas associações de classe. Aos professores, colocar seu capital cultural a serviço dos trabalhadores, assessorando-os nos sindicatos, nas associações de bairro, nas comunidades de base. Assim, a camada intelectual, de "serva do capital" e agente da "reprodução ampliada do poder", poderá converter-se em "intelectual orgânico" *daqueles que estão expropriados econômica, política e culturalmente*. E muito menos *das normas traçadas* pelo *Conselho Federal de Educação* – órgão público que se constitui em mero grupo de pressão de interesses privados. Depende a educação brasileira do quê? Da capacidade de auto-organização dos professores, funcionários e estudantes nos vários níveis de ensino. A educação necessita muito menos de intelectuais agentes do poder, e muito mais de intelectuais críticos e organizadores, isto é, dos que resistem à *"cooptação"* por qualquer estrutura de mando a serviço da reprodução do capital e da dominação sobre a maioria.

O papel social do professor[*]

Há que se falar e que se discutir. Isso é fundamental, porque é na discussão que a gente aprende. E se educa também. O educador se educa discutindo, e fazendo, claro, não só discutindo. Em primeiro lugar vou dizer a vocês que, sinceramente, é a primeira vez que participo de uma reunião geral de uma entidade de professores que reúne de uma forma integrada o magistério primário e secundário. É que ultimamente tenho participado de reuniões de professores universitários, na associação na Unicamp; e a desgraça é que a gente se afasta do que é a unidade do magistério, porque o poder divide os professores dos primeiro e segundo graus, além dos universitários. O perigoso é formar "guetos" e aceitar essa divisão. Então, eu acho que vocês estão muito à frente ao criar uma associação dos trabalhadores de educação.

---

[*] III Congresso Estadual dos Trabalhadores do Ensino de Minas Gerais, 15 nov. 1980, Uberaba-MG.

Vocês mostram na prática que não aceitam a divisão que o poder estabelece entre os trabalhadores de educação. Que não importa que seja professor dos primeiro e segundos graus, secretário de escola, servente de escola, todos são trabalhadores de educação. E é nessa direção que deve caminhar o movimento associativo dos professores, quer dizer, não ser só corporativo e, num futuro próximo, quem sabe, integrar também o estudante, pois este também participa da escola. Não se deve ficar como uma organização corporativa isolada, à margem, discutindo só coisa específica. A escola é um todo: estudante, professor, secretária, servente, diretor. No dia que a gente conseguir chegar a isso, vai ser um grande marco no movimento associativo dos trabalhadores de educação.

Eu devo dizer a vocês, sinceramente, que eu não vim aqui para citar bibliografia e coisas que o valha, mas apenas a minha experiência de dez anos no magistério secundário em São Paulo. Eu tinha feito um concurso do Estado, tinha perdido esse cargo em 1964, depois perdi outra vez em 1968 e em seguida fui para o *campus* da universidade. Então me afastei um pouco do trabalho no secundário.

É fundamental o que a gente vai discutir hoje: a função social do professor. Não importa se do primário, secundário ou universitário, todo mundo é professor.

A gente tende a superar as divisões que a burocracia do Estado coloca entre professor efetivo e não efetivo. No meio da universidade, então, é terrível: a divisão se dá entre professor que tem tese de mestrado, doutor que é doutor, que é livre-docente. O que ocorre é que o professor leva muito seriamente a titulação burocrática mas se esquece de que, acima de tudo, é professor e realiza o que o poder quer: ele se divide. Todo poder burocrático, todo regime de exploração do trabalho se funda na divisão da mão de obra. E é nesse sentido que eu digo que vocês estão dando um passo muito adiante com essa União de Trabalhadores do Ensino (UTE), para superar a divisão que a estrutura do

Estado estabelece entre professores e funcionários e professores divididos em várias categorias.

Quanto à função social do professor é comum se dizer que ele tem a função de transmitir uma série de conhecimentos para as gerações novas. Mas, também, de criticar, porque sem crítica não há conhecimento. No nazismo também houve isso. Hitler não permitia críticas. Aí houve uma grande migração de físicos da Alemanha para os Estados Unidos, e foram eles que fizeram a bomba que a levou à derrota na guerra, por incrível que pareça.

Toda aquela estrutura que procura domesticar a pessoa, que procura mantê-la em submissão permanente e que é uma ordem de silêncio, que é a ordem do cemitério, às vezes existe também em muitas escolas, em muitas universidades fundadas em regime repressivo maior ou menor. Isso é importante no nosso caso, como professores; eu sou professor de sala de aula e tenho muito orgulho disso. Eu devo dizer isso, porque houve um encontro de educação na PUC de São Paulo e apareceu lá um assessor do ministro chamado Pedro Demo. Ele faz jus ao sobrenome, pois chegou lá criticando o professor de sala de aula e dizendo que quem entende de educação é quem está fora do ensino [risos]. É uma loucura, não é? É coisa de fazendeiro do ar. E sofremos na pele as portarias dos Ministérios, das Secretarias de Educação para ver que realizam aquilo que se chama "lei da leveza": os menos dotados estão no topo [risos]. E então eu dizia que o professor que não é de sala de aula não é professor; mesmo o professor de laboratório é professor, mas o professor burocrata é burocrata mesmo. É acima de tudo burocrata e depois professor. Principalmente os que circulam pelas burocracias municipais, estaduais e federais e legislam sobre o que, em geral, não sabem, porque estão muito afastados da prática do ensino e é muito fácil definir normas e mais normas em cima dos outros, principalmente se o sistema garante. O problema é que a nossa condição está ligada a um problema muito sério, qual seja: a nossa função professoral se vincula à formação de uma nova classe média. Isso quer dizer o seguinte:

Nós temos definido mais ou menos a formação da classe média no Ocidente. Temos uma classe média vinculada à propriedade móvel ou imóvel, quer dizer, uma classe que tem *status* econômico e social, e que se dá ao luxo de viver de rendas ou do trabalho individual, que é chamado de profissão liberal. Esse tipo de classe média foi desaparecendo a partir de 1860, pelo menos nos países industrializados. Então se formou uma nova classe média, de profissões liberais, como dizia João Cabral de Melo Neto, não liberam jamais. Uma classe média que não tem propriedade; que tem certo capital cultural (um nível de educação) e que se caracteriza acima de tudo por ser assalariada. Esse é o denominador comum que hoje define o engenheiro, o arquiteto, o advogado e que define já há muito tempo o professor.

O professor foi o primeiro segmento da classe média que se assalariou, e também se feminilizou. Neste país, a feminilização da profissão é acompanhada pela desvalorização econômica e às vezes até o professor ou professora integram essa ideologia dominante. "Não vou reivindicar nada. Eu estou na escola para ajudar meu marido comprar uns negócios no fim do mês." Aí reside a grande fraqueza da categoria, na medida em que posições desse tipo são mais ou menos difundidas. Quando dizem que nossa profissão é sacerdócio, querem nos explorar. Ser professor não é sacerdócio, é uma profissão. Quer dizer, você é um tipo de profissional que luta por direitos e não alguém que pede favores, seja do Estado, seja da empresa particular. E é nesse sentido que o movimento dos professores acompanha um movimento social maior. Nenhuma lei de Estado pode impedir esse movimento da classe média na direção de se tornar uma classe assalariada.

No século XIX muita gente pensou que com o desenvolvimento econômico a classe média desapareceria. Ficaria uma classe alta de muito poder econômico e uma classe baixa sem poder nenhum. Mas o processo, na realidade, tem suas leis, e a classe média não desapareceu. Ao contrário, o setor chamado de terciário, o setor de serviços, no qual o professor entra, tende a se desenvolver na mesma medida que se desenvolve essa sociedade industrial. Então o que acontece é o seguinte: o que desapareceu é uma classe média antiga, fundada na propriedade e que tinha bens de raízes. Essa sumiu. Querer estabelecer essa classe média hoje em dia é voltar a um sonho de uma noite de verão – isso é impossível. O que há hoje é uma classe média assalariada, o que se dá, por exemplo, com os engenheiros.

A profissão de engenheiro, até 1930, era uma profissão da oligarquia. Só quem era filho da oligarquia fazia escola de engenheiros. Escola de Ouro Preto, a Politécnica de São Paulo, a Engenharia de Porto Alegre. Depois dos anos 1930 veio a industrialização, e, com a Revolução de 1930, o Estado começou cada vez mais a influir na economia, e aquele engenheiro que era liberal e tinha o seu escritório se tornou funcionário público. Tornou-se burocrata de Estado. Tornou-se aquele engenheiro de mesinha de escritório de repartição pública. Isso se acentuou em 1950, com a política industrialista de Juscelino Kubitschek. Assim, a classe de engenheiros hoje é formada por engenheiros funcionários públicos assalariados e os assalariados de grandes empresas. Você diz: há escritórios de engenharia. Sem dúvida. Mas vocês podem reparar que as grandes obras públicas são monopolizadas por dois ou três escritórios. Então, essa concentração de capitais no ramo da engenharia levou a maioria dos engenheiros a se tornar uma nova classe média assalariada, aquilo que o norte-americano chama de colarinhos-brancos.

Isso aconteceu com os médicos também. O INPS sustenta 90% da rede médica do país. Sem INPS não há atenção médica neste país, porque hoje ninguém tem condições, da classe média para baixo, de pagar um médico individual. Hoje o médico é cada vez mais dependente da burocracia de Estado. Ele é assalariado do INPS ou das grandes empresas médicas, seja as multinacionais – que distribuem cartões que você precisa pagar para ter o direito à vida – seja das chamadas cooperativas – também formas de exploração do trabalho médico, mas um pouco mais disfarçado.

E o que ocorreu com o médico e com o engenheiro ocorreu também com o arquiteto. Hoje o escritório da arquitetura pessoal está no Museu do Ipiranga, ou seja, junto com a farda de Dom Pedro II. Hoje a arquitetura é dominada por três escritórios. Em São Paulo, por exemplo – que é onde tenho mais experiência, por isso falo de lá – a maioria dos arquitetos são "escravos contentes". Isso quer dizer que são assalariados dos grandes escritórios.

No caso do professor, muito antes do engenheiro e do médico, ele já era um assalariado. Do Estado ou da empresa privada. O problema é que o professor, apesar de fazer parte de uma categoria assalariada, não é um proletário. Ele não está na fábrica. Ele não produz bens diretamente. Ele é um pobre. Ele empobrece cada vez mais essa classe média. Vide os últimos meses. Então não é ele que se torna operário. Ele se proletariza. Ele se empobrece. Isso é ruim e é bom. Vocês vão dizer: "puxa vida, isso é bom?" Sim, porque é daí que sai a associação. Por exemplo: o Sindicato dos Médicos de São Paulo é um dos sindicatos mais bem organizados e combativos hoje em São Paulo. É que a classe médica se tornou uma categoria assalariada. A mesma coisa é o Instituto de Engenharia, um instituto reivindicativo, porque o engenheiro hoje é um engenheiro das multinacionais, da burocracia do Estado ou do grande escritório particular. Ele bate ponto como qualquer operário. Então isso é que dá a grande força para a associação. Qual é a grande força? A união. Quem é assalariado só tem isso como força: a sua união. Porque, na medida em que ele se une, vai superar isso.

Nós, professores, quando prestamos concurso, estamos competindo com outros colegas. O Estado nos coloca em competição uns com os outros, como coloca os alunos em competição no vestibular. Mas, ao mesmo tempo, a mesma força que coloca a gente em competição uns com os outros é a base da nossa união, porque nos organiza nas escolas, no próprio local de trabalho; e esse é o nosso legítimo local de lutas. Não precisamos de ninguém de fora que nos venha organizar. É exterior à nossa categoria, porque já estamos organizados a partir da sala de aula. Vejam bem: esse é o ponto de chegada!

Mas a sala de aula é o ponto de partida para a auto-organização do professor. Qualquer organização legítima só pode ser fundada na auto-organização da sua categoria, partindo da base, partindo de cada escola, e, em cada escola, da sala de aula. O contrário disso é voltar aos grandes erros de 1961, 1962, 1963, da vanguarda sem retaguarda. De organização de cúpulas, que eram meras siglas da luta eleitoral de alguns partidos ou para uma espécie de gratificação psicológica de alguns doutrinaristas que achavam que se a realidade não bate com a teoria, pior para a realidade. "Eu fico com a teoria." E aí deu-se 1964, e vocês viram o que aconteceu. E até hoje estamos sofrendo as consequências.

A sessão de hoje me lembra um filme norte-americano a que eu assisti em São Paulo sobre a formação do sindicato dos ferroviários. Nos Estados Unidos as coisas não foram "tiradas" na moleza, por concessão de ninguém. O movimento operário de lá teve muitos defeitos. Mas ele não tem dono. É profundamente organizado. E tem mais: tem uma clara visão das suas reivindicações econômicas. Ele não abre mão de um centavo nas suas reivindicações. E lá, por exemplo, a estabilidade do trabalhador não é prevista em lei. Quem a garante é a solidariedade da classe. Por exemplo, se um empresário despedir um operário injustamente, ele tem de se haver com o sindicato. E ele não é louco para fazer isso. Então o que garante a estabilidade no trabalho não é nenhuma lei, é a organização da categoria. E isso vale mais do que qualquer lei, por isso pode impor as leis. Toda classe organizada impõe sua reivindicação, ou a negocia. Se ela não tiver organização de base, fala sozinha. Fica falando no vazio.

Voltando ao filme, ele tratava da organização sindicalista nos Estados Unidos, um processo que foi muito duro. Muito operário morreu, pagou com a vida. Havia muitos Santos Dias nos EUA em 1930, 1933, no auge da organização dos sindicatos norte-americanos. E aí eu me lembro de uma fala de um mineiro no final do filme. Depois do sindicato já estar formado ele se dirige aos colegas de trabalho e diz: "Eles querem nos dividir. Entre operários especializados e não especializados. Entre negros e brancos. Amarelos e negros. Porém nós precisamos vencer isso. E é através dos sindicatos, da solidariedade, que nós vamos superar essa divisão". E eu acho que essa é uma norma que deve reger qualquer associação de trabalho. E vocês não imaginam como, no quadro associativo brasileiro, o fato de ela existir aqui é um avanço.

Hoje vocês podem ver que o associativismo da classe média nos Estados Unidos, por exemplo, constitui a base sindical do país. Pois à medida que o país se industrializa, a automação domina o setor industrial. Então cada vez mais reduz o número de operários de fábrica, e cada vez mais aumenta o setor terciário, ao qual nós pertencemos. Então o que acontece é que hoje os grandes sindicatos norte-americanos são do setor terciário. E não há dúvida de que o Brasil caminha em direção a isso, embora muito lentamente, porque aqui as coisas são "devagar e nunca", principalmente quando dependem do poder econômico ou político.

Porém, há um fato real: a tendência da classe média de se organizar, cada vez mais, nos movimentos associativos. E qualquer fração política que queira ser representada tem que contar com isso. Não é que a associação se torna caudatária de qualquer grupo. Não é isso não. Acho que deve ser independente do Estado e de qualquer seita política. Mas não pode recusar que alguma seita, partido ou panela política resolva apoiá-la. Mas deve manter a independência básica de meios e fins.

No caso fundamental da função professoral, a atividade transcorre no nível da escola. Mas temos no país dois sistemas de ensino: um sistema para ricos e um sistema para pobres. Temos escola de rico e escola de pobre. O que quer dizer isso? A profissionalização do ensino, por exemplo, ficou na mera demagogia: nunca se dotou os ginásios e colégios de máquinas e instrumentos para tal. Somente mudou-se a nomenclatura das palavras. Então, "Trabalhos Manuais" virou "Artes Industriais". E o Ministério da Educação acha que com isso resolveu o problema? Resolveu o problema no papel.

Então, o que isso significa? Que pobre não deve ter acesso à cultura geral. Que a universidade deve, cada vez mais, escolher os escolhidos, que já já são escolhidos socialmente. Quem vem das classes A ou B são os escolhidos pela universidade. E o título da universidade confere a ele apenas um poder simbólico, porque eles já têm um poder real: têm capital econômico, capital de relações sociais, se alimentam bem. Ou seja, já é classe média.

Mas o fato é que a escola de pobre se caracteriza como tal na medida em que a profissionalização e a tecnização do ensino tentam deixar o aluno de origem operária se formar, no máximo, no segundo grau, ou, então, nas escolas técnicas, como Senai, Sesi, Senac, que formam a mão de obra barata, além de serem escolas de disciplinamento.

Na realidade, a escola técnica não forma tanto o técnico... Tanto aqui como na Europa, forma mais do que dá habilidade. Ela dá ao indivíduo o critério de respeito social à hierarquia, de legitimação de desigualdade social e da formação de mão de obra.

Mas quando eu digo escola de pobre, é o seguinte: por exemplo, em São Paulo é muito comum isso, o aluno que faz o primeiro grau e o segundo grau estadual se articula com a faculdade particular, com as faculdades que são comércio de ensino onde a coisa mais importante é o caixa, portanto, estar em dia com a tesouraria. Aí tem o diploma, depois de sentar quatro anos na cadeira, que vai valer muito pouco. Porque o valor do diploma está em função da raridade dele. Então, quanto mais se criam faculdades... como há em São Paulo, onde em cada bairro há uma faculdade de Filosofia, mais ou menos; Moema, Guarulhos, Jabaquara, Ipiranga, todo mundo tem uma faculdade... E o que ocorre? Quanto mais aumenta o volume de papel, menos valor esse papel tem. Mas isso, infelizmente, o aluno vai saber depois que tem um papel na mão. Aí o aluno vai saber a ilusão do diploma, ou o diploma da ilusão. Vai saber que não pode sair do banco, que não pode sair da fábrica, não pode sair da loja. Ele não pode mudar de profissão. Não há mobilidade vertical. A única é a horizontal. Ele não muda de classe por causa disso.

As escolas de rico são, portanto, no caso da Grande São Paulo, os grandes colégios, ginásios, que realmente têm base pedagógica muito boa – são escolas para ricos. Têm livros didáticos altamente elaborados, altamente diferenciados dos da escola de pobre. Tem um material visual às fanfarras. Os alunos têm uma biblioteca à sua disposição. E agora esses que frequentam os grandes colégios e ginásios de alto nível intelectual são os que entram para as faculdades do Estado gratuitas, porque essas faculdades do Estado gratuitas em São Paulo são altamente seletivas, como a Universidade de São Paulo e mesmo a Unicamp. Então há uma articulação desse tipo: a rede de escola de pobre são os primeiro e segundo graus do Estado, em que o indivíduo, vencendo essas etapas, e se tiver paciência e ânimo, vai à universidade particular. As escolas de rico são dos primeiro e segundo graus particulares, regiamente pagos, que se articulam com a universidade estadual gratuita. Quem paga a universidade do Estado? Somos todos nós. Todos os pobres com seu trabalho e pelo seu trabalho. E pagam essa universidade para quem não precisa fazê-la gratuitamente. Não é que sou a favor do ensino pago, não. Eu sou a favor realmente do ensino democrático. Quer dizer, que não sirva para reproduzir desigualdade através de títulos diferenciados. Agora, qual é a base disso em termos pedagógicos? Como é que a diferenciação social é reproduzida pela escola e é mantida através das escolas, em que às vezes o professor funciona como agente e como crítico?

A nossa função é ambígua. Nós temos a função de reproduzir as linhas gerais do sistema e de criticar o sistema. É como o operário. O operário, pelo seu trabalho acumulado, reproduz o capital, mas esse mesmo operário que reproduz o sistema – que sem ele não existe, pois tudo é feito pelo trabalho – se organiza, em termos associativos, contra a espoliação praticada por desse capital, que se produz com um trabalho acumulado. Essa ambiguidade do operário é a nossa ambiguidade como professor. De um lado nós reproduzimos o sistema: cumprimos portarias, exigimos disciplina, usamos critérios de avaliações impostas e às vezes com muito fanatismo. Depende de cada caso, e às vezes sem fanatismo, às vezes de uma maneira diferente: sem amor e sem ódio. Nessa medida, reproduzimos.

Mas à medida que nos organizamos em associação, que lutamos por condições de trabalho, nós estamos fazendo o quê? A crítica disso. Por isso que a escola não é nem reprodução nem contestação. É uma besteira dizer que a escola é só reprodução do sistema, porque isso leva a um imobilismo absoluto. O maior exemplo de que não é só reprodução é que nós estamos aqui reunidos. Porque é reprodução e é crítica. Porque da mesma maneira é o aluno. O aluno se insere no sistema. Nós produzimos o aluno que depois ocupa um lugar nas profissões, mas ao mesmo tempo ele é crítico disso. Quer dizer, não há nenhuma contradição entre se inserir e reproduzir o sistema e ser o crítico dele. O melhor exemplo é o trabalhador, que reproduz o capital. Sem ele não há capital e, ao mesmo tempo, ele é o crítico dessa reprodução do capital, ele é o crítico através da sua organização sindical. O fundamental nisso é como se dá esse processo de reprodução e crítica. É o que eu chamaria de pedagogia burocrática.

No que se funda uma pedagogia burocrática? Primeiro: no cumprimento do programa. Mesmo na FGV, eu vejo colegas que entram na sala de aula com a preocupação de "cumprir o programa". Sem o "programa", nada feito. É tão idiota, mesmo porque o programa deve estar em função da prática, e não o contrário. A preocupação do fulano é "cartorial". Isso vem desde a colônia – é cumprir o papelucho, o "programa".

E se o programa não bate com a realidade? Pior para a realidade, mas cumpra-se o "programa". Então o que acontece? Que as aulas ficam sendo "dormitivas", são soporíferas. Se você quiser dormir vá assistir a uma ótima aula de alguma área, assim acreditada, que você dorme de dia, ou então à noite. Que à noite é tranquilo. Se você sofre de insônia, assista a uma aula com base na pedagogia burocrática, de um desses professores, para quem o programa é tudo, em que o sistema de provas é o terrorismo de avaliação. Você dorme. E o professor sai com a consciência tranquila de que cumpriu o papel pedagógico. Porque ele diz que selecionou.

Selecionou. Por quê? Porque ele reprovou, mas não percebe que reprova pobre e aprova rico? Ele não percebe que pelo sistema de aprovação e reprovação está, no plano pedagógico, legitimando a aprovação e a reprovação social. Porque o nosso sistema transforma o pobre em fracasso escolar. Eu estive na escola Bernardo Pereira Vasconcelos para conhecer. É uma escola em que um antigo chiqueiro (do Frigorífico Miusa) foi adaptado e que funciona aqui em Uberaba. Nesse chiqueiro-escola, eu vi crianças muito magras, de olho para fora. Então você me diz: "essa criança tem fraco desempenho escolar, tem lateralidade". Mas veja bem: essa criança come? E o que come? E quantas vezes come por dia? Isso é fundamental: essa criança passa fome. Então, falar em novos métodos de ensino, grandes pedagogias fundadas em audiovisual...

Isso é uma empulhação desgraçada. Na universidade isso também se dá. Hoje o audiovisual entrou na universidade. Vocês sabem por quê? Eu percebo isso. Quanto menos o professor tem ideias na cabeça, mais ele usa o audiovisual [risos]. Sinceramente, eu vejo isso na universidade. Eu sei que pouca ideia há no secundário. Secundário não dá tempo. O professor dá sessenta aulas por semana, em média. Em São Paulo, a média é de quarenta a sessenta aulas por semana tranquila (por aqui é o mesmo). Ao fim da semana ele está estourado, e falam pra ele que ele tem que ter lazer... [risos].

Como? Com que corpo? Vai é fazer seminário de atualização, que os burocratas funcionários da Secretaria de Educação marcam para ele. É claro, eles não trabalham, é muito simples e muito fácil você marcar seminário em novembro e dezembro.

Essa pedagogia burocrática que é dominante, que se funda no cumprimento do programa de sistema de provas, dá ao professor uma posição ambígua, de controlador controlado. Nós somos controlados pela nomeação. Digo isso de vivência. Eu perdi em 1964 um cargo, em 1968 outro cargo. Já me especializei em perder e recuperar cargo. Então isso para mim já é moleza, já é do meu ramo perder cargo [risos]. Quer dizer que neste país muita gente tem cargo sem concurso. E eu me especializei em perder cargo por concurso [risos]. É uma especialização meio triste. Mas isso mostra o quê? Que através da nomeação o poder nos controla. Nós somos controlados. Mas por sua vez somos controladores do aluno através da avaliação. Mas devemos ter cuidado com isso: verificar que o esquema da avaliação burocrática, de nota e de frequência é o sistema do plano pedagógico, que legitima a exclusão social.

A exclusão pedagógica é uma exclusão social. Transforma o pobre num fracasso escolar. E qual é o grande método do sistema de ensino? É jogar fora o aluno do sistema de ensino. É isso que faz o nosso sistema de ensino. Quantos entram na primeira série e terminam o primário? Quantos terminaram o primário e chegaram ao secundário? E quantos chegam à universidade? Quer dizer: a grande característica do sistema escolar brasileiro é a exclusão, e especialmente daqueles que não têm capital econômico, que moram em favelas, e, portanto, não têm capital cultural, não falam o português tão acadêmico como o indivíduo da classe média. E às vezes nós queremos impor a eles os nossos valores culturais e inclusive até ético-culturais, os da classe média branca.

Então, numa clientela de periferia, de origem não branca, o problema da cor é um problema social: negro no Brasil é pobre e mulato é pobre, como é a maioria do proletariado urbano. E branco é classe média e alta. Isso eu pude sentir uma vez na PUC-SP, quando examinei uma tese de Serviço Social. Moça negra. A tese dela era pobre, aplicação do conceito de Weber, de racionalidade no serviço social. Um assunto muito acadêmico, muito abstrato. Bom, eu olhei, eu vi. Essa moça, chegar à universidade e defender uma tese e chegar a ser mestre, é uma entre um milhão. Então de cara eu já aprovaria, por que a universidade brasileira é elitista e é racista. A ideia é só universidade de branco. Esse é um dado que nós precisamos ter.

Outro dado: a avaliação diferencial. Diferencia o quê? Confirma a diferenciação social – quem tem mais capital econômico tem mais capital cultural. Aqueles que são chamados de bem-nascidos: têm boa família, compram livros, usam discos. Isso o povão não tem. Então o que ocorre é isto: a avaliação é diferencial aparentemente em termos de QI de inteligência. Mas a inteligência está ligada a QI em nível de vida. Pobre não é burro. É que pobre é subalimentado.

É esse o problema. Então o que acontece? O menino pobre, para ser alfabetizado, leva três anos, enquanto o de classe A leva meio ano ou um ano, ou já entra alfabetizado. Nisso que é necessário estar de olho e não se ter uma visão meramente educacional da educação. No fundo, o problema educacional é político e econômico, e se reflete na educação. Ele é aparentemente só educacional. É isso um dado básico. Nos termos da pedagogia burocrática, nós conferimos o aluno. O que é o aluno? Uma nota. E até na universidade você ganha nota por um trabalho. Ora, a nota que o aluno recebe pelo trabalho é igual ao salário que o operário recebe pelo trabalho. É idêntico. É a mesma relação de submissão-dominação que o sistema cria. O capital oferece ao trabalhador um salário pelo seu trabalho. O sistema nos coloca em condições de oferecer notas ao trabalho do aluno. É o salário dele, mas é a mesma relação.

Por que há essa pedagogia burocrática? Não é propriamente tanto para transmitir conteúdo porque a escola é mais um elemento de disciplinamento, uma prisão, um hospital psiquiátrico tradicional. Hospital psiquiátrico tradicional não cura ninguém. Simplesmente o paciente é sedado para não "encher" o psiquiatra. Por isso é que são depósitos de pessoas. Veja Barbacena. É um depósito de gente, e as escolas são depósitos de alunos. No hospital psiquiátrico figura a punição do doente, daí a reação, nos Estados Unidos, dos doentes, que conseguiram uma sentença judicial que os desobriga de tomar remédios que não queiram. Da mesma maneira que o hospital psiquiátrico é disciplinador, a escola é disciplinadora porque ela forma regras de submissão e dominação. A pedagogia burocrática é fundada para isso, porque ela cria aquele elemento submisso que vai ser um submisso na empresa privada. Quem sai da escola e vai para a empresa privada, vai para a empresa pública, que vai ser acostumado a obedecer ordens, e não a se autodirigir. A escola não educa para a autonomia, educa para a submissão. Para ela educar, ela pode educar para a autonomia. Mas ela independe de forças sociais fora dela, que tenham força, no meio social, de se contrapor. Há uma educação para submissão e uma educação para a autonomia e para autogestão. Mas isso depende de um processo social fora da escola.

Fundamentalmente a pedagogia burocrática forma regras de submissão da pessoa, que vão ser reproduzidas no aparelho do Estado, se ela for funcionária pública, e no aparelho da empresa privada também. Eu diria o seguinte: a escola forma as pessoas para os lugares, para pôr "cada macaco no seu galho", como se diz na ideologia conservadora. Pobre é pobre. Escola de pobre é para manter o "pobrinho", no máximo, em nível de escola técnica, e olhe lá.

E rico é rico. Ele passa na grande universidade, consegue bolsa de estudos para o exterior, volta doutor para explorar o pobre, fundamentalmente. Daí a reação do Lula ao movimento universitário. Ele não se diz contra o movimento estudantil, mas diz: "Depois vocês vão para as empresas e vão explorar a gente, vão estar junto com os patrões contra nós e eu vou ter que fazer greve contra vocês!". E a verdade está com ele, isso é um fato. É a própria ambiguidade. O movimento estudantil é ambíguo. De um lado é elemento de crítica. O espaço universitário é ambíguo: é de crítica, mas também se insere, assim como a profissão universitária está inserida no sistema que reproduz; mas pode criticar também o sistema. É claro que o número de críticos é muito menor que o número de reprodutores. Há muito reprodutor por aí, não é? Principalmente nesta região [risos].

A escola aparentemente forma mão de obra. Mas ela forma pessoas para ocupar lugar nas classes, e legitimar o lugar diferencial de classes. Acontece também que há uma burocratização da prática escolar. Isso que é tenebroso. Em São Paulo o professor tornou-se um escrevente de cartório. Eu pude examinar uma tese sobre o ensino primário municipal da Prefeitura de São Paulo em que a moça mostrou que o professor primário, da rede da prefeitura, tem que preencher oito fichas por aluno. Numa classe de cem, calculem o número de fichas. Aí você pergunta: "Quando é que pode ensinar?". Não pode ensinar [risos]. Ele preenche fichas. Isso é devido ao problema de burocratização, essencialmente após 1964. Transformou a escola num cartório de títulos e documentos e criou um novo poder: a papelocracia. Esse é o novo poder ante o qual todo mundo se submete. Também é um erro dizer que a escola só reproduz e que o professor só reproduz. Isso está ligado a um teórico francês, chamado Pierre Bourdieu, que é um chato que escreve complicado e que escreveu *A reprodução*. Eu sempre recomendo ler a obra do segundo capítulo em diante, para no fim ler o primeiro, que ninguém entende. (Parece dialeto.) Ele é o teórico da reprodução, porque ele vê a escola só de cima para baixo. Porque como ele é o mandarim na universidade francesa, a visão que ele tem da escola tem de ser de mandarim: de cima para baixo. Ele não vê o movimento de baixo para cima. É esse o problema. É a ambiguidade. O mesmo professor que reproduz o sistema formando gente para ocupar o lugar diferencial de uma sociedade e reproduzindo a estrutura de classe diferencial de uma sociedade é o professor que é a crítica disso aqui também. Porque não invalida isso? Porque você só pode criticar dentro do sistema. Fora é impossível. Você acaba num ato empírico. Isso é uma falsa liberdade. Esse é um dado.

Outro problema é em relação à função professoral. O movimento dos professores, principalmente do setor público, mostrou que a burocracia é o meio de pressão político-social. Não digo político no sentido de partido, mas no sentido amplo do termo, de influência social. Classicamente se admitia que a burocracia não tinha elemento de pressão ante o Estado, ela só reproduzia. Isso está totalmente desmentido pelo movimento de professores de escolas públicas, seja de universidade, seja de primeiro e segundo graus. Desmentido pela capacidade de serem elementos organizados e críticos dentro dessa burocracia, mesmo na condição de professores burocráticos: o estatuário, por exemplo.

Outro dado fundamental é que a UTE mostra isso: É a vitória da solidariedade e do espírito de associação contra a competição. É nisso que está a grande força da categoria. Categoria não organizada é categoria cerrada, não adianta se lamentar. Uma categoria que se lamenta não chega a nada. Nesse sentido que é muito importante o papel da luta. Porque o educador se educa. Nós também nos educamos. Mas é através da luta que nos educamos. A luta é o grande fator pedagógico no sentido da formação da nossa consciência social. Ela surge é da luta, não é do livro. É através da luta que se forma a consciência, e não o contrário. É essa a única maneira de uma categoria tomar autoconsciência de sua existência. Quer dizer, de suas necessidades, porque você luta em função de necessidades. Isso é que é fundamental. A associação boa, o sindicato bom, é aquele que está atento às necessidades da categoria. Uma luta não fundada nas necessidades leva ao fracasso. Só forma fazendeiros do ar. Só forma especialistas do geral. Querer levar um luta só em termos de doutrinarismos, de pequenas seitas secularizadas, que poluem também o nosso meio, é levar ao fracasso.

A luta só pode partir da base das necessidades reais. O que estiver fora disso é postiço. Quer dizer: o professor se apresenta. À medida que ele se organiza, ele se apresenta, e não só se representa. E mesmo que ele se represente, é importante e capaz de controle sobre a representação. Que a representação não seja inamovível. Que possa a base destituir o representante no momento que ele não represente essa base. Isso é a certeza de saúde social para a associação. E é o melhor meio de impedir a burocratização, a distância da direção e da base, em que poucos mandam e a maioria obedece. E se nós criamos estruturas em que uma maioria é passiva e uma minoria é ativa, nós estaremos reproduzindo todas as estruturas de dominação que existem hoje aqui montadas e que nós criticamos. Uma minoria ativa e uma maioria passiva é a base de qualquer estrutura burocrática, e, portanto, não representativa de qualquer categoria. Quer dizer: de vanguarda sem retaguarda. Nesse sentido, é fundamental ter esse cuidado. Por exemplo: criou-se uma entidade nacional de professores universitários. Foi criada em João Pessoa. E o que acontece? Isso está levando o movimento à "breca", por quê? Não por ser uma entidade nacional. Eu não sou contra em princípio, mas porque ela é sem perna. Não tem base nos estados e não tem base nos municípios. Nós sabemos que colegas, no meio universitário, lutaram muito para criar essa entidade nacional universitária. São doutrinários apenas. O que aconteceu? Repetiu-se o erro de 1961, 1962, 1963. De ter vanguarda sem retaguarda. Em 1961, 1962, 1963 havia em São Paulo o Comando Geral de Trabalhadores, que não comandava nada. Só distribuía manifesto à imprensa. Tinha Comando Geral dos Intelectuais que comandava muito menos. Também era especialista em distribuir manifesto e abaixo-assinado. Então esse pessoal ficou técnico em feitura de manifesto e abaixo-assinado. Meu Deus, isso só cria "fazendeiros do ar". Só cria o artista da utopia. E 1964 veio.

Não foi por acaso. É preciso aprender com a experiência. Uma categoria que não aprende com a experiência se perde.

Sinceramente, o recado que eu queria dar é esse. Embora vocês não precisem de recado de ninguém, pois vocês já têm estrutura autônoma de auto-organização. O importante é fundamentar esse trabalho, em cada município, em cada unidade, em cada escola. E nesse sentido, sem dúvida alguma, todos os estados poderão acompanhar esse exemplo. O Rio Grande do Sul, por exemplo, tem um movimento de colegas muito bem organizado, que, inclusive, neste momento está em greve geral. Mas é um consenso que sem trabalho de base nada é feito, e que os professores não precisam de caciques, mas de muito índio para o trabalho de base.

Educação e contextos culturais*

Eu vou colocar, em linhas gerais, algumas coisas que vocês sabem – vocês vão me desculpar se é redundância – e outras coisas que pode ser que vocês não tenham pensado. Pode ocorrer isso.
 Esse problema de escola e educação é uma confusão muito grande. Você pode ter educação sem nunca ter ido à escola. Em primeiro lugar, escolarização não significa educação; muito pelo contrário, às vezes não é. Quer dizer, o brasileiro não pode se queixar de muita escolarização. De jeito nenhum. Muito pelo contrário: mais da metade do povo não chega à escola; ele não pode se queixar de excessiva escolarização. Na Europa e no capitalismo desenvolvido norte-americano, a escolarização é longa. Agora, tem um problema: a escolarização é um saber que tem um tipo de legitimidade que é dada pelos títulos que o professor

---

* Conferência na Secretaria de Estado da Cultura de Minas Gerais, [198-], Belo Horizonte.

tem. Às vezes ele pode não saber o que está falando, mas, se tem títulos, ótimo. Isso é comum na universidade!

Na universidade, a coisa mais comum é que às vezes o conhecimento está na razão inversa da titulação "burrocrática" que tem o cidadão. Não, não é de admirar, não; em São Paulo, no Rio de Janeiro, em qualquer lugar do mundo, a universidade é um ambiente muito conservador, muito metido a besta e muito de construção de aparência. Isso se chama dramaturgia burocrática; o cidadão chega com três ou quatro livros para fazer uma conferência, porque todos, ao vê-lo carregar os livros, pensam: "puxa, acho que esse cara lê muito mesmo". É isso que se chama de "dramaturgia burocrática". Na universidade é muito comum que a pessoa carregue uma cultura de peso, quer dizer, muito livro. É a construção da aparência, porque se confunde "seriedade intelectual" com "sisudez". Então, o sujeito fica de boca fechada, não sorri, fica sisudo, porque vão dizer: "este é sério". Claro, porque não sorri pra ninguém, não ri, não tem senso de humor. Em geral esse pessoal não tem muito senso de humor. Então, na universidade, confunde-se sisudez com seriedade e "firmeza de ideias" com dogmatismo.

O sujeito que tem ideias firmes é aquela pessoa que com muita tranquilidade diz o que pensa, e com clareza! Aquilo para ele é muito claro e se torna claro para o outro; isso que é mais ou menos ter um conjunto de ideias firmes sobre algo. Agora, dogmatismo não. Dogmatismo é você recitar catecismo ao outro, ou então ouvir o galo cantar sem saber aonde e falar depressa como quem está com a batata quente na boca porque senão vai esquecer o que decorou! Tem essa confusão que preciso esclarecer: dogmatismo é uma coisa, firmeza de ideias é outra. Seriedade em relação ao problema não tem nada que ver com sisudez.

Agora, esclarecidos alguns pré-conceitos, quer dizer, conceitos *a priori*, vamos ao que interessa. Eu procurei definir alguma coisa sobre a escola e as várias classes sociais: o que é um problema central. No mundo escolar existe o que eu chamo de "messianismo pedagógico", que é muito comum na gente também, como professor. É uma deformação profissional. Isso todo profissional tem, o médico, o engenheiro, o advogado, o sapateiro, todos têm; de achar que a especialização dele salva o mundo e de ver o mundo sob o ângulo da divisão social do trabalho. Então é claro que um sapateiro, quando você anda, vai olhar para o sapato; e pelo seu tipo de sapato ele vai ver sua classe social. Lógico, se é engraxado, se não, se é limpo, se é de cromo, se não é, se é sandália, se é tênis; isso define e distingue as classes sociais. Bom, essa é a visão do mundo do sapateiro. Mas o professor também tem muito disto: acha que a educação salva o mundo; ou muitos achavam, pelo menos, que por meio da educação se muda muita coisa. Não acredito nisso. Acho que a educação pode ser um meio importante de mudança social se ao mesmo tempo você fizer mudanças econômicas, políticas e sociais.

Porque há dois extremos. De um lado, pessoas que em vez de discutir educação só discutem economia, política e sociologia. Isso está errado também; você tem que discutir educação no sentido da escolarização. Portanto, escola é importante, tem uma autonomia relativa dentro do sistema capitalista em que vivemos. Tudo bem, mas é uma autonomia relativa, não é absoluta. Quer dizer, ela tem que ser discutida. E, num universo escolar, você tem que discutir a divisão do trabalho: discutir a função do professor, o que é função da direção – quanto diretor que não dirige nada! –, o que é função de supervisão. Em São Paulo tem supervisor que só toma cafezinho com o diretor, assina o livro de presença e se manda em seu Fusca, entende? Chamam isso de supervisão.

Na carreira pedagógica, parece que a função professoral é uma função dura. Não é brincadeira, eu sei. Fui professor por dez anos da rede de ensino secundário; não fui professor primário, não tive experiência no âmbito da escola primária, mas eu fui por dez anos professor de ensino secundário do Estado. Não é brincadeira, é trabalhoso, são classes grandes, não tem recurso algum! Se a APM não dá dinheiro, você não tem giz. A APM é a Associação de Pais e Mestres. Não sei o nome que tem aqui em Minas. Mas não tem giz porque a Secretaria de Educação só paga professor e muito mal pago. Acho que aqui deve ser a mesma coisa.

Então o que acontece é o seguinte: teoricamente, o aluno é a coisa mais importante da escola – no papel, nos livros da pedagogia – mas, na prática, é a última coisa que está importando, mesmo para a gente que é enquadrado numa pedagogia burocrática que chamam de "carreira". Procuram disciplinar através da chamada "carreira": atingir tais e tais pontos, ter que se comportar assim e assim, fazer isso e isso. Então, as carreiras nas estruturas do capitalismo se convertem numa forma de disciplinamento da mão de obra. Isso vale tanto para o operário como para setor terciário: bancário, professor etc., não importa.

O grande problema é que quando se discutia educação, por exemplo, havia o erro de se discutir sociologia e política, separadas da educação. Outro erro era só discutir educação pela educação, fechando os olhos à realidade social. Acima de tudo, o professor esqueceu que ele é um agente social, que o aluno está lá, não é o número de caderno, de diário de classe; pertence a uma classe social, por causa da família. Ou que o aluno do noturno não tem nada a ver com o aluno do ciclo diurno, por exemplo; é outro tipo de humanidade, porque ele tem contato com o mundo, por meio do trabalho.

Então o currículo, a chamada "grade"... isso para mim é uma linguagem de penitenciária, que caracteriza bem o regime de 1964: "grade curricular", "delegado de ensino": parece que é delegado de polícia! Vocês podem reparar o sentido repressivo do vocabulário na área de ensino. "Delegado de ensino", em São Paulo, não sei aqui como se chama. "Grade curricular". Para dar a impressão de que a escola é um presídio. E às vezes o é. Em São Paulo, pelo menos, existe isso, a pretexto de pobre não entrar na escola – porque pobre não é pobre: é marginal, claro!

Não entrar na escola, não fica bem, porque, imagina, não sendo aluno o que fazer na escola? Então, é tudo fechado. A escola no meu bairro é fechada, tudo a chave. E tem uma senhora que anda com um molho de chaves deste tamanho, é uma neurose terrível. No dia em que ela cair doente, nada funciona, porque está tudo chaveado, tudo trancado. "Ela não veio à escola!" E aquilo virou a alma, como diz Machado de Assis! O molho de chave ficou sendo o contato dela com o mundo, a alma externa dela. Agora, vai explicar isso para o secretário de Educação... Quer dizer, ele nunca viu sala de aula na vida. Está no gabinete, com ar refrigerado, não entende a realidade escolar, quer dizer, a realidade na sala de aula.

E o triste na nossa carreira de professor é que a maior vitória é quando você deixa de ser professor, quando deixa a sala de aula, quando você é nomeado inspetor de ensino, delegado do diabo a quatro, assessor do secretário, assessor de não sei o que lá, à disposição da Assembleia Legislativa. Por exemplo, em São Paulo é muito comum: fulano é inepto, incapaz, idiota? Não há problema: fica à disposição do Conselho Estadual de Educação. Não há problema. Certo? Então, o CEE fica sendo um depósito de cretinos. Percebem? Por isso que a nossa legislação educacional é "clara, precisa e coerente". Quem de vocês pode dizer que não entende a legislação educacional? A legislação "mais coerente", "mais clara", "mais organizada" que há no país é na área da educação.

Apenas o que eu quis dizer é o lado trágico da função do professor enquanto carreira neste país desgraçado, onde o Ministério do Planejamento é realmente um Ministério da Educação. Educação é dirigida pelos planejadores. A maior vitória do professor é quando ele deixa de ser professor.

Eu não acredito em nenhuma mudança da educação enquanto não melhorar o salário do professor. Eu acho uma demagogia muito grande falar de renovação educacional, métodos audiovisuais, quando, às vezes, na escola tem água entrando pelo teto, ou no noturno – dou exemplo de São Paulo – o pessoal não tem condição de ler porque falta luz elétrica – aliás, falta lâmpada de luz. Isso em colégio do Estado, do Estado de São Paulo. Então, como é que você vai falar de métodos pedagógicos renovados, modernos, audiovisuais e toda essa quinquilharia eletrônica que as "multi" querem nos jogar, transformando as escolas em mercado de quinquilharia eletrônica, como agora estão falando em microcomputador. É ótimo. O problema é só que vai entrar água pelo teto e o pessoal não tem lâmpada para poder enxergar o computador, o que foi programado.

Quer dizer, no fundo, este é um país meio estranho. Se você pensar bem, é um país de extremos: intelectuais escrevem na *Folha de S.Paulo* uma página de informática sobre microcomputador e a escola; empresas como a IBM ficam felizes da vida porque vão entrar no mercado, porque podem entrar indiretamente. Pode haver reserva de mercado, mas ter testa de ferro com nome de brasileiro que sirva a isso.

É um consenso na Sociologia da Educação que a escola favorece escolarmente quem é econômica e socialmente favorecido. Quer dizer o seguinte: quem herda no plano econômico, no capital econômico, em geral herda também uma herança escolar.

Em geral, quem tem capital econômico tem mais possibilidade de ter um grande capital cultural e, logicamente, sucesso escolar e escolaridade prolongada. Rico, classe A, filho de banqueiro, industrial, general etc., não correm o risco de interromper carreira escolar, de chegar à última série do ginásio, precisar trabalhar e não poder continuar o ginásio... não chegar ao colegial, à universidade. De jeito algum. Porque a universidade já escolhe os escolhidos. Quem é escolhido social e economicamente é escolhido pedagogicamente. E é muito burro aquele professor que acha que faz seleção educacional.

Na realidade, através da nota, ele confirma uma seleção social preexistente. Quem, social e economicamente, pertence à classe A e B, tem possibilidade, portanto, de uma escolaridade prolongada, de chegar à universidade. O que forma a universidade? Gente que vai mandar nos outros. Forma delegado de polícia, juiz de direito, promotor público, economista, médico, e até professor. Na área da pedagogia, professor.

Quem é pobre está mais próximo do fracasso escolar do que quem está na classe A ou B. Então, nesse sentido, a seleção chamada de "avaliação educacional" não existe. O que existe é uma seleção educacional que confirma uma seleção social anterior à escola. E o professor é um agente dessa confirmação, por meio da chamada avaliação, sistema de notas, exames e provas. Geralmente, quem tem capital econômico tem mais capital cultural. Portanto, o sistema escolar retém quem não tem capital econômico ou tem pouco capital cultural. O sistema escolar elimina. E, às vezes, o professor é um agente dessa eliminação. E acha que com isso está selecionando os melhores, mas o sujeito não está vendo. Se olhar melhor vai ver que aqueles melhores, mesmo escolarmente, são aqueles melhores econômica e socialmente. Então há um dado fundamental: o fracasso está mais próximo das classes que são consideradas portadoras de fracasso social.

Dizer que no Brasil ou em qualquer país do mundo há escola única é uma mentira. A sociedade é dividida em classes: banqueiros, industriais, a pequena burguesia, a classe média, o operário na cidade, o lavrador no campo – pequeno proprietário, assalariado, diarista ou boia-fria, não importa. Portanto, toda escola é uma escola de classe, embora aparentemente o Estado diga que mantém uma rede única de escolas. A escola do Estado é uma escola única. Mas, na realidade, na sociedade global há vários tipos de escola que correspondem à frequência de determinado público, de determinada classe social.

Fundamentalmente, nós temos várias redes escolares. Por exemplo, escola técnica é considerada escola de pobre. Ainda mais no Brasil onde há tradição de trabalho escravo, onde o trabalho manual é desvalorizado. Então o cidadão não sabe consertar coisas elementares em eletricidade, água, tudo mais etc. Mas sempre tem que chamar eletricista, encanador etc. Porque ele é doutor, estudou Letras, estudou Direito, estudou sei lá o quê.

A universidade em geral é privilégio de classe. Até hoje, em muitos estados do Nordeste ainda há tradição de bacharel, do doutor... o cara com anelão, que faz questão de assinar.

Também em relação à escola você tem uma hierarquia de graus. Isso quer dizer que os tipos de escolas correspondem à origem social dos alunos. Há as grandes escolas. Não é o tamanho: são escolas com tradição na área, mas que atendem a um público de classe A ou B – quer dizer, filho de empresário, industrial, banqueiro, deputado, senador etc.

Há uma escola diferente para cada estrato social. Tudo é estratificado. Eu não conheço professor negro... até agora vi só professor branco. E você tem um grande contingente da população brasileira negra. Mas vocês reparem que, por exemplo, na profissão de professor universitário dificilmente se vê um professor negro. A maioria é realmente branca. Por quê? Porque negro no Brasil é classe pobre, é trabalhador não especializado. Quer dizer, a condição étnica bate com a condição econômico-social. Não é só um problema de cor. Também é um problema de classe social. Então o que acontece? A maioria dos professores vem da classe B para A, e o ideal de vida deles é cada vez mais subir na vida, fazendo ou não força.

Outro dado que é importante verificar é o sistema de exames a que a gente está sujeito, como aluno e como professor. Para que existe o exame? É para dissimular a eliminação de uma população sem exame. O pobre não precisa ter medo de exame: ele não chega nem à rede escolar. Esse não precisa ter medo. Às vezes, mal chega ao primário. Os grandes índices de evasão escolar são no primeiro grau. Esses índices de evasão geralmente se dão em zona rural – em época de colheita, o menino larga a escola. Porque se ele fosse de classe A ou B não precisaria, não teria esse tipo de problema, poderia continuar na escola, chegar até à universidade e acabar professor. Isso em média. O que não quer dizer que você não possa ter classe C que chega à universidade. Porque em 1964 inaugurou-se o seguinte: escola de segundo grau, que serviria para dar um capital cultural bom, é frequentada pela elite. Em São Paulo é uma escola muito cara. A pré-escola é mais cara que muita universidade. Pré-escola em São Paulo é para elite.

Então, o que ocorre? Se pertence à classe A, você tem um bom colégio em termos de capital cultural, não faz cursinho, chega à universidade gratuita, do Estado, à Unicamp, à USP, às federais etc. Mas se você é de classe C ou D, o que acontece? Você chega a fazer universidade à noite. Particular. De bairro. Paga. Você, que não pode pagar, é que vai pagar faculdade. Vejam bem, pelo amor de Deus, não interpretem isso no sentido que o ministro da Educação coloca: transformar o ensino todo em "pago", porque ele diz que o ensino universitário deve ser pago por quem pode pagar. Levar essa lógica para todos os graus de ensino – o que existe já na rede oficial no primário e secundário. É gratuidade do ensino. Como linha geral, não transformar tudo em ensino pago. Não é isso.

Não há investimentos em educação. Veja a situação dos colégios do Estado. Quais têm biblioteca?

Indiretamente, todo sistema escolar gratuito ou não, estatal ou não, é mantido pela população que trabalha, seja do campo ou da cidade. Por exemplo: para o cidadão poder ficar discutindo sobre o sexo dos anjos em seminário universitário, precisa ter muito cara aí dirigindo ônibus na rua, trabalhando em pedreira ou descendo debaixo da terra, trabalhando na mina, para poder produzir socialmente, a fim de que uma elite ociosa possa discutir os grandes problemas nacionais.

Questões educacionais: esclarecimentos de Maurício Tragtenberg[*]

Núbia Marques: O professor Maurício tocou no assunto do problema da falta, em relação ao qual eu tenho uma experiência não muito boa. Eu acho realmente que a falta, de modo algum, mede o conhecimento do aluno, e acho que o aluno que chega à universidade já sabe que deve frequentar a aula ou deve participar dela. Por princípio, não dava falta aos alunos. Eu cortei o negócio, porque eu achei assim: eu não sou administradora e não vou ficar fazendo chamada de aluno. Agora, gostaria de dizer ao professor Tragtenberg que tive a decepção de constatar que, se eu não botasse a falta, eu terminaria o período escolar sem um aluno na minha sala. Eles se evadiram completamente, porque não tinha falta. Então, essa foi minha experiência. Então, eu tinha que contar a minha experiência. Foi isso.

---

[*] Palestra na Universidade Federal de Sergipe, [s.d.], Aracaju.

Maurício Tragtenberg: Professora Núbia, é o seguinte: a senhora fez a sua colocação em relação à falta. O problema é o seguinte: em geral, o aluno realmente está muito condicionado a uma liderança autoritária. Pode ocorrer isso, sim. Muito condicionado a uma liderança autoritária; na hora em que falta isso, ele fica meio em pânico, porque o cidadão está acostumado a obedecer desde o primário, porque o ensino primário nosso é tão autoritário e rígido que quebra a vontade do estudante. Não sei se o ensino da universidade é que é assim. Já no primário, o autoritarismo e a estrutura de ensino quebram muito a espinha da pessoa, então acontece que o aluno está acostumado, às vezes, a uma liderança autoritária e daí a dificuldade de assumir a liberdade dele. Então, confunde liberdade com irresponsabilidade. O fato de a senhora não dar falta, esse pessoal confundiu com a liberdade de não fazer coisa nenhuma. Eu vou dizer então minha experiência negativa com esse tipo de aluno acostumado a uma liderança autoritária, que na hora em que vê um clima livre, não sabe lidar com a liberdade. Ele não tem medo da liberdade, porque isso implicava mais participação e mais ainda irresponsabilidade do sistema autoritário, em que o aluno ficava que nem "boi de presépio", ouvindo caladinho tudo e reproduzindo, vomitando isso em prova e exame da maneira que era pedido, quando não usava uma cola bem organizada. Todo controle burocrático pressupõe uma boa fraude burocrática como reação. Eu não desanimei. E vou dizer para a senhora uma coisa. Por exemplo, aqui há gente que foi meu aluno em pós-graduação em São Paulo. E acho que eles poderiam testemunhar como esse clima influiu neles e, depois, na formação deles.

Um interlocutor: Eu queria simplesmente dizer que o que a professora Núbia colocou é uma história que já conheço, que ela já me contou em outra oportunidade. E que conheço também o estilo de aula do professor Tragtenberg, do qual eu tive a honra de ser aluno. Essa questão da falta, eu critico tremendamente em sala de aula, mas eu faço a chamada. Critico e faço, porque quando eu cheguei aqui e comecei a dar aula, disse: "Que história? Tem que fazer chamada?". Porque lá no nosso tempo, não tinha isso. Mas tem que fazer chamada e eu dizia assim para o pessoal: "Olha, eu me formei numa escola que não tinha chamada e, muitas vezes, nem prova tinha". Mas isso eu acho que é uma questão muito local, muito regional, é como, por exemplo, obrigar o aluno a falar em sala de aula, aqui. O camarada é tão reprimido desde o pré-primário, desde o primário, e a sociedade, como um todo, a ditadura, o esquema é tão pesado na cabeça dele que quando aparece um professor com quem ele pode falar, a quem pode dizer o que sente, trocar ideias... aí o camarada não tem o que dizer, fica tremendo, tem medo, não sabe dizer coisíssima nenhuma. E mais uma vez acho que se deveria romper essa burocracia, porque daria maior liberdade de as pessoas dizerem o que sentem, pelo menos, nessa oportunidade. Só isso. Obrigado.

Outro interlocutor: Parece que está meio batido a gente falar sempre em falta, mas quero apenas lembrar aqui um aspecto que está sendo discutido na Associação dos Docentes, que é a questão da matrícula com o choque de horário. Eu não sei se um aluno pode fazer duas ou três disciplinas no mesmo horário! Então, é claro que ele vai preferir assistir a aula daquele professor que dá falta, porque significa que, se ele não for para aquela aula, será reprovado. É uma situação nossa, que eu queria também deixar claro.

Maurício Tragtenberg: Olha, isso aí, em São Paulo, é resolvido simplesmente assim: como é impossível, o aluno não é Deus, não é onipotente, não está em todo lugar ao mesmo tempo, quando há conflito de horário, ele opta por um curso, e o outro, a secretaria corta. A própria escola toma uma decisão, quer dizer, em choque de horário, tranca-se a matrícula de uma disciplina. Mas isso não quer dizer que não tenha que fazer essa disciplina depois, porque, o professor dê falta ou não, ele vai ter que fazer essa disciplina. Agora, se a escola permite que o aluno esteja matriculado em três matérias no mesmo horário, aí é um problema religioso. Ela pensa que o aluno é Deus e que pode estar em todo lugar ao mesmo tempo. Aí é um caso de teologia que eu deixo para padres resolverem.

Neoliberalismo e cultura universitária*

Eu reencontrei aqui o José Eustáquio Romão, o antigo frei Estevão, dos dominicanos do Convento das Perdizes, que conheci na década de 1960. Sou autodidata e uma das minhas universidades foi o Convento dos Dominicanos. Eu, como judeu e ateu, frequentava o Convento dos Dominicanos. E discutia muito nas palestras – me lembro de Flávio Mota, um grande crítico de arte, que também participava. E aprendi muito. Foi a época em que conheci o padre Lebret, que criou o movimento dos padres operários na França. Foi a primeira tentativa de mostrar que cristão não é aquele que vai à missa, que cumpre o ritual burocrático. O cristão deve dar o testemunho, como qualquer outra pessoa, nos lugares em que as pessoas trabalham. O padre Lebret criou o movimento dos padres operários que trabalhavam como operários na construção civil, metalurgia etc. e cumpriam a sua

---

* *Conciliação, neoliberalismo e educação*, de Franklin Leopoldo e Silva et al. São Paulo: Funesp/Annablume, 1996, p.149-60. Palestra.

função religiosa e política. E me lembro de ter ouvido a bronca mais produtiva da minha vida, porque eu era muito jovem, falava muito, muito mais do que hoje. Recebi uma bronca porque não lia língua estrangeira e queria estudar Ciências Sociais. Hoje é a bronca que dou nos meus alunos. Uma língua estrangeira é fundamental porque ela te abre um mundo. A ditadura acabou com o ensino da língua estrangeira no Brasil por isso, para bitolar o aluno. São Tomás, que não era nada burro, já dizia: "eu tenho medo de homem de um livro só". Essas pessoas são perigosas, ainda mais se tiverem o poder.

Estou emocionado com o reencontro com o professor José Eustáquio Romão e com a aula que a gente recebeu. Então, em primeiro lugar, devo dizer o seguinte: Maquiavel, que eu admiro demais (veja bem, toda grande obra política foi escrita por herético), era um grande herético. Foi torturado, preso, perdeu os cargos e, na contramão, escreveu sua obra política. Uma delas, de uma atualidade imensa, é *Discurso sobre as décadas de história romana de Tito Lívio*. Ele começa dizendo: "aqueles que criticam Roma por causa das desordens devem lembrar que é por causa dessas desordens e lutas internas que Roma se tornou uma potência. Foram essas desordens que levaram à grandeza romana". Quer dizer, ele admitia a legitimidade do conflito social. Não queria transformar o conflito social num caso de polícia. Escreveu isso em 1420. E nós estamos em 1995 e ainda se vê gente que se diz pós-moderno negando que o conflito social existe, ou, quando o reconhece, o transforma num caso de repartição policial. E outra coisa importante e atual de Maquiavel é que ele situa que o poder é exercido pela persuasão e pela força, usando o símbolo da raposa e do leão. E diz: "conheço muita gente que é leão quando a morte está longe; quando a morte está longe é muito fácil ser herói". Também é muito fácil ser leão quando não há um compromisso pessoal, quando a pessoa não paga pelo que assume. Ela tem de saber que, se assume uma posição, aquilo tem um custo social e tem um preço. Nada é gratuito. A dificuldade está em assumir o custo social das posições da gente. Não cair no coitadismo, no choramingar. Tem de assumir as atitudes morais e ideológicas que se toma. A gente não pode querer mudar o mundo e ser assessor do primeiro ministro que você encontra na rua.

Agora, voltando à conferência do Romão, um dos temas centrais foi a questão da ciência e da ideologia. Realmente é um tema crucial: o que é chamado científico e que é ideológico. Porque nós temos uma formação acadêmica taylorista, quer dizer, separamos: aqui é ciência, lá é ideologia, e ponto final. E temos dificuldade de entender como determinada formulação tem caráter ideológico e ao mesmo tempo científico. Em primeiro lugar, quais são as condições da ciência acrítica? Onde não há crítica, não há ciência. Por isso que a crítica no espaço universitário é fundamental, é o oxigênio da universidade. No dia em que se acabar com a crítica, a universidade se torna um cemitério de vivos. Torna-se aquela universidade do "sim, senhor". Nós voltaremos ao período escravocrata, em que as cidades eram grandes fazendas. A universidade geralmente ocupa o espaço de uma fazenda antiga. É o caso de Campinas, onde eu fiz minha carreira, na Unicamp. Ela ocupa terras que pertenciam ao barão Ataliba Nogueira que, como todo barão, era dono de escravos. Aliás, Campinas foi um grande foco de escravos no Brasil. Eu tenho até hoje um pequeno artigo do barão de Cotegipe, o último chefe do gabinete de Dom Pedro II, antes do golpe de Deodoro da Fonseca, que era um monarquista e proclamou a República. O título do artigo do barão de Cotegipe é "Fuga de escravos em Campinas". Foi um grande centro escravocrata e é uma cidade onde o nível de preconceito contra o negro ainda é muito alto. Mas como Deus foi mau com o ser humano, limitou a inteligência mas não limitou a burrice; parece que aqui também o preconceito racial é poderoso. Muitos cursos na universidade poderiam ser montados para fazer uma análise crítica disso, numa tentativa de vincular mais a universidade ao dia a dia, mais ao cotidiano, e não ser propriamente uma redoma. Mas isso cabe aos nossos colegas.

Agora, retomando o que a gente estava falando, onde entra a ideologia na ciência? Toda a ciência tem um esquema explicativo. Discuti isso com meu filho, que é formado em Física e é instrutor de tai chi. Ele lê os autores chineses, tem uma preocupação filosófica. Eu discuto muito com ele esse tipo de problema: o que torna a ciência uma ciência? Como é que você pode fazer a crítica do que é ideológico na ciência? Uma boa perspectiva é dada pela obra de Thomas Kuhn, *A estrutura das revoluções científicas*, editada em português pela editora Perspectiva. O que mostra Kuhn? Darwin era conhecido como um grande naturalista; esteve até no Brasil, descreveu as espécies, sua obra central é sobre a origem das espécies. Mas o que Darwin mostra? Como as espécies nascem, se desenvolvem, morrem, como umas se adaptam e outras não. Como, entre as espécies, as "mais adaptadas", as "mais fortes" sobrevivem, as outras morrem.

Então, Kuhn diz: "está aqui a ideologia, atrás da descrição de Darwin do mundo da natureza você tem um paradigma explicativo". O paradigma explicativo darwiniano é o de que no mundo da natureza você tem a livre concorrência entre os seus elementos e o mais "adaptado" ou "forte" sobrevive. O que quer dizer isso? Que o esquema darwiniano de explicação é uma transposição do paradigma da livre concorrência de Adam Smith, da economia liberal, para o campo da biologia. E realmente a época de Darwin foi o apogeu da livre concorrência. Mas o capitalismo passou da livre concorrência para a concorrência dos monopólios, passou para a fase monopolista, que alguns chamam de capitalismo de organização. E o que ocorreu na explicação biológica? Houve uma mudança de paradigma. O paradigma darwiniano ficou meio em desuso, saiu da moda. Depois, alguns sociólogos criaram a escola do chamado darwinismo social. Hitler retomou isso para compor a ideologia sincrética nazista, entrava a ideologia do darwinismo social, quer dizer, da guerra de todos contra todos, a sociedade como concorrência. Mas o capitalismo de monopólio vai substituir, nos ramos centrais, a livre concorrência. Hoje há concorrência entre monopólios, entre trustes, cartéis. E na biologia temos a mudança de paradigma. A obra de François Jacob, *A lógica da vida*, editada pela Dom Quixote, de Portugal, diz que os organismos subsistem pelo seu equilíbrio homeostático. Tudo que existe forma um sistema. Esse sistema se mantém pelo seu equilíbrio homeostático. Então, o organismo é visto como sistema. O fígado é visto como um subsistema dentro de um sistema. E por aí vai indefinidamente. Então, qual é a preocupação do raciocínio biológico hoje, como paradigma? É o problema de que o organismo, para desenvolver seu equilíbrio homeostático, tem de desenvolver formas de controle sobre as suas partes, sobre os subsistemas. E o que isso quer dizer? Que é uma biologia correspondente à negação da livre concorrência entre as espécies darwinistas. Mas há uma visão de integração e controle do sistema, entendido o corpo como sistema e os órgãos como subsistemas. É essa mudança do paradigma que mostra o caráter ideológico de muitas explicações científicas.

Hoje, na Sociologia, você pode ver os últimos "manueis", como diz o francês, ou manuais. O que eles acentuam? O controle social. O controle social foi um tema central na Sociologia do início do século XX. Como mostra o grande sociólogo radicado no Rio, Luiz de Aguiar Costa Pinto, na *Revista Sociologia*, numa discussão com Florestan Fernandes, num dos maiores artigos que li na minha vida, "A Sociologia e as Ciências Sociais". Ele aponta como o desenvolvimento do capitalismo levou o tema do controle social a ser central na Sociologia. Hoje, novamente esse tema volta a ser central, porque o tema do controle social é um problema prático e um problema teórico. Posso até dizer que as carreiras são formas de controle social, em que a pessoa é controlada pela divisão do trabalho, como dizia Durkheim, séria e certamente. E as regras de ascensão na carreira, segundo Michel Foucault, em *Vigiar e punir*, onde ele resume o que é administração, se fazem por recursos – mestrado, doutorado, livre-docência. São formas de ascensão na carreira e de controle social sobre você, porque está sempre sendo julgado pelos seus pares. Quando chega a titular, que é o máximo de incompetência treinada, você diz: "bom, agora vou escrever o que eu quero". Mas aí você já esta com catarata, está com uma bengalinha e já tem a filosofia de vida de um aposentado. Você pode se aposentar de uma instituição, mas não se aposenta da vida. Por isso, a gente está aqui.

Agora, outra questão. Um sociólogo de origem russa, que fez carreira na França e dirigia uma grande revista chamada *Autogestão e socialismo*, já mostrava que o tema central de uma sociedade socialista não é o Estado, é a criação de estruturas autogestionárias. E que para você autogerir alguma coisa, tem de começar autogerindo sua luta. Você não pode abdicar da sua luta e dar para outros a dirigirem. É como a sua vida: não pode abdicar da vida e dizer: "viva a minha vida por mim". Você tem de autogerir a sua luta e então adquirir a capacidade para autogerir instituições. Isso não é uma utopia livresca. Hoje em dia, você tem em vários países europeus e norte-americanos bairros imensos dirigidos de forma autogestionária por seus moradores. É aquele princípio: se você é bom para trabalhar, você é bom para decidir. Aqui no Brasil, há muito trabalho e pouca influência nas decisões. E se confunde o que é discutir uma coisa com poder de decisão. É toda a malandragem da escola de relações humanas na empresa: põe todo mundo a papagaiar, dando a impressão de que participa, mas, na realidade, às vezes, está repassando um comunicado do diretor da empresa.

Agora, retomando o que dizia, George Gurvitch é um autor fundamental sobre autogestão. Ele tem uma obra importantíssima chamada *Os quadros sociais do conhecimento*, uma das maiores obras da Sociologia do Conhecimento. Lá você tem: a visão do mundo do camponês, o sistema cognitivo do camponês, do comerciante, do operário urbano. Você tem muito claro as relações entre formas de existência, classe social e formas de pensamento, ideologia etc.

Outra coisa é o problema do mercado para a universidade. Há os cretinos que dizem que ela tem que se adequar ao mercado. Mas o mercado muda. Você não pode estruturar um currículo, mudar um currículo, dentro da mudança do mercado. Esse é um problema sério. Em épocas de inflação, na FGV (eu fui professor lá, e, felizmente, me aposentei a tempo) todos os alunos se especializavam em finanças. Em épocas de deflação, não se estudava finanças e os alunos iam estudar o quê? Engenharia de Produção. Iam procurar adequação ao mercado, iam pra cá e para lá e não sabiam nem bem uma coisa nem bem outra. Aí diziam: "eu sou polivalente". Um cara que é especialista no vago e no geral.

Sobre os liberais, aí estou com João Cabral de Melo Neto: "os liberais não liberam jamais". E me lembra de Stuart Mill, tão falado pelos neoliberais. Você tem lá a maior defesa de voto que era praticado aqui no Império, voto censitário, de acordo com o tamanho da propriedade territorial.

Outra coisa: o problema do neoliberalismo e a liberdade. Roberto Campos diz que os resquícios de liberdade vêm da Revolução Francesa, obra dos liberais. Mas vejam bem, é liberdade na desigualdade. Eles são pela liberdade, mas dentro da pior desigualdade possível. Ou iguais, mas uns mais iguais do que os outros.

Mas antes dos liberais capitalistas, há, na esquerda, os socialistas libertários, os chamados anarquistas. É a ideia de uma estrutura sem Estado ou governo. Eles defendiam a liberdade, mas sempre ligada à luta pela igualdade social. Essa é a grande diferença que separa o pensamento libertário do pensamento liberal. Os liberais defendem a liberdade. Eu não digo que não. Mas é a liberdade para eles. Desemprego, tecnologia, chegam a dizer que são ótimos. Os que defendem isso são meus ex-colegas, que defenderam livre-docência, deixaram a sala de aula e estão nos gabinetes ou aparecem na TV Globo. Às vezes, podem aparecer naquele programa do Bamerindus, um banco popular: "fulano é gente que faz".

Outra coisa, para concluir: o problema do *status* e do prestígio ligado ao diploma. Sem dúvida, depois de 1964 apareceram faculdades isoladas. Arabela Oliven, grande socióloga, me mostrou um estudo sobre a brutal expansão do "ensino universitário" no Rio Grande do Sul. É escola particular, é faculdade isolada paga e muito bem paga, que geralmente funciona em época de lazer, fim de semana. Por quê? O sujeito podia abrir uma pastelaria naquele tempo. É o caso de uma senhora que eu conheci em São Paulo. Ela veio me perguntar se ela deveria abrir um motel ou uma faculdade.

Outra coisa. O Romão coloca muito bem. Sob o capitalismo, tudo é mercadoria, até a notícia é mercadoria. E há um autor genial, na área de comunicação. Ele se chama Ciro Marcondes Filho. Foi o professor mais perseguido na Escola de Comunicação, em São Paulo. E a razão? Porque ele pensa. Ele tem uma obra genial sobre notícia como mercadoria. Foi uma tese que defendeu e tive a honra de estar na banca e aprender. Foi publicada pela Ática.

Mas, hoje, prestígio e *status* vêm pela universidade? Vêm. Mas também se pode adquirir prestígio como um pastor de televisão. Vejam o pastoreiro televisivo, como se desenvolve. Na Igreja Universal, qualquer um de nós pode se tornar pastor. É pelo sistema *franchising*. É uma igreja que funciona com franquia. É o mais moderno do capitalismo; como você monta empresa, você monta igreja: pequenas igrejas, grandes negócios.

Sobre a universidade:
introdução ao leitor brasileiro[*]

O texto que apresentamos ao leitor brasileiro – *Sobre a universidade: o poder do Estado e a dignidade da profissão acadêmica,* de Max Weber – coloca em discussão a questão da universidade além dos acanhados limites da reprodução, a universidade como espaço de crítica, sem a qual não há ciência.

Se houve instituição que no período da ditadura militar sofreu arranhões profundos em sua dignidade acadêmica foi a universidade brasileira. Quando a razão da força sobrepôs-se à força da razão, inúmeros professores e pesquisadores foram cassados, outro sem-número de docentes sofreu cassações "brancas"; a avaliação dos currículos dependia de parecer de Assessorias de Segurança e Informação que não constavam dos processos de contratação. Foi quando a delação se constituiu para muitos em estratégias de ascensão universitária.

---

[*] *Sobre a universidade,* Max Weber. São Paulo: Cortez, 1989, p.7-30. Coleção Pensamento e Ação, v.1.

O resultado foi a proliferação de faculdades isoladas pelo país, sem tradição de pesquisa, quando democratização do ensino converte-se em sinônimo de ensino pago.

O texto de Weber é atual, pois, com a Nova República, a Assembleia Nacional Constituinte e tudo o mais, a Universidade Estadual de Campinas (Unicamp) teve seu *campus* invadido por tropas militares à procura de um professor, para detê-lo. Nem nos piores tempos da ditadura militar o *campus* da Unicamp sofrera invasão.

Weber critica inicialmente o fato de um ministro impor um professor à maior universidade alemã, a de Berlim, notando melancolicamente que o número de professores submissos está crescendo. Ele destaca uma lei geral no recrutamento de professores: um medíocre numa faculdade traz outros atrás de si. A proximidade dos professores de Berlim das portas do Ministério da Educação, segundo ele, deve ter contribuído para o aumento dos "medíocres submissos". Qual é o remédio? Para Weber, "uma organização de professores universitários, com uma liderança inteligente, poderia reacender o sentimento de orgulho corporativo da próxima geração acadêmica", (Weber, 1989, p.44) elevando o peso moral das universidades em declínio.

Weber analisa as vicissitudes que cercaram a discussão da admissão de Werner Sombart como habilitado a lecionar como *Privatdozent* na Universidade de Berlim, quando professor em Breslau.

Após o doutorado, o candidato à habilitação apresentava uma monografia original, era examinado por uma banca e admitido como *Privatdozent*. Não era um assalariado da universidade, recebia as taxas pagas pelos alunos que assistiam a seus cursos. Apesar de ter professores como Schmoller e A. Wagner, criadores da Escola Histórica na Economia Política, Sombart fora vetado, por conta de "mexericos pessoais [...] e motivos de personalidade pesaram mais do que todos os outros. Ele arrebatava a luz e o ar dos professores berlinenses" (Ibid., p.53).

Fatos como os anteriormente mencionados levaram à discussão do tema "liberdade acadêmica" na II Conferência dos Professores do Ensino Superior da Alemanha.

Discordando do professor Von Amira, da Bavária, que considera o clericalismo como o único obstáculo à liberdade acadêmica, Weber agrega a este outros obstáculos de cunho intrauniversitário.

Ele cita o caso de Robert Michels, um simples estudioso em Marburg, que decidira habilitar-se como *Privatdozent* na Universidade de Jena, e lá foi informado de que dificilmente seria aprovado pela Congregação. A Congregação da Universidade de Berlim, sob a liderança do professor Schmoller, protestou contra o fato de "privar-se da docência um herege político". No Congresso de Docentes do Ensino Superior, Weber citou o "caso Michels" como exemplo de violação da liberdade acadêmica, fundado na afirmação do professor Fisher, de Marburg, que se referira a Michels como "o homem que sacudira dos pés a poeira da pátria". Weber pensou que isso se devia à incontida sinceridade com que Michels havia criticado a situação do fossilizado Partido Social-Democrata, o que teria irritado o partido. Mas não era nada disso. O fato de Michels proclamar publicamente suas convicções socialistas era menos importante do que sua atitude impedindo que seus filhos fossem batizados (Ibid., p.62). Para completar o quadro, Michels havia alugado uma casa cujo senhorio o professor Fisher representava, e este o acusou de tê-la maltratado tanto a ponto de torná-la invendável. Weber ironiza a situação, sugerindo que o senhorio da casa concedesse um atestado de boa conduta no processo de habitação, ponderando que "opiniões desse nível não honram a Alemanha, nem sua cultura" (Ibid., p.63). Ele critica a utilização de sacramentos das igrejas, o prestígio de se pertencer a sociedades estudantis que possibilitam a seus afortunados possuidores adquirirem a patente de oficiais da reserva para fins militares. Salienta ainda: "tais personagens merecem o desprezo de que frequentemente se queixam [...] a liberdade científica existe na Alemanha dentro dos limites da aceitabilidade política e eclesiástica. Fora desses limites, não existe de modo algum" (Ibid.).

Tal situação não é privilégio apenas da universidade alemã da época de Weber. No Brasil, em depoimento do reitor Antônio G. Ferri à Comissão Especial de Inquérito da Assembleia Legislativa do Estado, em 18 de agosto de 1977, ficou público o limite da aceitabilidade política do docente pelo Estado:

> Sr. A. G. Ferri – Os processos de contratação são realmente demorados. Eles tramitam pela universidade e também por outros órgãos de fora da universidade para que os docentes sejam contratados.
> Sr. A. Goldman – Quais órgãos fora da universidade, professor?
> Sr. A. G. Ferri – O Ministério da Educação e o Serviço de Segurança do Ministério.
> Sr. A. Goldman – Eu não conheço esse órgão, Serviço de Segurança do Ministério da Educação?
> Sr. A. G. Ferri – Do Ministério da Educação.
> Sr. A. Goldman – E dá parecer sobre contratações da universidade?
> Sr. A. G. Ferri – Dá parecer sobre contratações.
> Sr. A. Goldman – O que é esse Serviço de Segurança do Ministério da Educação?
> Sr. A. G. Ferri – É um organismo que toma informações sobre os docentes.
> Sr. A. Goldman – É um trabalho policial?
> Sr. A. G. Ferri – É um trabalho policial.
> Sr. A. Goldman – Perguntaria o seguinte: nos estatutos da universidade existe essa comissão de segurança?
> Sr. A. G. Ferri – Não.
> Sr. A. Goldman – Então, por que o reitor tem que apelar, tem que fazer passar um documento pela comissão de segurança que não está incluída nos estatutos?
> Sr. A. G. Ferri – Bem, isso é...
> Sr. A. Goldman – Não é inconstitucional, é de exceção.
> Sr. A. G. Ferri – Isso é uma medida de exceção que está sendo cumprida em todas as universidades. (Adusp, 1979, p.59-61)

Weber mostra que a tão propalada "liberdade acadêmica" para alguns consiste em examinar não só as qualificações do candidato a uma posição acadêmica, "como também sua docilidade perante as autoridades políticas dominantes e os costumes eclesiásticos. Tal visão é compartilhada pelo proprietário de muitos bens, para quem nem *a ciência, o estudo e sequer os direitos civis do professor universitário têm qualquer significado*" (Weber, 1989, p.65).

Até parece que Weber estivera no Brasil. A maneira pela qual os direitos do professor universitário são respeitados nessa terra é relatada no caso de uma prisão motivada por aposta:

> Numa roda de bar, o delegado de polícia local, bacharel Nestor Penteado, para exibir a sua autoridade, apostou que seria capaz de meter no xadrez um professor da Faculdade de Filosofia (em Rio Claro). O nome escolhido foi o professor W. Kerr, cientista ilustre, nome atualmente respeitado, tão respeitado que foi escolhido para diretor executivo da Fundação de Amparo à Pesquisa do Estado de São Paulo (Fapesp). Pois bem, na madrugada dessa mesma noite de bar, era aquele ilustre professor tirado de sua casa e recolhido à prisão de Rio Claro, onde permaneceu por onze horas, sem que lhe fosse dada uma xícara de café sequer, para, de noite, ser solto sem nenhuma explicação, sem ter sido interrogado, o que, aliás, não era necessário porque estava ganha a aposta, causa única do desrespeito a uma família, a um professor de alto conceito e à escola a que pertence. (Adusp, 1979, p.14-5; *O Estado de S. Paulo*, 15/5/1964)

Weber mostra que, enquanto fora da Alemanha, em universidades estrangeiras, há socialistas do tipo mais radical, que honram os países pelo seu trabalho e erudição, na Alemanha basta ser declarado "inimigo do Império" ou encarado pela polícia política como "perigoso para o Estado" (Weber, 1989, p.67) para que a admissão ou permanência na universidade seja questionada.

É didático o ocorrido na Faculdade de Filosofia de São José do Rio Preto, em 1964:

> Da mesma forma em Rio Preto passaram-se fatos tristíssimos na Faculdade de Filosofia ali existente, porque houve a denúncia de que na biblioteca da faculdade havia obras de Karl Marx. Professores comunistas foram recolhidos à cadeia, escolhidos ao que parece por sorteio, pois quatro deles foram detidos e dois mais precavidos tiveram que desaparecer. (Adusp, 1979, p.14)

Professores foram cassados, suas cadeiras "loteadas" na Câmara Municipal da cidade, o inquérito a respeito jaz arquivado por insuficiência de provas!

A situação alemã, segundo Weber, não é nada "liberal", já que "as congregações, de maneira inteiramente voluntária, funcionam como delegadas em nome da polícia política" (Weber, 1989, p.68). No nosso caso, Paulo Duarte, em pronunciamento feito no Conselho Universitário da USP, entre outras coisas relatara:

> Aqui cabe assinalar que as autoridades militares, pelo menos em São Paulo, têm se portado com muito mais correção do que os civis. Numerosos civis não hesitaram diante do papel de delatores e beleguins... Enquanto tantos civis, repito, até universitários, delataram outros universitários, como foi o caso do professor Raw, cujo crime não é comunismo, é muito maior: o de não poder ser enfrentado com êxito por nenhum outro candidato no próximo concurso de Química Biológica. (Adusp, 1979, p.21)

Weber mostra como a universidade alemã tornou-se dependente do Estado através da secularização das terras da Igreja e da nobreza. Isso impediu a formação de fundações privadas como nos Estados Unidos; na Alemanha, só o Estado poderia arcar com as universidades.

Na Alemanha, dependente do Estado, a universidade se coloca na posição de canto no tom de quem me dá o pão, incentivando a obediência política do estudante, em vez de encará-la como um problema cultural e intelectual. Weber nota que, dessa forma, "os interesses da ciência e da erudição estão mais mal servidos do que em sua primitiva situação de dependência da Igreja" (Weber, 1989, p.69).

No Brasil, em 1964, não acontecia diferentemente. A modernização proposta por setores do professorado universitário ligado à pesquisa caminhava junto com a crítica à cátedra e os estudantes pleiteavam a reforma universitária. "É em 1962 que se realiza a greve em favor da participação de um terço do conjunto dos membros. Aos professores mais conservadores, essa exigência significava nada menos que a implantação do comunismo na universidade" (Adusp, 1979, p.10).

A inexistência de um clima em que a crítica possa ser exercida, para Weber, não pode ser compensada por obras: "isso não pode ser trocado pelos mais imponentes institutos, pelas mais amplas salas de aula, nem mesmo pelas inúmeras teses defendidas, trabalhos premiados e êxitos nos exames" (Weber, 1989, p.69). É sabido que 80% do ensino universitário obedece à lógica lucrativa do ensino privado, consequência da política educacional do Ministério da Educação (MEC) após 1964. As universidades federais e estaduais são responsáveis por 80% da pesquisa científica nacional, embora abarquem 20% do contingente universitário do país.

Weber mostra quão equivocado é o princípio segundo o qual o grupo político que detém o poder de Estado, num momento determinado, interfere nos conteúdos que a universidade dissemina: a favor ou contra o Estado. Para Weber não cabe às universidades se pronunciarem a favor ou contra o Estado, não são escolas de inculcação de valores morais absolutos, não são escolas do apocalipse, nem produtoras de doutrinas de salvação ministradas por leigos.

Na universidade estudam-se fatos, suas leis, os fundamentos lógicos e históricos dos conceitos em seu significado. Ela deve oferecer um saber e experiência de pesquisa; não cabe a ela a adoção de livros sagrados nem possuir intérpretes "autorizados", portadores de um saber salvacionista. Ela deve expor as doutrinas de todo o tipo, examinando seus postulados, deve desenvolver uma compreensão da realidade social e pensá-la com clareza. O professor, ante o politeísmo dos valores, deve explicitar claramente suas crenças na determinação de seu discurso. A universidade "deve oferecer ao estudante o hábito de assumir o dever da integridade intelectual, e isso acarreta necessariamente a necessidade de uma inexorável lucidez a respeito de si mesmo" (Ibid., p.70).

Pra Weber, ante o politeísmo dos valores, cada um deve exigir o máximo de si quando assume ou não certos valores; o professor universitário não é um mistagogo, que assume tais decisões pelos estudantes. Não é portador de nenhuma "mensagem" ou "profecia" a não ser o empenho no aprofundamento da comunicação e no significado intrínseco do conhecimento, fiel à tradição racionalista e revolucionária, da pesquisa e interrogação ilimitada, da análise fria e clara da verdade, na renúncia a negar-se a si como "sujeito", da própria seriedade e do intrínseco significado do trabalho cotidiano.

No caso da universidade alemã, se ela pretende criar tantas cátedras quantas interpretações houver sobre a Reforma, sejam católicas, luteranas, calvinistas, judaicas, islâmicas, uma alternativa discutida nos meios acadêmicos da época, ponderava Weber, cabia à universidade "rejeitar que se considerem os 'valores e crenças últimos' de um candidato como critério para renomeação acadêmica" (Ibid., p.72).

A *Folha de S.Paulo* de 26 de julho de 1964, num artigo intitulado "Dedo-duro da USP", mostrava o quanto as crenças últimas de candidatos funcionavam como critério para nomeação acadêmica e de exclusão dos mais brilhantes pesquisadores e docentes: "Há indícios, infelizmente fortes, de que pelo menos em certos núcleos da Universidade de São Paulo a política do 'dedo-duro' se esteja implantando, visando de maneira particular a alguns elementos mais brilhantes da corporação".

> Há indícios de que, alegadamente em nome de ideais identificados com a revolução, se procura atingir a própria carreira de elementos de valor que, naturalmente, buscam a cátedra. Na decisão de concursos já estaria pesando a suposta ideologia dos candidatos. Suposta porque é apenas alegada, soprada, veiculada sub-repticiamente, na ânsia de assegurar em certas cadeiras o predomínio de certos feudos. (Adusp, 1979, p.15)

Quando Weber critica a universidade alemã por discriminar ideologicamente um candidato a um concurso, em outros termos, ele procura dizer: na universidade ninguém deve ser punido ou premiado por ser portador de uma ideologia. Nesse sentido, ele critica discriminações de tipo eclesiástico ou rejeição de um candidato por ser adepto do socialismo ou do Partido do Centro (católico) como sendo "uma infame violação da liberdade acadêmica" (Weber, 1989, p.73).

Para Weber, a cátedra universitária deve ser um fórum onde se debatam as grandes questões inerentes às disciplinas ensinadas na universidade e não uma arena medíocre onde medíocres dela se vale para a divulgação dos seus pontos de vista paroquiais.

Foi nesse sentido o teor de parte da carta dirigida pelo mestre Florestan Fernandes, a 9 de setembro de 1964, ao senhor tenente-coronel que veio detê-lo:

> Há quase vinte anos venho dando o melhor do meu esforço para ajudar a construir em São Paulo um núcleo de estudos universitários digno desse nome. Por grandes que sejam minhas falhas e por pequena que tenha sido a minha contribuição individual, esse objetivo constitui o principal alvo de minha vida, dando sentido às minhas atividades como professor, como pesquisador e como cientista. Por isso, foi com indisfarçável desencanto e com indignação que vi as escolas e os institutos da Universidade de São Paulo serem incluídos na rede de investigação sumária, de caráter policial-militar, que visa a apurar os antros de corrupção

e os centros de agitação subversiva no seio dos serviços públicos mantidos pelo Governo Federal.

Não somos um bando de malfeitores. Nem a ética universitária nos permitiria converter o ensino em fonte de pregação político-partidária. Os que exploram meios ilícitos do enriquecimento e de aumento do poder afastam-se cuidadosa e sabidamente da área de ensino (especialmente do ensino superior). Em nosso país, o ensino só fornece ônus e pesados cargos, oferecendo escassos atrativos, mesmo para os honestos, quanto mais para os que manipulam a corrupção como um estilo de vida. De outro lado, quem pretendesse devotar-se à agitação político-partidária seria desavisado se cingisse às limitações insanáveis que as relações pedagógicas impõem ao intercâmbio das gerações. (Adusp, 1979, p.25-6)

As interferências do tipo eclesiástico ou do tipo secular se constituem, sem dúvida, numa violação da liberdade acadêmica. Porém, o exercício da liberdade acadêmica implica que os membros da universidade – professores, alunos e funcionários – não estejam jungidos às formas repressivas internas. Ou seja, que o clima de debate intelectual na universidade seja suficientemente vivo para impedir que "departamentos" confundam autonomia com separatismo, solidariedade entre seus componentes com "panelas burocráticas". Também, que órgãos, a pretexto de incentivar a docência e pesquisa, não se convertam em superburocracias que, em nome do "interesse geral", liquidem com a miserável autonomia que gozam os departamentos no sistema universitário.

É a dotação mais ampla de recursos que cria condições para uma universidade. Se os recursos são parcos, que sejam transferidos da órbita da "segurança ou informação" para a pesquisa, ensino e bibliotecas universitárias. Para Weber, o saber universitário implica no incentivo da criatividade vinculada a uma ética do trabalho. Isso também vale para o Brasil, onde alguns pensam que o espírito "criativo" do guarda noturno preocupado em "controlar" possa propiciar uma "nova universidade".

Comparando a universidade alemã com a norte-americana, Weber mostra que a última surgiu do *college*, com raiz religiosa, ambiente onde se forma o caráter social através da coeducação de estudantes da mesma origem social. Diferentemente da Alemanha, onde as faculdades de economia satisfazem o desejo do comerciário em atingir determinado *status* para que possa ser convidado a um duelo e daí se transformar em oficial da reserva. Daí a indagação de Weber: cicatrizes no rosto e vida estudantil serão capazes de levar o país a competir com os EUA, com a nova geração empresarial, assim educada?

As universidades norte-americanas não formam o pessoal para o Estado, ou o magistério, como as alemãs. Porém, é inevitável – através da burocratização social – que um dia o façam. E sua autonomia ante o Estado? O próprio Weber responde:

> o que espero é que elas estejam em melhores condições de defender sua independência e que estejam mais bem plantadas para defender seus valores mais sagrados do que – não por culpa própria – têm estado as universidades alemãs diante do grande poder do Estado. (Weber, 1989, p.76)

Nos EUA, a frequência é obrigatória e a estudantada faz parte de associações, cultivando através delas um capital de relações sociais. Há muita competição das universidades entre si, todas visando à eficiência. Na Alemanha é diferente, a luta ocorre entre a universidade e o Estado. Há outras, como na Baváriae Prússia, com uma burocracia tão rígida, admite Weber, "que confesso, quando saí da Prússia indo para Baden, tive a sensação de sair para o ar puro" (Ibid., p.79).

A administração universitária alemã, mostra Weber, está cartelizada. As outras administrações rendem tributo de vassalagem à administração prussiana. Tal estrutura, admite Weber, fora uma criação do senhor Althoff, criador de um tipo de "patriotismo ministerial" que gerou um sistema burocrático que levou seu nome. Althoff procurava limitar interesses particulares em nome dos "interesses gerais" dos quais ele se autoelegia representante. Em suma, esse burocrata universitário usava os outros como fantoches, o que repugnava profundamente a Weber.

O próprio Weber sofreu na carne as consequências do "sistema Althoff". Este admitiu publicamente que o ajudara no início de sua carreira pelo fato de seu pai pertencer ao Partido Nacional no Reichstag [Parlamento]. Isso o levou a renunciar ao cargo na Comissão do Orçamento.

No "sistema Althoff" o Ministério exigia garantias do bom desempenho dos professores. Os EUA têm um Althoff em cada universidade, é o presidente dela que pode derrotar a Congregação através do apoio dos jovens professores. Weber nota que nos EUA um professor em estágio inicial de carreira recebe um salário alto pelos padrões alemães, porém está arriscado a não ser recontratado, premido por uma carga docente pesada que o impede de pesquisar. Enquanto o catedrático ministra três aulas semanais, o jovem professor ministra nove aulas. Como ele pode pesquisar?

O "caso Althoff" volta ao texto de Weber. O *Norddeutsche Allgemeine Zeitung* publicara em seu número de 23 de outubro de 1911 carta de Althoff, defendendo-o do que qualificara de ataque pessoal de Weber. Responde aquele que o poder corruptor continua existindo no Ministério da Educação da Prússia. No dizer de Weber o jornal deslocara do presente para o passado a questão, que passara a ser uma discussão sobre pessoas e não sobre fatos.

A ênfase de sua crítica ao sistema Althoff radica no fato deste exigir "garantias" dos professores de tudo, para tudo e sobre tudo. Professores na Prússia que discutissem publicamente os critérios do Ministério da Educação colocariam em perigo a possibilidade de conseguir recursos oriundos deste.

Em 27 de novembro o jornal volta à carga, publicando a declaração exigida do professor. Ele está obrigado a informar antecipadamente o Ministério se pretende mudar de universidade. Caso o faça nos primeiros três anos de magistério, arcará com as despesas de mudança, repondo a quantia em dinheiro antes de sua partida.

A isso, Weber responde dizendo que o Ministério exigia dele que não aceitasse o convite para mudar de universidade. Como nos entendimentos verbais que mantivera isso não acontecera, desobrigara-se de concordar por escrito. Foi-lhe solicitado que desse um voto de silêncio e não participasse de reuniões públicas.

Fica claro, no processo norte-americano de escolarização, que o *college* associa à formação humanista o primeiro semestre de trabalho das faculdades de filosofia alemãs. O empresariado norte-americano vê no *college*, acima de tudo, uma escola para formação da personalidade. A valorização crescente dos diplomas no sistema escolar norte-americano é índice palpável do concomitante processo de burocratização.

Enquanto isso, na Alemanha, Weber mostra que a criação de faculdades de Economia isoladas deve-se ao fato de o professor de economia ou política recusar sentar-se ao lado de um simples contabilista. Isso tem um efeito desastroso na formação do aluno, que é diplomado sem ter uma formação básica em contabilidade.

Outro óbice a uma boa formação intelectual é o fato do estilo de vida feudal, cultivado nas academias estudantis, em que o mais capaz de duelar pode aspirar a ser oficial da reserva, isso tudo, assinala Weber, "com prejuízo de uma formação mais profunda" (Ibid., p.102). Embora constate que não se trata da maioria a massa estudantil portadora de tal aspiração, "é inegável que a minoria estudantil que cultiva tais valores feudais é muito poderosa" (Ibid., p.103).

Weber prevê que a pressão para a criação de novos títulos ou diplomas oficiais presente em todas as profissões poderia representar para a Alemanha uma vantagem na competição com as grandes potências industriais. Logicamente ele vincula a titulação à capacidade e competência.

Porém o passado dominara o presente alemão. Weber exemplifica esse processo com o fato de um representante comercial pretender vender a seu cliente um produto inferior a um preço superior. Aquele não teve dúvida: arguiu sua condição de oficial da reserva, retirando-se dignamente sob o olhar atônito do presuntivo comprador.

> Nem a posse de uma faixa colorida nem a posse de um cargo de oficial é por si só prova de que seus portadores podem realizar o trabalho duro e sério, sem o qual a burguesia comercial e industrial não manterá a posição da Alemanha no mundo. (Ibid., p.104)

Ele retrata sua origem social nestes termos: "meu nome provém de uma família tecelã da Vestfália e não escondo o meu orgulho por essa descendência burguesa, diferentemente dos grupos de quem falava, os quais estão sempre prontos a fazê-lo" (Ibid., p.105). Ele se referia aos grupos feudalizantes.

As escolas superiores de comércio proibiram a existência de sociedades estudantis de tipo feudal, enfrentando algumas dificuldades "em determinados círculos da indústria alemã que possuem certa tendência a esposar ideias feudais" (Ibid.).

O texto de Weber está repleto de episódios da luta entre o saber acadêmico e o *ethos* e burocrático dominante no Ministério da Educação na Prússia, em sua época. Daí ele criticar o citado ministério pelo fato de fazer chegar à imprensa informações contra três professores universitários, colocando-se como juiz numa luta em que era parte. O ministério pretendia punir materialmente quatro homens independentes que discordavam de suas opiniões e "pagar bajuladores e informantes que encaravam como sua a tarefa de macular o nome de professores que destoassem de seus superiores" (Ibid., p.112).

Weber reafirma ser prática comum que, como compensação pela recusa de outras nomeações, se façam promessas de cargos acadêmicos que devem ser preenchidos. Isso cria os caçadores de cargos, levando a práticas astuciosas e à "promoção de nulidades científicas que são úteis para ocupar tais postos acadêmicos que, segundo critérios decentes, se destinariam exclusivamente a pessoas destacadas enquanto cientistas e eruditos" (Ibid., p.114).

Por isso, vê como incompatível a seleção de candidatos às universidades católicas (de Salzburgo) depender de filiação religiosa.

Dedica um espaço grande do texto à sua preocupação com a neutralidade ética e seu significado para a Sociologia e a Economia. Para ele, a avaliação é entendida como um juízo de valor prático e se refere ao caráter satisfatório ou não dos fenômenos sujeitos a nossa influência. Isso é diferente de discutir se na atividade docente deve-se aceitar ou não avaliações práticas, independentemente de se fundamentarem em princípios éticos ou filosóficos. Para ele, sendo uma questão de avalição prática, não pode ser cientificamente resolvida.

A respeito há dois pontos de vista: de um lado, a visão de que é válido distinguir afirmações dedutíveis lógica e puramente empíricas; de outro, avaliações práticas, éticas ou filosóficas, por isso mesmo problemas de competência da universidade. A outra posição é a de que mesmo quando não possa distinguir-se de maneira lógica e completa, é desejável que a declaração de avaliação prática deva ser evitada o quanto possível.

Para Weber, essa última posição é insustentável, especialmente a distinção entre "avaliações vinculadas a partidos políticos e outros tipos de avaliação" (Ibid., p.121).

Para ele, admitida a explicitação de valores do professor,

> a alegação de que o professor universitário deveria ser totalmente destituído de paixão e que deverá evitar todos os assuntos que ameaçassem introduzir emoções nas controvérsias é uma opinião estreita e burocrática que todo professor de espírito independente deve repudiar. (Ibid.)

Ouvindo Treitschke e Mommsen, o público filtrava o núcleo emocional de seu discurso, coisa que seu temperamento impedia de fazê-lo. A "integridade intelectual" é a única virtude específica que a universidade deveria inculcar, sentencia Weber. Rejeita a "a profecia professoral" como repugnante, sem deixar de acentuar que uma preleção em sala de aula difere de um discurso. A preleção deve obedecer ao máximo rigor e sobriedade. Ao tornar-se pública por qualquer veículo de comunicação ela pode deteriorar-se, argumenta Weber.

É na esfera de sua qualificação especializada, segundo Weber, que o professor tem o privilégio de estar livre de fiscalização ou publicidade externa. Ao desembocar na profecia pessoal, o professor tem que enfrentar a contestação ou o escrutínio público. Na sala de aula ele deve reconhecer os fatos, mesmo os pessoalmente desagradáveis, distinguindo-os de sua avaliação. Weber prega que o professor, em sua tarefa professoral, deve afastar seus ódios, ou amores. Tal atitude observamos em muitos professores universitários europeus que, pelo fato de darem um curso sobre Descartes, Kant ou Hegel, isso não significa absolutamente que sejam adeptos de qualquer dos três filósofos mencionados.

Weber reage ante aqueles que criticam a "neutralidade ética" e dessa forma pretendem desacreditar as discussões culturais e políticas que ocorrem publicamente fora dos muros acadêmicos. Weber salienta que a influência dos pontos de vista políticos do professor que luta no âmbito social mais amplo será maior quando na sala de aula "ele tem a força de caráter para fazer exatamente aquilo para que foi nomeado" (Ibid., p.128), ou seja, ministrar o curso sem amor e sem ódio, já que essas opiniões são valorativas e indemonstráveis cientificamente. Ele defende o ponto de vista de que todas as opiniões devam ter espaço nas universidades, "inclusive as mais extremadas" (Ibid., p.129). Porém, ocorre o contrário, segundo Weber, lembrando-se do professor Schmoller, segundo o qual os membros da Escola de Manchester (que a ele se opunham doutrinariamente) não podiam ocupar posições acadêmicas. Por isso Weber afirma enfaticamente: "exatamente quanto a esses pontos é que nunca pude concordar com nosso reverenciado mestre" (Ibid.).

Com base nas premissas de Schmoller, Weber argumenta: "a universidade não se constitui numa escola técnica especializada, mas num centro de fiéis funcionários, um seminário teológico, sem possuir a dignidade religiosa deste último" (Ibid.).

Em abono ao seu ponto de vista, Weber cita o caso de um professor de direito que excluía a possibilidade da admissão de um anarquista na cátedra, uma vez que o anarquismo, em princípio, nega validade à lei.

Diferentemente do célebre professor de direito que assim pensava e agia, Weber argumenta:

> minha opinião é exatamente contrária. Por certo, um anarquista pode ser um bom estudioso das leis. E se ele o é, então de fato o ponto central de suas convicções que se encontra fora das convenções e pressupostos que se mostram tão evidentes para nós poderia capacitá-lo a perceber problemas nos postulados fundamentais da teoria jurídica que escapam a quem os têm como dados. A dúvida mais fundamental é fonte de conhecimento. (Ibid., p.130)

Para ele, a universidade se constituiu no grande fórum de discussões ideológicas, desde que haja "a mais irrestrita liberdade de discussão de questões fundamentais por todos os ângulos" (Ibid.).

Weber lamenta que os grandes problemas da Alemanha não possam ser discutidos na universidade devido à conjuntura política. Questões como a manutenção da monarquia e sua compatibilidade com a emergência da Alemanha como uma grande potência são temas proibidos na universidade alemã.

Weber salienta que se deve fazer um clara distinção entre uma discussão meramente lógica das relações entre as várias avaliações e as disciplinas empíricas como a Sociologia e a

Economia. Daí a exigência, segundo ele, que "o professor explicite para os estudantes e para si o sentido de sua ação" (Ibid., p.131). Nega a possibilidade de atingir a objetividade científica mediante o confronto de avaliações ou por um compromisso diplomático entre elas. O meio-termo é o mais equivocado dos procedimentos, típicos nos partidos, no Parlamento, inadequado à universidade.

As ciências normativas ou empíricas, a seu ver, podem auxiliar a ação política na medida em que vinculam tipos de avaliações a um problema prático e que tais ou quais fatos devam ser selecionados da complexidade do real, como fruto de uma opção do pesquisador entre várias posições avaliativas. A problemática da ciência como profissão é vinculada na universidade alemã à trajetória acadêmica do professor/pesquisador, que se submete a um exame da Congregação da escola onde pretende iniciar como *Privatdozent*. Ele é pago por seus alunos, que frequentam seus cursos, desenvolvendo um programa livremente elaborado. Nas faculdades de Medicina ou Ciências Naturais o professor é nomeado "assistente". Na Alemanha um jovem sem capital econômico dificilmente se arrisca a uma carreira acadêmica, pois já no seu início ganha insignificância. Nos EUA, nota Weber, o jovem ganha o correspondente a um operário semiqualificado. Na Alemanha, como nos EUA, ele pode ser despedido, "porém essa ameaça desaparece se ele lotar a casa" (Ibid., p.135).

Para evitar o clientelismo na relação orientando/orientado, Weber enunciou sua prática:

> pessoalmente tenho seguido o princípio de que um estudioso que tenha obtido seu título comigo deve demonstrar seu valor alhures e habilitar-se em outra universidade, com outro professor. Resultou disso que o colega foi rejeitado em outro lugar, pois ninguém acreditou que fosse essa a verdadeira razão de estar tentando habilitar-se lá. (Ibid., p.136)

No caso alemão, o *Privatdozent* ministra os cursos subsidiários, ganhando com isso um tempo imenso destinado à pesquisa; inversamente ocorre nos EUA, onde ele ministra doze horas de aula semanais, sobrando pouco tempo para a pesquisa.

Weber mostra que o sistema universitário alemão segue as trilhas do norte-americano. Os institutos alemães de pesquisa nas Ciências Naturais são empresas capitalistas, "não podem ser administrados sem instalações, equipamentos e outros recursos em larga escala e os resultados são os mesmos que se veem onde quer que se estabeleça o tipo capitalista de organização, isto é, a alienação entre o trabalhador e os meios de produção" (Ibid., p.137). O assistente, assinala Weber, que deve utilizar os meios de produção postos à disposição do Estado, depende do diretor do instituto tanto quanto numa fábrica o empregado depende do gerente (Ibid.). O diretor do instituto o vê como "seu", ele é o patrão, assim pensa.

Daí Weber concluir que "o assistente alemão leva a mais das vezes o mesmo tipo de vida precária que qualquer pessoa em posição de tipo proletário; igualmente, o assistente na universidade norte-americana" (Ibid., p.138). Constante o processo de americanização – diríamos modernização –, em todas as situações em que o erudito é dono de seus meios de produção – sua biblioteca – como os antigos artesãos eram proprietários de suas ferramentas.

A modernização capitalista pela qual passa a universidade condiciona um comportamento altamente diferenciado entre o antigo catedrático e o diretor de uma grande empresa acadêmica capitalista na universidade burocratizada, a partir do início do século XX. Tudo isso converte numa ficção a estrutura tradicional pré-capitalista da universidade do século atual, aduz Weber. Lamenta ainda o fato de que "tantas mediocridades desempenhem papel tão destacado na universidade" (Ibid., p.139).

As comunidades acadêmicas, aduz Weber, têm seus critérios de seleção e, embora ocorram enganos, o número de escolhas acertadas é alto. Medíocres ou oportunistas conquistam cargos quando, como na Alemanha, tanto o rei como o Parlamento funcionam da mesma maneira ou quando uma ditadura revolucionária cria uma situação de fato.

O acadêmico deve ser um bom pesquisador e um bom professor, nota Weber, mas nem sempre isso se dá. O professor tem tanto mais *status* quanto mais alunos tiver para ouvi-lo. Porém, as causas de tanta audiência podem ser bem subjetivas: tom de voz do mestre, capacidade de aglutinação de ouvintes etc.

Weber ressalta que não é possível confundir ciência com democracia. A primeira, por sua condição, exige uma aristocracia do espírito, entendido em Weber que as questões científicas devem ser discutidas com conhecimento de causa, e tal conhecimento pode não ser extensivo a um grande número de pessoas. É por acaso que um grande erudito seja ao mesmo tempo um grande professor.

No texto Weber aborda um dos problemas centrais da universidade alemã entre Bismarck e Hitler: seu antissemitismo. Ao tratar das precondições à carreira acadêmica, comenta: "se for um judeu, se diz a ele: '*lasciate ogni speranza*'" (Ibid., p.142). É o termo com que Dante inicia o capítulo "O inferno" de sua *Divina comédia*: "abandonai quaisquer esperanças".

Weber referia-se ao antissemitismo na universidade alemã de sua época citando o caso de Georg Simmel, que jamais fora indicado para uma cátedra em Berlim, apesar de ser um sociólogo reconhecido. O mesmo ocorrera com Robert Michels, nascido em Colônia e filho de uma família germano-franco-belga. Judeu e socialista, só conseguiu ser admitido como livre-docente na Universidade de Turim sob o patrocínio do economista marxista Achille Loria.

Um candidato à carreira científica universitária necessita possuir qualidades estoicas. Para Weber, ciência implica na mais rigorosa especialização. Nas Ciências Sociais, penetrar em áreas afins é para prover o especialista de hipóteses úteis.

Um saber permanente, argumenta Weber, é algo especializado. "Quem não tiver a capacidade de pôr antolhos em si mesmo e de convencer-se que o destino de sua alma depende de ser correta a sua interpretação de um texto estará sempre alheio à ciência e erudição" (Ibid., p.143). Sem essa paixão, sem "essa sensação de que milhares de anos passarão antes que você ingresse na vida e outros milhares esperarão em silêncio" (Ibid.), isso dependerá da correção da análise científica. Só a dedicação apaixonada tem valor para um ser humano. Essa dedicação é a precondição à produção do conhecimento. O palpite de um diletante pode até ser produtivo, o conhecimento é fruto da vinculação de uma ideia produtiva a um trabalho. Pode ocorrer que tal ideia apareça inesperadamente e isso vale tanto na organização de uma empresa quanto na elaboração de uma ideia científica.

Weber mostra que tanto a intuição de um matemático como a de um artista plástico têm em comum a "mania" de Platão. Uma régua de cálculo ou uma máquina de calcular não criam o matemático nem substituem a criatividade.

Comparando a criação artística com a científica, Weber argumenta que a primeira não conhece a noção de progresso, um quadro que não obedece às leis da perspectiva e nem por isso é "inferior" a outro que a obedeça. Não há obra ultrapassada na esfera artística, enquanto na científica a desatualização do conhecimento é muito rápida, conclui ele. Em suma, o saber científico implica na sua ultrapassagem. O cientista está fadado a trabalhar com paixão na construção de um conhecimento cuja condição de validade é sua transitoriedade, e ser ultrapassado. É a precariedade e a grandeza do conhecimento científico.

Educação e política: a proposta integralista[*]

Toda proposta educacional traz uma mensagem política. Assim é, também, no caso do integralismo.

O integralismo é visto por seus ideólogos como "o maior movimento cultural, social e político do Brasil em todos os tempos" (Salgado et al., 1959, v.1).

Aparece em todos esses escritos um único pensamento: "o da educação integral para o homem integral" (Ibid., p.8). O "homem integral", para os adeptos da doutrina, significa, antes de mais nada,

> ser tomado no conjunto de sua personalidade. E para se ter essa noção de conjunto, temos de considerar o ser humano: 1º) como ele é; 2º) como funciona subjetivamente; 3º) como funciona, para atingir a plena realização de si mesmo no meio social. (Ibid.)

---

[*] *Educação e Sociedade*, n.8, São Paulo/Campinas, Cedes/Cortez/Autores Associados, mar. 1981, p.97-110.

Partindo de Boécio, a doutrina integralista postula ser o homem "uma dualidade consubstancial exprimindo-se numa unidade substancial" (Ibid.), deduzindo ser o homem

> um ser racional, criado à imagem e semelhança de Deus, seu criador, com direitos e deveres inerentes e decorrentes de sua racionalidade e da sua finalidade. O objetivo principal do homem é, portanto, a realização plena de sua personalidade, segundo sua natureza e seu destino. (Ibid.)

O papel da educação, segundos os ideólogos do integralismo, consiste em "dar ao homem os meios para que essa realização se efetive" (Ibid.). Criticando àqueles que falam em "educar para a democracia", "educar para a liberdade", "educar para o socialismo", postulam os ideólogos do Sigma que "só não se fala em preparar o homem para si mesmos" (Ibid., p.9). Transitando para o campo da Sociologia, isto é, do funcionamento do homem no meio social, não só para que este seja beneficiado pelo esforço e cooperação de cada um e de todos, como para que seja cada um beneficiado pela soma e condições de bens comuns que constituem a zona de condomínio de todas as pessoas e grupos naturais (Ibid.).

Assim, postulam os ideólogos integralistas ser no convívio que se exprimem as diversidades de vocações, aptidões, de tipos de inteligência, de temperamento, assim sendo,

> a personalidade individual se fortalece pela sua participação numa família, pela participação no grupo profissional, pela participação na associação cultural, pela participação no município ou na província, na sociedade religiosa, no grupo nacional. (Ibid., p.10)

Assim, a educação tem o "sentido de instruir para maior eficiência na cooperação social" (Ibid.).

Todos os autores da *Enciclopédia integralista* são unânimes em definir "o conceito da educação" como "decorrente da filosofia integralista e dos seus critérios interpretativos dos valores humanos, sociais e nacionais" (Ibid., p.11).

O integralismo se apresenta como um grande movimento de mobilização cultural, pretendendo realizar, no seu projeto de uma revolução conservadora, mudanças de superestrutura sem afetar as infraestruturas, uma revolução cultural pelo avesso, introjetando nos explorados (economicamente) e nos dominados (política e socialmente) a ideologia dominante.

Desde que a sociedade se dividiu em classes, uma característica básica das ideologias dominantes tem sido:
a) uma visão abstrata do "homem" como ontologia, desvinculada das determinações de classe;
b) uma visão da natureza humana, entendida como eterna e perene em substituição a uma visão de condição humana, mutável conforme as determinações de classe e a historicidade que preside essa condição humana;
c) uma visão consensualista de "homem", por meio da qual os fatores como cooperação são privilegiados em detrimento da contradição do social e de sua superação pela práxis;
d) uma naturalização do social é outro ingrediente da ideologia conservadora, daí o conceito de grupo natural substituir o conceito de classe social. A mistificação dos antagonismos sociais se dá no privilegiamento dos chamados bens comuns, constituintes de todas as pessoas e grupos sociais, segundo a linguagem integralista.

A Ação Integralista Brasileira situa-se, antes de mais nada, como um formidável "aparelho ideológico". Publicava ela, entre 1932 e 1937, 8 jornais diários, 5 revistas e 90 semanários em todo o país (Ibid., p.13).

Aparece na arena social quando se dá uma crise de hegemonia entre várias facções da classe dominante brasileira, em que nem a tradicional aristocracia do café tem condições, sozinha, de definir a linha política do Estado, nem o setor industrial tem elementos para, desvinculado dessa aristocracia cafeeira, exercer o poder econômico e político e legitimar-se ante a classe média e o movimento operário.

Como todas as revoluções brasileiras, a de 1930 significou uma "revolução por cima", isto é, um reajuste operado no setor da classe dominante, no seu interior, entre os segmentos industrial, bancário e latifundiário. A emergência dos tenentes, oriundos da pequena burguesia, colocou em xeque o antigo bloco histórico – aristocracia rural, burguesia industrial e setor financeiro –, ao mesmo tempo que o movimento operário, através da sua rede sindical e partidos políticos a eles vinculados (PCB, Federações Sindicais), colocava em xeque a legitimação burguesa do poder.

É nessa crise de hegemonia que segmentos da pequena e alta burguesia procuram novas formas de legitimidade de poder, daí a contestação de direita, a democracia liberal, o socialismo e comunismo; é a Ação Integralista Brasileira o "aparelho" contestador e recuperador do conservadorismo político-social.

Ele se insere no contexto da luta de classes que se opera no país na década de 1920, quando se dá a passagem de um sistema do tipo colonial induzido para outro relativamente autônomo, definindo-se essa década como um período intermediário entre o sistema agrocomercial e o urbano-industrial.

A Primeira República é o café e a política dos governadores definindo a preponderância dos estados de São Paulo e Minas nos quadros políticos do país; traduzia os interesses fundiários desses dois grandes estados. O fundamento econômico da "política dos governadores" foi o Convênio de Taubaté, por meio do qual os estados do Rio, São Paulo e Minas uniram-se para estabelecer normas de ação concertada visando o que chamavam de "valorização do café". Esse convênio dá um caráter intervencionista ao Estado brasileiro, tornando praticamente inviável a prática liberal na área política. Essa "política de valorização do café" foi reinterpretada como o "principal instrumento de domínio de uma classe sobre a máquina estatal", em que o "café com leite" reproduziu a política dos governadores iniciada por

Campos Sales entre 1900 e 1902. A alternância entre presidentes mineiros e paulistas, após Campos Sales, fora rompida, por razões excepcionais, somente com Hermes da Fonseca e Epitácio Pessoa.

A política de "valorização do café" implicava emissões e empréstimos, elevando a produção interna ao nível de superprodução. Esse problema se resolvia pela estocagem do café, que implicava sobrecarregar a rede bancária, com emissões e empréstimos, e o consumidor em geral. A flutuação nos preços do café era contrabalançada por mecanismos estatais, que definiriam uma política de "privatização dos lucros" e "socialização das perdas".

Sem mercado interno, o país vivia voltado ao comércio exterior, daí a expansão da lavoura cafeeira.

A lavoura cafeeira desencadeou um processo de concentração de renda que permitiu, com a desvalorização cambial durante a Primeira Guerra e dificuldades de importação, a eclosão de um novo surto industrial. A disponibilidade de mão de obra e o mercado interno em expansão foram seus pré-requisitos.

A oposição à industrialização toma a forma de defesa do ruralismo, definindo-se que "o Brasil é um país essencialmente agrícola", portanto a produção industrial deve ser deixada para outros países, que assim cumpririam com sua "natureza".

No período compreendido entre 1920 e 1929, as forças do industrialismo já são suficientemente poderosas para ocupar um espaço econômico. O desenvolvimento industrial aparecia como pré-requisito da independência econômica do país.

Na medida em que a produção cafeeira empregava o trabalho imigrante e assalariado, estimulava a expansão do mercado interno. A expansão do mercado interno e das atividades industriais se deu com a transferência de renda do setor agrícola.

Paralelamente o país vivia entre ondas emissionistas e crescimento de empréstimos externos, sob hipoteca de renda de alfândega de portos e docas ou receitas de estradas de ferro.

Desde 1910 aumenta a influência do capital estrangeiro em companhia de ações e na rede bancária, financiamento e comercialização do café; isso sugere aos escritores da época o tema "Brasil, terra saqueada".

O contrato com a Itabira Iron e o litígio com a Port of Pará fazem recrudescer uma atitude anti-imperialista. O imperialismo penetra por meio de investimentos em estradas de ferro, portos e pecuária, tentativa de penetração no setor siderúrgico e internacionalização do Amazonas. A crise de 1929 leva um Brasil especializado na exportação de produtos primários e importação de bens manufaturados à debacle. Essa crise do sistema capitalista mundial repercute no Brasil, afetando a agricultura de exportação e reforçando, por sua vez, o setor industrial e agrícola vinculado ao mercado interno.

Essa "base" econômica é responsável por um processo de formação social – o progresso imigratório – que atuou significativamente na Primeira República. Essa se constituiu em fator qualitativo de peso na mudança do mercado de trabalho e das relações trabalhistas, minou a sociedade patriarcal de base escravista, com o surto industrial e o processo de urbanização concomitante, acelerou a passagem do artesanato à indústria. Ao mesmo tempo, o imigrante se tornou centro difusor de novas ideias no plano social e político.

À industrialização e imigração corresponde a concentração urbana, que num espaço de trinta anos quase triplicou. Esse processo acentua a separação entre cidade e campo, e a ciência e técnica urbanas emergem como pontas de lança contra o ruralismo tradicional. O desenvolvimento do capitalismo e a divisão social do trabalho levam à consolidação da burguesia industrial e à formação do proletariado urbano, além da emergência da pequena burguesia, que encontrará no tenentismo, nacionalismo e integralismo formas de expressão política.

A desagregação dos estamentos corresponde à emergência da sociedade de classes, quando os empresários do café emergem em moldes capitalistas, incentivando o surgimento de uma burguesia mercantil ligada ao mercado interno. Define-se um novo perfil da estratificação social brasileira: a burguesia comercial e industrial, a pequena burguesia urbana e o proletariado industrial ocupam o espaço socioeconômico e isso terá implicações político-ideológicas.

Instala-se a crise da hegemonia: a classe dominante encontra dificuldades em tornar-se classe dirigente. Essa crise transparece através das ideologias contestatórias do sistema: socialismo reformista, socialismo libertário e socialismo autoritário (PCB), e também das ideologias legitimadoras do poder: nacionalismo, tenentismo, catolicismo e integralismo.

O ideário integralista tem como seu pré-requisito estrutural o nacionalismo. Inicia-se com um nacionalismo escolar, em que, através dos livros didáticos, os autores chamam a atenção para "as florestas verdejantes do Brasil" ou para "o gigante deitado eternamente em berço esplêndido". Ao mesmo tempo, esse nacionalismo, através de Olavo Bilac, ressalta a "desgraça de caráter e morte moral" do país, conclamando-o a reagir através da formação da Liga de Defesa Nacional, em 1916.

Acima de qualquer credo e distinção de classe, pretendia ela congregar "todos os brasileiros". Desenvolver o civismo, o culto ao heroísmo, fundar associação de escoteiros e batalhões patrióticos. O "respeito à ordem", a "liberdade sem excessos", por meio dos quais o Brasil, tutelado por uma elite, encontraria "seu destino".

Preocupa-se em combater o analfabetismo para converter o cidadão em eleitor; o voto secreto e obrigatório tornou-se porta-bandeira.

Destacando o destino rural do Brasil, com a divisa "O Brasil para os brasileiros", uniam-se a Liga de Defesa Nacional, a Liga Nacionalista de São Paulo, a revista *Brasileia* e a *Propaganda Nativista*.

A bandeira de "ordem" da "autoridade" é o denominador comum dessas associações nacionalistas, ligado à valorização do mestiço e à volta ao campo como solução à decadência de costumes vinculada à urbanização.

"Pela brasilidade e catolicismo" é o lema que une o nacionalismo a uma corrente de Igreja representada pela revista *A Ordem*, fundada por Jackson de Figueiredo.

O tenentismo, produto da emergência da pequena burguesia e também alimentado pelas dissidências oligárquicas, emerge na crítica à estrutura política arcaica, lutando pela "verdade eleitoral"; contra o regime das "atas falsas", contra a corrupção, significando o ingresso da moral na política brasileira, ou melhor, o moralismo da classe média se faz ouvir através da farda. Encarar o problema político como um problema moral foi o traço de união das dissidências oligárquicas (como o Partido Democrático em São Paulo) e o tenentismo.

Do tenentismo derivariam três linhas de orientação política: Prestes e o futuro PCB, Eduardo Gomes e o liberalismo conservador e as orientações de "direita" que se aglutinariam na Ação Integralista Brasileira.

É em outubro de 1932, em plena reação da oligarquia paulista contra a Revolução de 1930, que surge o "Manifesto Integralista". O integralismo alimenta-se de várias fontes: da oligarquia paulista, que possuía seu reduto na redação do *Correio Paulistano*, onde Plínio Salgado iniciara carreira jornalística, do "clima" nacionalista decorrente dos reflexos da Primeira Guerra, da intensificação da luta de classes e dos mecanismos de defesa da burguesia em oposição às ideologias contestatórias de então. Como precursores do movimento de 1932 figuram o "verde-amarelismo" e a "Revolução da Anta"; o último reage ao primeiro acusando-o de francofilia e revalorizando o indigenismo na formação brasileira. O nacionalismo é o elemento constante do grupo e a procura da "identidade nacional" o principal objetivo; como prevê para o Brasil futuro a sede da prática universal, procura diferenciar-se dos nacionalismos cívicos de tiro de guerra e o "conhecimento do Brasil" se torna a grande tarefa a ser encetada. De certa forma retoma temas críticos relacionados à realidade nacional, já difundidos pelos escritos tenentistas na célebre Coleção Azul, que se constituiu na crítica pequeno-burguesa à realidade brasileira, através de Martins de Almeida (*O Brasil errado*), Virgílio de Santa Rosa (*O sentido do tenentismo*) e Alcindo Sodré (*A gênese da desordem*).

A ascensão da direita em 1930 caracteriza-se pela eclosão de vários movimentos de inspiração fascista, como a Legião Cearense do Trabalho, Ação Social Brasileira (Partido Nacional Fascista), Partido Nacional Sindicalista e um movimento monarquista, Ação Imperial Patrianovista.

Mobilizando pouca gente, essas organizações, de caráter regional, na sua imensa maioria caracterizaram-se por sua contribuição à convergência ideológica da direita.

Assim, na Ação Integralista Brasileira, em números absolutos, a direção regional e nacional era composta na sua maioria por 21 e 41 membros, respectivamente (oriundos da camada média intelectual), enquanto a composição social da Câmara dos Quarenta denotava a predominância originária da mesma camada em número de 24 membros e, por sua vez, a Câmara dos Quatrocentos apresentava 214 membros oriundos da burguesia comercial, 63 da camada média intelectual e 44 da pequena burguesia, vinculada ao estamento burocrático civil e militar. A origem social dos dirigentes no plano nacional e regional afirma a supremacia da camada média urbana, pois a maioria absoluta deles (57,1%) pertencia às profissões liberais (Trindade, 1974).

A organização integralista desempenhava uma função tríplice: dar ao líder meios para dirigir o movimento; realizar uma experiência de organização que é um Estado dentro de um Estado, inspirada na teoria do Estado integral; e ser elemento de integração ideológica dos aderentes.

A posição integralista em relação à educação formal como veículo de integração do aderente à causa e como projeto para a sociedade nacional aparece delineada através do escrito de Backheuser, *Técnica da pedagogia moderna*, não só porque o texto de Backheuser está inserido na doutrina do integralismo, mas pelo fato de ele ter sido presidente da Confederação Católica Brasileira de Educação e um entusiasta fervoroso da obra cultural da Ação Integralista Brasileira. (Salgado et al., 1959, v.9, p.11)

Outro texto significativo a respeito da proposta integralista em educação é um discurso do padre dom Hélder Câmara (hoje elevado à dignidade episcopal), em cujo contexto se encontra a noção social da pedagogia, vinculada a problemas econômicos do regime liberal-burguês capitalista (Ibid., p.11).

Comparece também Belisário Penna, higienista da equipe de Osvaldo Cruz, "camisa-verde dos mais convictos e membro da Câmara dos Quarenta" (Ibid., p.12).

Backheuser lamenta a desagregação do lar antigo, típico e formoso, que se desmorona com a vitória da democracia voraz e ávida de lucros, geradora de ambições de dinheiro e de mando. As mães, forçadas ao trabalho externo, vão perdendo a preponderância (Ibid., p.17). Porém, não é só por precisarem, por não terem tempo ou competência que os pais devem mandar os filhos a estabelecimentos de ensino, segundo ele; educada em casa, a criança perde a noção da solidariedade humana (Ibid., p.18). Coloca-se em antagonismo ao Emílio de Rousseau "que não pode a esse título ser indicado como precursor da Escola Nova" (Ibid., p.18). Enquanto nos Estados aristocráticos havia lugar para educação caseira, com preceptores e mestres da especialidade, nas democracias a instrução deveria se processar em estabelecimentos de convivência social infantil, isto é, nas escolas, nos colégios, nos internatos educacionais (Ibid.). Pois, para Backheuser, é na escola que se forma o cidadão.

Para ele, a escola será

> o ambiente em que se coordenam e se fortalecem os pendores sociais dos indivíduos, sem perder de vista a formação da personalidade. Cabe à escola mostrar que o homem é sempre membro

de uma comunidade social, comunidade essa que começa fundamentalmente na família e se alarga ao pequeno grupo de pessoas com os mesmos interesses de classe ou clã, até a pátria, isto é, ao Estado, grande comunidade que abraça todas as demais que nela se agitam, até a humanidade. (Ibid., p.19)

O discurso integralista de Backheuser condena a desagregação da família tradicional, fruto do capitalismo, atribuindo a causa à democracia e não a relações capitalistas de produção, que convertem a família proletária num "grupo de trabalho" na medida em que a mulher como mãe ou filha e os filhos, antes de mais nada, são mão de obra potencial para o sistema, por cuja produção e reprodução a família é responsável. Ao lamentar a desagregação familiar, Backheuser não deixa de enfatizar a noção de família como grupo primário natural, naturalizando assim o social e desvinculando a categoria família de suas determinações sociais de classe.

A hierarquia, a divisão do trabalho, o autoritarismo, já estão implantados na família, daí são transferidos à escola e desta à fábrica ou à administração pública. Nesse sentido, a família funciona também como "aparelho ideológico" em que as ideias das classes dominantes se transformam em ideias dominantes.

Prega ele a realização da educação integral, entendida como a valorização da:
a) iniciativa
b) cooperação
c) o preparo para a vida, pela vida.

Opõe cooperação a isolamento, é "o trabalho em fraternal convívio" (Ibid., p.24).

Acentua ele os fatores de cooperação no fenômeno educacional, ocupando o espaço pedagógico, enquanto os fatores de contradição sócio-pedagógicos, o conflito, são evitados no seu discurso. Vê no conceito "educação integral" da "Escola Nova" a secularização da pedagogia tomista, embora jamais "os partidários da psicologia científica (positivista) tenham deixado de considerar a necessidade do integralismo de educação" (Ibid., p.26).

Backheuser amplia abusivamente o conceito "educação integral" (pregado pela Escola Nova e vinculado a uma proposta política liberal e não autoritária) a integralismo, que se constitui na negação da primeira.

Na sua *Pedagogia integralista*, dom Helder Câmara critica a pedagogia liberal, desmistificando a desigualdade social básica, que, em sua opinião, poderia ser remediada pela intervenção estatal. Assim, "de que vale a harmonia de classe ensinada pela escola, se, na vida, quando as ganâncias e competições recalcam os líricos altruísmos, o governo não intervém de modo claro e eficiente?" (Ibid., p.31). Salientando a ignomínia que consiste em "fazer crer que simples aprendizagem de técnicas modernas e o desenvolvimento da iniciativa são capazes de romper as pressões do meio e abrir claros para uma vida melhor" (Ibid., p.30).

Mostrando claramente as determinações sociais da educação, critica aqueles educadores que pecam por "pedagogismo", ou seja, desvinculam a educação da totalidade econômico-social, automatizando-a a ponto de sugerir a possibilidade de mudança isolada do todo:

> Quanta ilusão entre educadores sinceros e devotados! Dir-se-ia que eles se alheiam da vida real. Temendo, talvez, invasões da política no terreno sagrado da educação, não percebem que debalde se tentará a modificação de uma ordem estabelecida pela simples mudança da escola, uma das forças, uma só, do meio social trabalhando por influências bem maiores. (Ibid., p.31)

Não só ele define a educação como fenômeno político, como também mostra a inconsistência das propostas de educação física: "como entendê-la sem alimentação conveniente, sem veste própria e sem habitação?" (Ibid.). Também critica a puerilidade de falar em educação intelectual:

> Para quê, se o operário será uma máquina sem direito de ser homem, nem possibilidade de ter ideias e de ilustrar-se? Nem se nos acene para as belezas aparentes de sistemas à Ford ou à Hoover. Pensamos na grande massa abandonada pela economia liberal. (Ibid.)

Demonstrando as falácias educacionais da Escola Nova, dom Hélder propõe a pedagogia integralista, pois "nós temos que salvar a pedagogia moderna nos seus legítimos anseios" (Ibid., p.32).

Não deixa de criticar a pedagogia soviética, embora reconheça seus méritos:

> a pedagogia da Rússia é diabólica, mas é muito mais decidida e coerente do que a da América do Norte. Para eles uma estrutura única é fundamental – a economia. O homem não é propriamente o homem que pensa, que descobre belezas, educa ou reza. Antes de tudo e, acima de tudo, é o animal que cria sempre meios novos de produzir mais com esforço menor. O homem econômico. (Ibid.)

Sua ambiguidade ante a pedagogia soviética – diabólica, porém decidida –, sua ênfase em vincular o materialismo histórico ao economicismo, situam-se no nível crítico da direita da época a Marx, atribuindo a ele um conceito de "homem econômico", que pertence ao universo de discurso da economia clássica inglesa, que entendia o ato econômico como ato puro. Reagindo a ela, Marx define o materialismo histórico em que a produção e reprodução da vida real, a inteligência e a ciência se constituem em forças produtivas, escapando ao reducionismo economista que seus críticos o colocam *post-mortem*.

Qual a saída para a educação? Propõe dom Hélder:

> Coerentes e justos só os educadores integralistas que ultrapassando as vacilações criminosas dos mestres burgueses, não

iremos aos excessos dos mestres russos ou ainda menos, como é o caso comum, dos considerados grandes mestres da pedagogia renovada. (Ibid., p.34)

Rejeitando o radicalismo soviético no plano da educação e a timidez da Escola Nova, presa ao liberalismo burguês, recusa-se a reajustar a sociedade a partir da escola, propondo um "regime de justiça social, sem predomínio exclusivista de classe alguma e com possibilidades verdadeiras de todas as classes se harmonizarem" (Ibid., p.35).

Esse regime estaria acima das determinações de classes; estas harmonizariam seus interesses. A base desse projeto de "harmonia social" estaria definida "só quando todos os grupos estiverem organizados sob tutela de um governo firme, podemos crer em harmonia e colaboração" (Ibid.).

É o Estado tutelar, que aparece para o autor como fiador da harmonia entre as classes. Esse Estado estaria situado acima das classes.

Dom Hélder prega a organização da família, que tanto o regime burguês e os sovietes negam, segundo ele. Ao mesmo tempo, prega "a incorporação do ensino religioso no todo da aprendizagem" (Ibid., p.36). Assim, o Estado acima das classes teria a seu lado a Igreja, com o ensino religioso obrigatório. Os preços desses "benefícios"? A isso ele responde, aduzindo que "recompensas materiais, o integralismo não tem para vós (professores camisas-verdes). Sofrimentos sem conta encontrareis em vosso caminho" (Ibid.).

Exorta as mestras a colher fachos de luz imaculada e pura no alto das montanhas, contemplar de mais perto o bom Deus.

A educação da mulher é vista como qualitativamente diferente da educação do homem, eis que, embora possuindo idêntica natureza social, apresenta diversidade psicológica; assim, segundo psicólogos e sociólogos, "o traço característico do temperamento feminino reside no seu 'alterocentrismo' ou no senso maternal" (Ibid., p.68). Viva a mãe, abaixo a mulher, é o lema do integralismo, pois "a vocação maternal, educativa, define a fisionomia própria da mulher" (Ibid.).

Divisão de papéis sexuais condicionados socialmente, que são vistos pela autora como resultado de vocação, atribuindo à mulher, como característica específica, "predisposição à mística, ao amor absoluto, aos sacrifícios e renúncias totais" (Ibid.).

Define assim uma imagem de mulher, típica do patriarcalismo, que se definia pelo homem dominador, filho aterrado e mulher submissa; porém, a família patriarcal é um momento da família, que tende a ser negado pela mudança social.

A isso, se alia o moralismo. Assim a

> seminudez das mulheres nos bailes, teatros e banquetes, a quase nudez nas praias, a representação nas telas dos cinemas de atos os mais íntimos, as cenas de amores e beijos, têm requintes de lascívia, são atestados de relaxamento moral da época presente, uma provocação libidinosa, uma afronta ao pudor, o perfume delicado, o talismã com que a mulher consegue impor-se ao respeito e estima dos homens. (Ibid., p.42-3)

Essa crítica moralizante do integralismo no âmbito dos costumes mostra o nível de autorrepressão que o movimento impunha aos seus membros; quem não permite a si liberdade não pode permiti-la a outro. Essa imagem "idealizada" da mulher que o integralismo mantém e difunde corresponde, ao mesmo tempo, a uma visão moralista do social.

O integralismo crítica o liberalismo: "jamais cuidou da formação da criança. Finge dar-lhe uma educação que apregoa destinada à democracia, mas o que lhe dá é uma educação perigosa, pois, sendo ela de uma finalidade neutra, acarreta resultados destrutivos" (Ibid., p.74).

Contrapõe à neutralidade do liberalismo em matéria de educação o que chama de "formação pliniana", educar a criança absolutamente integrada na plenitude dos ideais do Sigma, para que seja um brasileiro consciente de suas energias vitais, energias que ele, desde muito cedo, alimentou e orientou para o sentido de construir uma pátria consciente, também dos seus destinos magníficos (Ibid.).

O fenômeno educacional visto como inculcação ideológica através do líder carismático é concomitante ao ufanismo dos "destinos magníficos" da pátria. Em suma, "orientar e disciplinar a liberdade, eis a substância da formação pliniana" (Ibid., p.76).

Como a liberdade é uma e indivisível, "orientá-la" ou "discipliná-la" significa na prática a não liberdade, o despotismo.

Em suma, a proposta integralista na área de educação é perfilada pela ideologia da família patriarcal, pela aceitação das formas corporativas de organização do trabalho e sociedade, pela inculcação dos valores ideológicos do movimento, em que o ufanismo nacionalista, a mística do líder carismático, a supervalorização dos símbolos (camisas verdes, bandeiras), a formação militar de seus adeptos e a saudação com o braço estendido situam-no como um movimento similar ao fascista na Europa. Acrescentamos, apenas, que os fascistas europeus foram hegemônicos em países que realizaram seu processo de capitalização "por cima", mediante a integração da aristocracia e burguesia (Itália e Alemanha). Na América Latina, onde a revolução burguesa até hoje não se completou e jamais se completará enquanto burguesa, o fenômeno direitista corresponde ao anticapitalismo romântico de fundo ruralista num capitalismo hiper-retardatário. O fascismo europeu estava vinculado a uma economia em direção à guerra, o "fascismo caseiro" a um ideal de volta aos campos, em suma, a uma fantasia regressiva à época do capital monopolista.

O conhecimento expropriado e reapropriado pela classe operária*

O problema do ensino é um problema dos adultos, é por meio dele que procuram perpetuar determinada ordem social; é um sistema fechado, produtivista, que só procura sua reprodução. Também se situa nesse contexto o problema dos "professores", que durante anos aprenderam a ensinar e entendem por ensino aquilo que necessitam ensinar, isto é, ensinam a si próprios para assegurar pessoalmente suas posições e perpetuar-se como grupo.

Não se trata de discutir como, onde e quem ensinar, a questão é outra: como aprender, onde e com quem aprender. O primeiro enfoque é autoritário, base tanto da ordenação educacional vigente como das alternativas pretensamente democráticas.

Esse processo autoritário de manipulações daqueles que se dispõem a receber algo – ou a isso obrigados – extravasa os

---

* *Caderno de Debate*, n.8, São Paulo, Brasiliense, 1980, p.77-87.

limites que a si mesmo traçou o sistema de ensino. Sua análise crítica implica compreender a ação da comunicação da massa, da família na sua atual estrutura, do mundo de funcionamento das empresas, através das quais uma ordem social desigual é reproduzida, substituindo os valores da cultura popular pelo ensino acima definido.

O capitalismo no seu processo de desenvolvimento separou da vida produtiva a criação e a transmissão da cultura, sequestrou o corpo de conhecimentos, cuja origem é social, em instituições privadas ou estatais; daí a emergência da instituição escolar como diferenciada, com a pretensão de monopolizar a aprendizagem e a integração social. O exercício e o controle desse monopólio acadêmico é entregue ao Estado. Assim, o acesso à cultura se identifica com o cumprimento de uma legislação, a obediência a normas, o consumo de algo definido como "ensino" pelos chamados "órgãos competentes". A existência do ensino como sistema inverte os polos de atenção. Do indivíduo que necessita aprender, ter experiência das coisas, relacionar-se com outros, passa-se a se enfatizar o sistema. Com base nessa premissa, qualquer realização de projeto educativo assume formas autoritárias, em que cada um tem que se encaixar na "máquina" devorante. Um universo de alienações é oferecido ao indivíduo.

Daí surgirá um universo de *falsas identificações*: identificar aprender com ser ensinado, valer para alguma coisa com ser reconhecido como válido pelos títulos outorgados pelo sistema, ser inteligente com assistir aulas e submeter-se a exames, o grau de cultura de um país com a porcentagem da população escolarizada. O ensino como sistema, em suma, tende a alienar os indivíduos ao produtivo dominante.

Não se questiona o grau de significação de um ensino sistematizado, a que interesses serve, nem sequer se satisfaz seu próprio objetivo explícito: transmitir conhecimentos. Parece cristalino que a quantidade de coisas a que tal sistema impede o acesso é muito maior do que aquilo que transmite; sob o pretexto de eliminar a ignorância científica, substitui-a por uma ignorância titulada.

Mesmo na estrutura do ensino pago são os produtos, a coletividade, que mantêm o corpo professoral, a burocracia dos diretores, inspetores e inspetores dos inspetores; a escola assume formas de uma igreja secularizada. A escola cada vez mais assume sua função de "aparelho ideológico" que inculca maneiras de pensar, sentir e agir das classes dominantes como sendo da "sociedade" global.

Para essa falsa universalização contribuem não só o conteúdo do que é ensinado, mas a forma, sua própria estruturação interna: programas de ensino, avaliação de ensino, relação entre professor e aluno, definição de cursos, escalonamento de horários.

Ginásios, colégios e universidades: delimitam a área do saber "legítimo". Assim o saber, que se constitui inicialmente como prática coletiva social, passa a ser algo que se "constrói" nesses centros especializados separados da totalidade do social.

Programas: o conhecimento das coisas não se dá pela experiência direta do educando, mas pelo consumo dosificado de um produto previamente elaborado e administrado na forma de programa. Só é "importante" o que os "outros" definem como importante ou o que alguém "importante" possa ensinar.

Exames e títulos: saber significa memorizar e dar conta a alguém disso. Daí a tensão sadomasoquista que caracteriza o exame como rito de passagem.

Relação entre professor e aluno: medida pelas instituições burocráticas, reproduz a relação dominante *versus* dominado da estrutura maior. A isso contribui o desenvolvimento do "corpo professor" enquanto estamento burocrático que, pretendendo monopolizar a transmissão do conhecimento – na realidade a sequestra – substitui-a pela "necessidade" da existência de si mesmo como "separado" do social.

Horários e estrutura de cursos: os centros docentes não só programam as atividades de ensino como também o lazer; reproduzem a vida escrava de uma semana de trabalho e fim de semana "livre" das empresas. A sucessão interminável de cursos, alguns sem maior sentido "específico", implica a renúncia a um presente satisfatório como condição de um futuro que sempre fica para depois. O parcelamento do estudo por disciplinas específicas desvinculadas da totalidade tem a função de inculcar a divisão social do trabalho da empresa na futura mão de obra que a escola prepara ou mantém em "hibernação", na sua função de "pacificação social".

O sistema escolar se constitui hoje numa indústria cultural, pelo montante de capitais investidos, pelo patrimônio das instituições mantenedoras e pelo número de pessoas que reduz à condição de alunos.

O processo de produção da mercadoria escolar em nada difere da função de bens não simbólicos, como automóveis, aviões ou máquinas de lavar roupas.

A pessoa reduzida à condição de aluno se vê esvaziada, atua como matéria-prima gratuita, através da pressão social pela escolarização. É uma mercadoria tanto mais valiosa quanto mais tempo foi retida pelo "aparelho escolar", quanto maior elaboração sofreu. O tratamento dessa matéria-prima gratuita – o aluno – pressupõe uma tecnologia sofisticada. O número de usinas do saber (conhecidas como ginásios, colégios, faculdades) se multiplica, a tecnologia escolar se amplia, as multinacionais invadem a educação através de sofisticados aparelhos audiovisuais, *tapes* e vídeos de todo tipo, livros de texto, técnicas pedagógicas, gabinetes psicológicos, e os especialistas no tratamento dessa matéria prima – o aluno –, os professores e demais "trabalhadores do ensino", são sempre insuficientes.

Os investimentos nessa indústria são sempre escassos, seu volume exige técnicas de planejamento sofisticadas, que realizam a Santa Aliança entre saber e poder. O produto à venda é titulado, independentemente do grau. O ex-aluno com seu título tem seu preço e entra como mercadoria a mais no mercado de bens simbólicos. Sua venda se realiza através de sua condição de assalariado. Assalariado tão alienado quanto o operário em relação aos meios de produção, na qualidade, por exemplo, de pesquisador separado dos meios de pesquisa, que são propriedade privada ou burocrático-estatal.

Porém, a mercadoria produzida não só é matéria de consumo, mas é produtiva por sua vez, eis que o título e a inculcação tornam-na mão de obra adaptada ao taylorismo intelectual que reproduz o material. Os produtos mais elaborados, os titulados de alto nível (mestres, doutores, adjuntos, titulares), ocupam os postos que pressupõem poder sobre os titulados menos elaborados. Embora a usina afirme desconhecer a origem de classe na elaboração da matéria-prima – o aluno – através da chamada "democratização do ensino", por meio da qual quem paga passa, reproduz a estrutura de classes quando o produto final (diplomado) vai ocupar os lugares a ele hierarquicamente definidos, enquanto técnico e especialista.

Dá-se a progressiva racionalização do sistema de produção da mercadoria escolar, tendendo a extrair dela o rendimento máximo, reforçando a submissão do trabalho ao capital; daí a educação, que é trabalho humano, aparecer ante os ideológicos conservadores da economia da educação como capital humano, numa suprema falácia.

A submissão do trabalho e do trabalhador intelectual às leis da reprodução do capital, à hierarquização social e do trabalho, a aquisição do hábito do consumo compulsivo, começando pelos títulos, a divisão do trabalho e a subordinação do individual e específico ao abstrato e genérico da "razão burocrática", se constituem nas molas do sistema.

É de se acentuar o taylorismo intelectual, a divisão do conhecimento em compartimentos estanques definidos pelos nomes das disciplinas contidas nos programas de curso, que transforma o professor, o trabalhador de ensino, num tipo social tão premido pela divisão social do trabalho intelectual quanto o trabalhador do vidro ou o metalúrgico, premidos pela divisão material do trabalho.

A situação do pesquisador, universitário ou não, não é basicamente diferente. A pesquisa numa sociedade de classes tende a servir à reprodução da dominação. Os resultados obtidos pelos cientistas não são mais do que a transformação em fatos de recursos procedentes da classe trabalhadora, e que contribuem a médio ou longo prazo para aumentar o grau de exploração que ela sofre. Exploração à qual não foge o pesquisador, inserido num universo burocrático e alienante.

As pesquisas nas universidades, nos órgãos privados, são atualmente relativamente secundárias em relação às multinacionais que mantêm seus centros de pesquisa nas metrópoles. Eis que às burguesias do Terceiro Mundo é mais barata a adoção de tecnologias das metrópoles do que a adoção de tecnologias alternativas. Com isso aumenta a dependência do Terceiro Mundo das metrópoles, com a obrigatoriedade do pagamento de patentes, *royalties* etc.

Por sua vez, o pesquisador em nada participa da elaboração e planejamento do seu objeto. Poucos cérebros, na cúpula das universidades e institutos de financiamento à pesquisa, decidem. A estrutura da pesquisa (produção de conhecimentos) reproduz a estrutura do ensino (reprodução de conhecimentos). Há um processo de expropriação do conhecimento cuja origem é social, porém aparece mediatizado por instituições burocráticas ou privadas. A delegação a especialistas do conhecimento de práticas que no início eram comunitárias e hoje não o são, como a medicina elementar, a arte popular, tem o condão de levar a ignorância a número maior de pessoas.

O que se pretende é uma aprendizagem baseada na união indissolúvel entre o trabalho e a pesquisa, teórica e prática, contrariamente às segmentações clássicas, tayloristas e produtivas.

É a reafirmação dos princípios educacionais da Associação Internacional dos Trabalhadores, na sua defesa de uma "educação integral e igualitária" como condição da autoemancipação dos trabalhadores e, portanto, de toda a sociedade. Não se trata de introdução de artes manuais nas academias, nem de parcializações acadêmicas, mas de definir temas a partir de centros de interesse comuns e significativos, e de a estruturação da apreensão do conhecimento se dar como consequência desse processo.

Para tal, é necessário contrapor uma educação crítica. Da mesma maneira que o movimento que produz e reproduz o capital leva à produção e ampliação do trabalhador coletivo, na educação o mesmo movimento que produz a pedagogia burocrática cria condições para a emergência de uma pedagogia antiburocrática fundada na:

autogestão – supõe a gestão da educação pelos envolvidos no processo educacional; isso significa a devolução do processo de aprendizagem às comunidades onde o indivíduo se desenvolve (bairro, local de trabalho);

autonomia do indivíduo – o indivíduo não é meio, é o fim em si mesmo. No universo das coisas (mercadorias) tudo tem um preço, porém só o homem tem uma dignidade. Negação total de prêmios ou punições;

solidariedade – da mesma maneira que o capitalismo cria a competição entre os trabalhadores, para superá-la eles desenvolvem formas de solidariedade – sindicatos, por exemplo –; daí a educação autogestionária fundar-se prioritariamente não na competição e sim na solidariedade; ser uma educação crítica permanente das próprias formas educativas; antiautoritária, preocupando-se em desenvolver as potencialidades de cada um – eis que o indivíduo não vale tanto pelo que sabe quanto pelas precondições que tenha para saber mais –; e globalizante, não restrita ao taylorismo intelectual.

Esses objetivos aliam-se à autogestão do ensino, em que tenham poder decisórios os envolvidos diretamente com o ensino (alunos, professores, pais); daí a necessidade das associações de bairro participarem do controle desses centros de educação.

Deve-se lutar pela educação gratuita, pois só ela realiza o direito à educação por parte de todos. Descategorização dos professores, superação de sua divisão em categorias. Tudo isso liga-se à necessidade da existência da liberdade sindical, por meio da qual os trabalhadores na educação possam organizar-se livremente e lutar pelos interesses da educação.

Deve-se evitar a emergência de "novos patrões" e "dirigidos", como "vanguardas", "elites" e "intelectuais", carismaticamente qualificados ou não, criando estruturas em que a ação se faça pela concordância de todos e não pela imposição de cima para baixo.

Para isso constituiu-se em 1976 na Espanha o Sindicato do Ensino da CNT (Confederação Nacional do Trabalho), que tem como objetivos básicos: devolver a educação à sociedade, ação fundada na autogestão, oposição ao autoritarismo, a união do trabalho intelectual e manual, superação do dualismo professor--aluno. Nesse sentido desenvolveu campanha contra o sistema de exames que se constitui no "batismo burocrático do saber".

O sindicato foi fruto de um movimento de massa surgido nas diversas manifestações de protesto contra a elevação das matrículas, singularizando-se por sua reivindicação de livre entrada gratuita de qualquer tipo de ensino, questionando os mecanismos de avaliação e seletivos e a titulação como fonte de privilégios.

Trata-se da negação do sistema de ensino e a devolução da aprendizagem aos diretamente interessados: indivíduos, grupos e suas organizações autônomas. Daí que a finalidade do sindicato do ensino é seu desaparecimento, na medida em que se constitui como "corpo" tecnocrático à margem da luta dos trabalhadores, após ter substituído as instituições educativas que sequestram o processo do conhecimento, dissolvendo-as nas atividades da vida social.

A pedagogia fundada na autogestão é incompatível com qualquer tipo de autoritarismo, daí que todos os membros do sindicato têm iguais direitos e deveres, funções que não se constituem em cargos, em hierarquia diferencial. Ninguém manda ou obedece, tudo é decidido pela assembleia, que decide o que se irá executar; o sindicato do ensino se estrutura num conjunto de assembleias ou grupos autônomos com relação direta e solidária entre si. Na medida que o sindicato combate o taylorismo intelectual, combate a organização separada e a compartimentação dos movimentos de "estudantes", "professores", "pessoal não docente"; todos lutam pelos mesmos objetivos nos quadros da CNT, diluindo-se o sindicato do ensino no conjunto dos restantes sindicatos.

É responsabilidade de todos os militantes do sindicato realizar de forma rotativa as funções, assumindo coletivamente os serviços que o funcionamento do sindicato requer: limpeza dos locais, cópias mecanográficas, atas.

Nos locais de pouca densidade demográfica formam-se comitês ou sindicatos de ensino da comarca. Esses sindicatos, para maior eficiência, alternam as Assembleias Gerais com as Comissões de Estudo, onde se definem petições às Assembleias Gerais. Tanto as comissões como as secretarias carecem de poder decisório, que está nas mãos das Assembleias Gerais.

O sindicato do ensino da comarca possui quatro seções: Jardins de Infância, aglutinando pessoal docente, discente e não docente da pré-escola; Escolas Racionalistas, educação pelo trabalho; e Ateneus Libertários, aglutinando os interessados em suprimir o ensino burocrático-parcelado e instituir um processo em que a cultura seja patrimônio da coletividade. Fundam-se nos bairros. Como as Escolas Racionalistas, os Ateneus Libertários poderão se constituir em federação.

No campo da pesquisa, a proposta é que o sindicato do pessoal de saúde articule sua seção de pesquisa, o de arquitetura ou engenharia pertença à Seção de Pesquisa do Sindicato de Construção, o das ciências da informação pertença ao Sindicato de Comunicação e Artes. As seções de pesquisa de cada sindicato poderão compor a Federação de Pesquisa. Só dessa forma é possível superar a separação entre o trabalho manual e o intelectual, devolvendo aos grupos o processo de produção do conhecimento. Os sindicatos para isso contarão com seus intelectuais "orgânicos", envolvidos em projetos socialmente úteis, artisticamente criativos e cientificamente estimulantes, em que ciência e técnica conjugam-se articuladamente.

Os sindicatos locais de ensino se constituem em cada cidade ou conjunto de bairros; são formados pelos que trabalham em educação pré-primária, Escolas Racionalistas e Ateneus Libertários de uma localidade, e mais os que fazem parte da seção de "pesquisa" do sindicato de ensino – residindo na mesma localidade.

Cria-se o comitê local de ensino, depois o sindicato local de ensino. Criam-se coletivos da CNT nas escolas, colégios, institutos e faculdades em que haja número suficiente de militantes. Sua função é fecundar as Assembleias Gerais de seu centro respectivo, que se constituem na única estrutura válida para adotar decisões unitárias. O que significa que a aprendizagem não tem por término aquilo que a acumulação do capital assinala ou que a burocracia estatal define, sendo realmente "permanente". Daí que o Sindicato de Ensino da CNT seja aberto àquele que queira participar desse processo, independentemente de ser professor, aluno, pessoal não docente ou vizinho de bairro.

Há uma rede de escolas populares que se constituem em: grupos de alfabetização; cursos de primário para adultos – todo centro onde se desenvolvam seminários e funcionem grupos de estudo sem base em qualquer titulação; e centros de "tempo livre" para crianças. Em Madri e arredores já existem 34 Escolas Populares; calculamos que ao todo existam mais de 50. Funcionam em paróquias, locais alugados, a partir das 8 horas nos bairros operários e das 6 nos outros; os alunos recrutam-se:
a) maioria de operários industriais nos bairros operários;
b) maioria de funcionários administrativos nos bairros de classe média baixa;
c) maioria de empregadas domésticas nos bairros burgueses.
A média global de alunos situa-se entre 20 e 45 anos.

A maioria dos "professores", "monitores" e "técnicos" é de universitários (estudantes e técnicos). A tendência é substituí-los por pessoal do bairro, ou pelo menos, que vá viver lá. Há experiências de "alunos" de cursos "superiores" serem professores nos cursos chamados "inferiores".

Nas Escolas Populares há uma tendência crescente: crítica ao paternalismo, aumento da politização, das relações com os bairros, pesquisa pedagógica e elaboração do material, consciência da luta na frente ideológica e o problema da manifestação, consciência do papel básico da assembleia e expectativas autogestionárias, experiência coletiva e alternativa.

A primeira experiência de Escolas Populares começou em 1974-1975, girando em torno de Paulo Freire. A partir de cursos sobre sua obra ministrados por um grupo de professores, cresceu o número de pessoas. Realizaram-se assembleias conjuntas de várias Escolas Populares. Daí criou-se consciência da necessidade de formação de equipes pedagógicas que pesquisassem sobre metodologias ativas e antiautoritárias, abertas a todos os interessados em participar. Daí a importância do movimento de Escolas Populares, a promoção de assembleias, atividades culturais e seminários; a importância da criação de centros de informação sobre necessidade de "professores" sobre atividades culturais.

Tudo isso tende a converter as Escolas Populares em "centros culturais" autogestionados por bairros; ao mesmo tempo trata-se de apoiar os movimentos de mulheres, minorias raciais, em suma, as mobilizações de caráter social antiautoritário que se constituem em práticas sociais não repressivas, nas quais a pedagogia ocupa um plano significativo.

Tudo isso é encaminhado paralelamente ao questionamento crítico da planificação dirigida, independente do interesse dos usuários; competitividade dominante do ensino; seletividade, massificação e despersonalização; mitificação de teorias enlatadas e alienação, superespecialização e produção e reprodução de tecnoburocratas do conhecimento; o próprio conhecimento visto sob a ótica do consumo, a reprodução de princípios autoritários, hierárquicos e mercantilistas; e o isolamento do meio rural com predomínio da cidade sobre o campo, mesmo quando a educação encontra no campo seu meio apropriado.

Contraposto a isso, se dá a luta pela auto-organização do ensino entendido como um processo dialético entre base e direção. A luta se dá pelo papel dirigente das assembleias como marco auto-organizatório da luta, e as assembleias de delegados eleitos e revogáveis como órgão de coordenação – sem maior poder de decisão do que o conferido pelas bases – para a unidade de ação. Isso implica única atividade educacional não estrita às salas de aula, aos muros da escola, mas em contato com os bairros, Ateneus Libertários, outros sindicatos.

Isso pressupõe a luta pela abolição da hierarquia professoral, divisão com a qual o poder conta para reproduzir-se. Questionamento do sistema de exames, com o qual se idiotiza um pouco mais as pessoas, ato eminentemente repressivo coberto de "boa consciência" pedagógica, que significa levar as pessoas a interiorizarem como necessário um Estado onipotente e onissapiente que completa o aspecto todo-poderoso da instituição universitária de cumprir com sua missão seletiva. É sabido que o sistema de provas nada prova, unicamente legitima no plano formal um sistema baseado na divisão entre quem manda e quem é mandado. A universidade não pode continuar sendo uma fábrica de desempregados diplomados e de quadros da opressão e da exploração do trabalhador. Não basta reivindicar mais recursos para ela, é necessário perguntar por que e para quê.

Assim, a formação de grupos de trabalho como forma de ação anti-individualista e anticompetitiva, cursos paralelos onde for possível e grupos espontâneos formados para pesquisar surge por necessidade real de conhecimento.

A CNT, que luta por um sindicalismo autônomo fundado no princípio de que "a libertação dos trabalhadores tem que ser obra dos próprios trabalhadores", não prescinde da participação estudantil nas assembleias e no sindicalismo do ensino. Essa participação estudantil é a única garantia de que o sindicalismo do ensino não será integrado às funções atribuídas pela sociedade de classes, isto é, transmitir a obediência aos poderes e selecionar os detentores de titulações acadêmicas.

No fundo a CNT propugna pela criação de escolas racionalistas do nível de primeiro e segundo graus, fundadas na pedagogia de Francisco Ferrer: solidarismo e uma educação sem prêmios ou castigos, a igualdade na liberdade; a integração da universidade às esferas produtivas, participando das comunidades de bairro na transformação dos atuais centros em ateneus libertários.

Isso só pode vingar a partir de um movimento de base, pois comissões deliberativas e sindicatos controlados de cima para baixo de nada servem, a não ser a quem os criou: os de cima.

O objetivo central permanece sendo a autogestão pedagógica, a realização da aprendizagem coletiva e individual, controlada pelos grupos interessados, sem a mediação e tutela do Estado ou intermediários privados. Pois à liberdade se vai pelos caminhos da liberdade, as vias autoritárias só conduzem ao autoritarismo. Da mesma forma o ensino privado não se constitui em alternativa; em nome da liberdade de escolha ele se legitima, porém é caso de perguntar: que liberdade tem um trabalhador para enviar seu filho a um colégio pago?

Em suma, a prática da CNT se constitui num elemento de primeira importância para a recuperação do conhecimento, que é social nas condições de sua produção e reprodução, porém é sequestrado por instituições privadas ou estatais e burocráticas, descrevendo o mesmo movimento da mercadoria: produzida pelo produtor, volta-se contra ele e o esmaga.

Quando o operário faz a educação[*]

A consciência social e política do trabalhador é formada através do processo de trabalho no interior da fábrica. Enquanto o patronato divide-o através da hierarquia salarial e da repressão administrativa, de outro lado a independência no processo de trabalho permite sua auto-organização.

É através de grupos de fábricas (comissão de fábrica) que o trabalhador se apresenta, enquanto nos partidos políticos ele só se representa. A auto-organização do trabalhador é a condição de recuperação do saber por uma classe a quem a classe dominante só permite o fazer. A união do fazer (prática) e do saber (teoria) é o ponto de partida e chegada da auto-organização do trabalhador por meio da comissão de fábrica.

A ideia central da mesa foi a seguinte: não convidar intelectual para falar e sim ouvir o operário. Porque não há lugar onde

---

[*] *Cadernos de Pesquisa*, n.47, São Paulo, Fundação Carlos Chagas, nov. 1983.

se fala mais de operário que a universidade. Na hora de conferência, em simpósio, se fala sobre o trabalhador, mas ninguém convida o trabalhador para se apresentar. O que irrita é você ver muito "representante" de trabalhador. Geralmente da boa pequena burguesia, que é a nossa classe, falando em nome dele. Daí decorre uma sugestão construtiva aos outros companheiros das universidades: quando tiver simpósio, conferência, mesa redonda, debate, lembrar que tem trabalhador que, apesar disso, pensa. Ele não só faz, pensa. É importante convidar trabalhador para se apresentar e não o Tragtenberg, a Chaui. Toda vez que você carismatiza alguém, você faz o jogo do sistema, e também você deixa de pensar e transfere a sua autonomia de pensar e agir para o "iluminado", que você espera que "cague-linha",[1] que diga o que você tem de fazer. Portanto, uma ideia central da mesa é esta: quando o trabalhador educa, o trabalhador deve se apresentar diretamente.

A outra ideia é que o trabalhador é vanguarda dele mesmo e não precisa de padre, nenhum intelectual e nenhum "cagador de regra" para dizer a ele qual o melhor caminho. E a importância do intelectual existe à medida que ele pode desenvolver um trabalho e dar força ao movimento operário, à medida que ele passa informação dele ao movimento operário, à medida que vê como válida a informação. Quando o operário assume-a, o intelectual se torna desnecessário. Acho que esta é a sua maior contribuição: dar força ao movimento de trabalhadores, seja do setor secundário, industrial, ou de colarinho-branco, bancário, escritório etc., mas, à medida que ele passa informação, ele se torna desnecessário. É isso que eu acho mais importante e não ele ficar imobilizado na sua função intelectual e curtindo isso de cima para baixo. Se fizer isso, estará reproduzindo o sistema capitalista que ele tanto critica de boca. Então, vou atuar como coordenador e tentarei fa-

---

1 No meio operário, quem "caga-linha" é quem quer "fazer a cabeça" do trabalhador por palavras de ordem, *slogans*, discursos.

lar o menos possível, para que os companheiros da mesa tenham tempo para falar. Em primeiro lugar, na mesa está o José Carlos Brito, que foi um dos animadores da comissão de fábrica de São Bernardo, foi demitido pela Ford e atualmente dirige as compras comunitárias do ABC e está com uma ação trabalhista contra a demissão; esperava-se que voltasse à Ford. Em segundo lugar está o Giannini, um dos grandes lutadores do movimento operário. Foi, com um conjunto de companheiros, a liderança da greve, não da chefia burocrática, a liderança real da greve da Fiat-Diesel do Rio – vocês devem ter visto pela imprensa – que durou 45 dias e cuja comissão de fábrica a liderou com reivindicações inéditas no movimento operário brasileiro, que eu me lembre. Uma reivindicação fundamental foi a socialização da informação, do conhecimento, uma reivindicação de metalúrgico. Atualmente ele foi demitido com mais de trezentos da Fiat-Diesel e o pessoal demitido formou a Acam (Associação Cultural de Apoio Mútuo), que funciona em Duque de Caxias. Ela reúne os companheiros demitidos na Fiat-Diesel e outros que trabalham e se tornaram um grande ponto de apoio das outras greves, de outras fábricas, especialmente da última, da Ciferal. Em terceiro lugar, teremos o depoimento do Rossi, que foi candidato da Chapa 2, de oposição metalúrgica de São Paulo, que ganhou as eleições nas grandes empresas, mas perdeu no conjunto.

Uma tentativa de crítica[*]

Educação e mudança social: uma tentativa de crítica, de Fernanda Antônia Sobral, que agora é editado em livro, primitivamente fora tese de mestrado defendida pela autora na Universidade de Brasília (UnB) sob a orientação da doutora Bárbara Freitag.

Aceitando o convite da autora, reforçado com a concordância da professora-orientadora, sinto-me à vontade na apresentação desse texto, relevante em muitos aspectos.

Rompendo uma tradição nos estudos educacionais brasileiros, o que já não é comum, a autora formula uma crítica aos estudos fundados nas teorias de estratificação social, de orientação funcionalista, cuja função é justificar as desigualdades em que as posições sociais assimétricas são consideradas necessárias ao funcionamento da sociedade.

---

[*] Prefácio de *Educação e mudança social: uma tentativa de crítica*, de Fernanda Sobral Benjamin. São Paulo: Cortez, 1980, p.9-10.

A mesma crítica a autora endereça aos estudos sobre economia da educação, elaborados sob o ângulo da teoria dos sistemas, por meio da qual a educação se constitui num retorno ao indivíduo na forma de ascensão social, assumindo para o país a forma de desenvolvimento.

Ocorre que, nos estudos a respeito da influência da educação para a mobilidade social, a estratificação substitui a estrutura de classe; na análise do indivíduo na sociedade capitalista a situação de classe é escamoteada. Assim, a mobilidade social aparece para diluir a luta de classes. A mudança social é reduzida à tecnológica ou à democratização de oportunidades na escola, o que é bem pobre, teoricamente falando. Assim, a descrição substitui a explicação, a aparência a essência.

Na realidade, os estudos de mobilidade educacional escondem o fato de não ter havido mudança estrutural alguma. Assim, segundo a autora, a educação funciona no quadro da dependência, assim como a industrialização, daí a importação de modelos escandinavos e anglo-saxões para a educação. Não sei, porém, se seria o caso de substituirmos o conceito de dependência pelo de imperialismo, isso poderia clarear o debate, penso eu.

Assim, após criticar as classificações de profissão por nível de prestígio na ótica do capitalismo desenvolvido, a autora mostra como os estudos de economia da educação de Samuel Levy e Laura Carvalho, voltados à teoria sistêmica e às técnicas quantitativas para medição de rendimentos e formação de recursos humanos, são peças justificativas do *status quo*; o real é visto por esses autores como o desejável.

Localizando o ideológico no predomínio da descrição no lugar da análise, da visão funcionalista que vê a sociedade como fruto de mudanças tecnológicas, afirma enfaticamente e com razão que a sociedade só pode ser avaliada através de sua localização nas relações de produção vigentes.

Vê a autora na educação não só um mecanismo de manter o poder, mas também um instrumento emancipatório do indivíduo.

Assim, propõe a revisão do conceito de trabalho científico e de ciência – o que já não é pouca coisa, convenhamos, para uma tese de mestrado –, enfatizando a abordagem dialética com base na contradição macroestrutural. Macroestrutural esse, dispensável, eis que a separação em aspectos micro e macro nas ciências humanas é criação dependente, *made in USA*. O que há são aspectos estruturais e superestruturais. A autora finaliza seu trabalho propondo à educação duas tarefas: a primeira consiste em aproveitar os estudos de mobilidade educacional no planejamento da educação com vista a maior eficiência do sistema educacional; a segunda, como sendo uma abordagem dialética macroestrutural da educação como elemento de emancipação do indivíduo.

Em suma, o trabalho se constitui num esforço sério de pensamento e pesquisa ficando-nos a dever a autora a explicação de sua opção entre a primeira e a segunda tarefa que ela propõe, eis que, a filiação a uma implica a negação da outra. Por sua seriedade e empenho, Fernanda Antônia Sobral realizou um trabalho meritório, digno de uma leitura atenta e crítica.

Que universidade é essa?

Folhetim – Professor Maurício, que universidade é essa?
Maurício Tragtenberg – A universidade está em crise e isso ocorre porque a sociedade está em crise. O tema é amplo, abrangendo a relação entre dominação e saber, a relação entre o intelectual e a universidade como instituição ligada à dominação, ou seja, a universidade antipovo. A universidade não é instituição neutra, é uma instituição de classe onde as contradições de classe aparecem. Para obscurecer esses fatores ela desenvolve uma ideologia, um saber neutro, científico, quer dizer, a neutralidade cultural e o mito de um saber "objetivo" acima das contradições sociais. Isso se acirrou a partir de 1964, quando a universidade foi praticamente apartada da realidade, se encastelou. Nesse momento surgiu a figura do intelectual burocrata, do funcionário intelectual, que mais reproduz do que produz conhecimento próprio.

---

* *Folha de S.Paulo*, 6/8/1978. Folhetim.

Folhetim – Aparentemente a universidade distribui o saber "objetivo". Mas qual deveria ser sua função real?
Maurício – Hoje a universidade forma a mão de obra destinada a manter nas fábricas o despotismo do capital. Nos institutos de pesquisa cria aqueles que deformam dados econômicos em detrimento dos assalariados. Nas escolas de Direito forma os aplicadores de legislação de exceção. Nas escolas de Medicina aqueles que irão convertê-la numa medicina do capital ou utilizá-la repressivamente contra os deserdados do sistema. Em suma, trata-se de um "complô de belas almas" recheadas de títulos acadêmicos, de doutorismo substituindo o bacharelismo, de uma nova pedantocracia, da produção de um serviço do saber.

Folhetim – Existe gente na universidade preocupada com a reforma universitária. Mesmo assim...
Maurício – A coisa é feita às cegas. Existe a figura do planejador tecnocrata formando pelas faculdades de educação, a quem importa discutir os meios sem discutir os fins da educação, confeccionar reformas educacionais que são verdadeiras "restaurações". Forma-se o professor-policial, aquele que supervaloriza o sistema de exames, a avaliação rígida do aluno, seu conformismo ante o saber professoral. A pretensa criação do conhecimento é substituída pelo controle sobre o parco conhecimento produzido pelas nossas universidades. O controle de meio se transforma em fim e o *campus* universitário cada vez mais parece um universo concentracionário que reúne aqueles que se originam das classes alta e média, professores e alunos, "herdeiros" potenciais do poder através de um saber minguado atestado por um diploma.

Folhetim – Qual o mecanismo através do qual a universidade mantém sua característica classista?
Maurício – A universidade classista se mantém através do poder exercido pela seleção dos estudantes e pelos mecanismos de nomeação para os professores. Na universidade mandarinal

do século passado, o professor cumpria a função de "cão de guarda" do sistema, ou seja, como produtor ou reprodutor da ideologia dominante, chefe da disciplina do estudantado. Cabia à sua função professoral, acima de tudo, inculcar as normas de passividade, subserviência e docilidade através da repressão pedagógica. A transformação do professor "cão de guarda" em "cão pastor" acompanha a passagem da universidade pretensamente humanística e mandarinesca à universidade tecnocrática, onde os critérios lucrativos da empresa privada funcionarão para a formação das fornadas de "colarinhos-brancos" rumo às usinas, escritórios e dependências ministeriais. É o mito da assessoria, do posto público que mobiliza o diplomado universitário.

Folhetim – Como o senhor explica o fato de que a universidade também mantenha alguns cursos críticos?

Maurício – Os "cursos críticos" desempenham a função de um tranquilizante no meio universitário. Essa apropriação da crítica pelo mandarinato universitário, mantido o sistema de exames, a conformidade ao programa, e o controle da docilidade do estudante como alvos básicos constitui-se numa farsa, numa fábrica de boa consciência e delinquência acadêmica, aqueles que trocam o poder da razão pela razão do poder. Por isso é necessário realizar a crítica da "crítica", destruir a apropriação da crítica pelo mandarinato universitário. Não se trata de discutir a apropriação burguesa do saber ou não burguesa do saber, e sim a destruição do "saber institucionalizado", do "saber burocratizado"como único "legítimo".

Folhetim – A função principal da universidade seria então a de reproduzir a ideologia do sistema de dominação?

A universidade reproduz o modo de produção capitalista dominante não apenas pela ideologia que transmite, mas pelos servos que forma. Por exemplo, o sistema de exames, esse batismo burocrático do saber. O exame é parte visível da seleção. A parte invisível é a entrevista, que cumpre as mesmas funções de "exclusão" que possui a empresa em relação ao futuro empregado. Informalmente, docilmente, ela "exclui" o candidato. Para o professor há o currículo visível, como publicações, conferências e atividades didáticas, e há o currículo invisível, esse de posse da chamada "informação", que possui espaço na universidade, onde o destino está em aberto e tudo é possível acontecer. Há os "ratos" das salas privadas, os "ratos" da reitoria. É através da nomeação, da cooptação dos mais conformistas, nem sempre os mais produtivos, que a burocracia universitária reproduz o canil dos professores.

Folhetim – O que é essa "delinquência acadêmica"?

Maurício – Essa delinquência acadêmica aparece em nossa época longe de seguir os ditames de Kant: ouse conhecer. Se os estudantes quiserem conhecer os espíritos audazes de nossa época, é fora da universidade que vão encontrá-los. A bem da verdade, raramente a audácia caracterizou a profissão acadêmica. É a razão pela qual os filósofos da Revolução Francesa se autodenominam intelectuais e não acadêmicos. Isso ocorria porque na universidade havia hostilidade ao pensamento crítico avançado. O projeto de Jefferson para a Universidade da Virgínia, concebida para a produção de um pensamento independente da Igreja e do Estado, de caráter crítico, foi substituído por uma universidade que mascarava a usurpação e monopólio da riqueza, do poder. Isso levou os estudantes da época a realizar programas extracurriculares por meio dos quais Emerson se fazia ouvir, já que o obscurantismo da época impedia sua entrada nos prédios universitários.

Folhetim – Além de pouco audaz, parece que a "delinquência acadêmica" se preocupa mais com títulos do que com ensino.

Maurício – É que a política das "panelas" universitárias de corredor e a publicação a qualquer preço de um texto qualquer se constituem no metro para medir o sucesso universitário. Nesse universo não cabe uma simples pergunta: o conhecimento a quem serve e para que serve?

Folhetim – A quem e para quê?

Maurício – Em nome do "atendimento à comunidade" e do "serviço público", a universidade tende cada vez mais a se adaptar a qualquer pesquisa a serviço dos interesses econômicos hegemônicos. Nesse passo, a universidade brasileira oferecerá disciplinas como as existentes na metrópole: cursos de escotismo, defesa contra incêndios, economia doméstica e datilografia a nível de secretariado... [risos], pois já existe isso em Cornell, Wisconsin e outros estabelecimentos legitimados. A universidade brasileira se prepara para ser uma "multiversidade", isto é, ensina tudo aquilo que o aluno possa pagar. A universidade vista como prestadora de serviços corre o risco de ser enquadrada como uma "agência do poder", especialmente após 1968, com coisas do tipo Operação Rondon. O assistencialismo universitário não resolve o problema da maioria da população brasileira: o problema da terra. Uma universidade que produz pesquisas ou cursos a quem é apto a pagá-los perde o senso de discriminação ética e da finalidade social de sua produção. É uma "multiversidade" que se vende no mercado ao primeiro comprador, sem averiguar o fim da encomenda. Isso tudo encoberto pela ideologia da neutralidade do conhecimento e seu produto. Já na década de 1930, Frederic Lilge, em seu livro *The Abuse of Learning: The Failure of German University* [O abuso da aprendizagem: a falência da universidade alemã], acusava a tradição universitária alemã da neutralidade acadêmica de permitir aos universitários alemães a felicidade de um emprego permanente, escondendo a si próprios a futilidade de suas vidas e seu trabalho.

Folhetim – No I Seminário de Educação Brasileira a situação parecia ser outra. Havia bastante gente preocupada com a responsabilidade social do educador.

Maurício – Realmente havia. Mas eu não me iludo com congressos. A maioria dos congressos acadêmicos universitários serve de "mercado humano" por meio do qual entram em contato pessoas e cargos acadêmicos a serem preenchidos, parecidos aos encontros entre gerentes de hotel em que se trocam informações sobre inovações técnicas. Velhos amigos se reveem e se estabelecem contatos comerciais. Estritamente falando, o mundo da realidade concreta é muito generoso com o acadêmico, pois o título torna-se o passaporte que permite o ingresso nos escalões superiores da sociedade: a grande empresa, o grupo militar e a burocracia estadual. O problema da responsabilidade social é escamoteado. A ideologia do acadêmico é não ter nenhuma ideologia, ele faz fé de apolítico, servindo assim à política do poder. A filosofia racionalista do século XVIII legou uma característica do verdadeiro conhecimento: o exercício da cidadania implicava no soberano direito de crítica à autoridade, aos privilégios e tradições. O serviço público prestado por esses filósofos não consistia na aceitação indiscriminada de qualquer projeto, fosse o destinado à melhora de colheitas, ao aperfeiçoamento do genocídio de grupos indígenas a pretexto de "emancipação" ou políticas de arrocho salarial, que converteram o Brasil no detentor do triste recorde de primeiro país no mundo em acidentes de trabalho, pois a propaganda pela segurança no trabalho emitida pelas agências oficiais não substitui o aumento salarial.

Folhetim – O senhor fala no discurso apolítico do acadêmico. Não há nenhum discurso político na universidade?
Maurício – A separação entre fazer e pensar se constitui numa das doenças que caracteriza a delinquência acadêmica. O falar é às vezes muito para frente e o fazer às vezes muito para trás. Ao analisar a crise de consciência dos intelectuais norte-americanos que deram o aval à escalada no Vietnã, Horwitz notara que a disposição que eles revelavam no planejamento do genocídio estava vinculada a sua formação, a sua capacidade de discutir meios sem

nunca questionar os fins, a transformar os problemas políticos em problemas técnicos, a desprezar a consulta pública preferindo as soluções de gabinete, consumando o que definiríamos como traição dos intelectuais.

Folhetim – Como então combater o academicismo?
Maurício – Fundamentalmente, a realidade é dialética. A mesma realidade que cria o academicismo, que cria o saber oficial, que cria a ideologia oficial, se esclerosa e se cristaliza através dos manuais oficiais e livros didáticos, essa mesma realidade cria também a contraideologia. Essa mesma realidade cria o seu oposto.

Folhetim – Qual a alternativa para que a universidade deixe de ser, para usar palavras suas, "depósitos de alunos" ou "cemitérios de vivos"?
Maurício – A alternativa é a criação de canais de participação real de professores, estudantes e funcionários no meio universitário que se oponham à esclerose burocrática da instituição. A autogestão pedagógica teria o mérito de devolver à universidade um sentido de existência, ou seja, um aprendizado baseado numa motivação de participação e não em decorar determinados "clichês" repetidos semestralmente nas provas que nada provam, nos exames que nada examinam, que fazem que o aluno saia da universidade com a sensação de estar mais velho e apenas com um dado a mais: o diploma, que em si perde o valor à medida que perde sua raridade. A saída é a autogestão. Só que esta solução não se dá no nível interno da universidade, sendo uma questão da sociedade global. Não se pode ter uma escola para frente com um Estado para trás.

Folhetim – Então qual é o poder da universidade?
Maurício – A universidade é o reflexo das contradições sociais; ela não as cria, mas as reflete. Pelo fato de ser um reflexo, o seu papel não é determinante no corpo social. Não é tendo o poder na universidade que se o tem na sociedade global. Isso só pode

ser um sonho de uma noite de verão, não é? O messianismo acadêmico é uma desgraça. Agora, na medida em que a universidade reflete contradições, existem intelectuais críticos e intelectuais fascistas na universidade. A questão da universidade em si, a questão do pensamento crítico na universidade, não se resolve internamente e sim no plano político maior, no plano das relações de poder. Se no todo social há espaço para as contradições aparecerem, se o operário tem o direito de fazer greve, se ele tem o direito de organizar o seu sindicato independentemente da democracia do Estado e da polícia, então na universidade há espaço para a luta. Embora a opção seja pessoal, ela não se resolve no nível pessoal. Se não se juntar a grupos, a associações, a partidos, a ação será ineficiente. Só que as associações que se criaram neste país, os partidos políticos, como dizia o velho Oliveira Vianna, são associações públicas de direito privado, e a última eleição mostrou isso fundamentalmente. São meros clãs parentais, meros clãs feudais, meros grupos de pressão dos interesses econômicos. A formação de outros agrupamentos depende da dinâmica social e nem tanto do voluntarismo do segmento acadêmico que, porque leu Marx, leu Weber, sai à rua e acha que vai formar o partido A, B ou C. Isso também é uma coisa típica do messianismo intelectual. Fundamentalmente, depende da dinâmica da organização dos trabalhadores industriais e burocráticos. Agora, apressar pode ser negativo, estar atrás também é negativo, mas estar muito à frente é mau porque fica na vanguarda sem retaguarda. Nós vimos o que foi 1964: excesso de vanguarda sem retaguarda, quer dizer, muito chefe e pouco índio.

Reformas são a garantia de que nada vai mudar*

Eu vou colocar algumas questões gerais para fugir, justamente, de uma discussão de coisas muito específicas, como função do diretor, administração etc... na medida em que 80% dos diretores do Estado são professores de Canto Orfeônico e Trabalhos Manuais [risos]. Essa é a realidade, né?

Em primeiro lugar, acho o seguinte: quando não se quer mudar nada a gente faz uma reforma na educação, aí a gente tem a certeza de que nada mudará e que tudo vai continuar.

Bom, eu acho que a questão no caso, por exemplo, do projeto, não é uma reforma dos cursos de Pedagogia que está se colocando. O projeto é uma reforma universitária e aí eu me pergunto o seguinte: se no momento que vivemos, de grande indecisão social e política, discutir uma reforma que no fundo é universitária, em função do chamado núcleo básico, da área básica de 720 horas,

---

* *Folha de S.Paulo*, 13/9/1981. Trecho do artigo "Docentes discutem a formação do educador".

que afetaria todos os cursos da universidade, eu me pergunto se nós não estamos tocando uma marcha nupcial num enterro. Porque, infelizmente, as mudanças educacionais neste país se deram sob ditaduras.

Então, eu me pergunto isto: em que medida nós corremos o risco de sermos fazendeiros do ar, ao partir para uma reforma universitária, sabendo que a parte imita o todo e que uma reforma universitária num período de indecisão social e política pode ter um cunho profundamente reacionário, profundamente totalitário, com um nome bonitinho? Em que medida essa autocracia benevolente realmente não está cooptando propostas críticas de educação para tirar o conteúdo crítico e banalizá-la?

Agora, em relação a esse problema de professores se colocarem como dirigentes é preciso ter cuidado, porque podemos cair num cabotinismo tão antiacadêmico como os acadêmicos, porque se você é dirigente pressupõe o dirigido, a passividade do outro, e toda estrutura que cria a passividade do outro reproduz o capital, seja o privado, seja o capitalismo de Estado. Então é preciso ter cuidado com algumas formulações sobre funções dirigentes e coisas afins.

Concluindo, eu estou com o resultado de uma discussão feita pelo Departamento de Metodologia de Ensino da Comissão de Licenciatura da Faculdade de Educação da Unicamp, que acho muito importante tornar público, na medida em que ele coloca que os documentos do MEC submetidos à análise e os documentos do comitê paulista, assinados pelo Jefferson [Ildefonso da Silva], parece, instituem o seguinte: 1° – a reduzida representatividade e participação dos membros ou das comissões envolvidas na elaboração de propostas alternativas que geram, consequentemente, propostas idealistas, quer dizer, deixam muito a dever em relação ao mundo real; 2° – não aprofundamento da análise dos problemas críticos da universidade. Porque essas propostas alternativas acabam por acentuar a divisão entre bacharelado e licenciatura, formação específica e pedagógica, pesquisa e ensino, formação generalista e formação técnica, e se atêm quase exclusivamente ao aspecto meramente curricular, deixando de considerar as propostas referentes ao poder, à centralização das decisões da educação, à estrutura universitária de ensino, primeiro e segundo graus, e à pesquisa na universidade.

A profunda crise da Sociologia e Política*

A mais antiga escola de Sociologia da América Latina atravessa profunda crise. Ela teve como professores Herbert Baldus, Donald Pierson, mestrandos como Florestan Fernandes, como Manoel T. Berlinck. O que foi feito desse "capital cultural"? Excluídos os grandes nomes, por razões muitas vezes subalternas, ficou reduzida ao prédio que ostenta uma placa com o seu nome no bairro de Vila Buarque.

Professores declararam-se em greve, por atraso salarial de três meses, enquanto 75% dos alunos da Escola de Sociologia pagavam a semestralidade e 95% dos alunos da Escola de Biblioteconomia estavam com suas mensalidades em dia. O maior temor dos alunos do curso de Sociologia é que o mesmo seja fechado. Enquanto isso, a direção da escola rejeitava 10 milhões de cruzeiros vindos do MEC, argumentando ser isso mero paliativo.

---

* *Folha de S.Paulo*, 15/9/1983.

Mas há outros problemas. A escola jamais possuiu regimento aprovado pelo CFE, que só em 1980 o recebeu e somente em 1983 o devolveu à escola para cumprimento de diligências; e só agora foi encaminhado ao CFE.

Enquanto a escola alega falta de recursos, gastou só em reforma, em 1983, 15 milhões de cruzeiros, ornamentando com madeira de lei todos os gabinetes.

A escola recebeu, num semestre – de mensalidade dos alunos e verbas para pesquisa –, um montante de 150 milhões de cruzeiros. A folha de pagamento implica um gasto de 17 milhões mensais, totalizando no semestre 102 milhões de cruzeiros. Restariam 48 milhões de cruzeiros, por onde andarão?

É sabido que a escola receberá 27 milhões de cruzeiros referentes a pesquisas realizadas a pedido do Sesi a respeito do padrão de vida do operário; não só o padrão de vida do operário melhorou em função dessa pesquisa, como os recursos carreados à escola não aparecem beneficiando a mesma.

O que não dá para entender é como a escola rejeita o envio de 10 milhões de cruzeiros pelo MEC para fazer frente a urgências quando a dívida com os seus professores atingia 13 milhões de cruzeiros.

Na medida em que a escola é subordinada a uma fundação, o Ministério Público tem poder de verificar o que ocorre na mesma. Segundo informação dos professores, já em 1981 o curador, doutor Mello Freire, que dera parecer favorável à destituição da Diretoria Executiva, teve negada sua solicitação de abertura do livro-caixa da mesma.

Na medida em que o atual curador de Fundações, o bacharel Rebelo Pinho, tem todo o empenho para que a Escola de Sociologia continue, porém saneadas as irregularidades que possam comprometê-la, seria altamente construtiva uma atitude sua que permitisse a participação de representantes da Ordem dos Advogados do Brasil (OAB) de São Paulo, Associação de Sociologia do Brasil e de São Paulo, e Sociedade Brasileira para o Progresso da

Ciência. Isso criaria as condições mínimas para a escola funcionar, sem prejuízo das medidas que o senhor curador de fundações houver por bem propor no sentido de promover o saneamento administrativo, financeiro, mantendo a Escola de Sociologia e Política na sua tradição de uma instituição de ensino e pesquisa, que possa retomar o lugar que ocupara no quadro das instituições universitárias nacionais.

É hora da chamada "sociedade civil" assumir o fato de que a Escola de Sociologia e Política é um patrimônio que pertence à sociedade paulista e brasileira, e de que a luta para sua preservação é um imperativo para todos aqueles que veem na escola não mera "fábrica" de títulos ou mera estrutura de cargos, mas, sim, um centro vivo de produção e criação cultural. Nisso, estudantes, professores e demais membros da sociedade civil devem unir-se, na luta pela qualidade de ensino e pela decência das instituições de ensino e pesquisa.

Unesp: os que excluem com unhas mafiosas*

A universidade acima, não sei por que indevidamente chamada de Júlio de Mesquita Filho, um velho lutador liberal, tem uma prática distante de seu patrono e mais próxima a do agente policial da ditadura Vargas que o prendeu em 1937: Filinto Müller. Ela conta no seu passivo com uma invasão policial no *campus* de Botucatu, a pedido do vice-reitor de então, para desalojar uma sala ocupada por um centro acadêmico. A bem da verdade, a Unesp demitira em 1982, após sindicância, o diretor do *campus* de Ilha Solteira. Sua senhoria até seu gado punha a pastar em tempo integral, no imaculado *"campus"*.

Porém, a Reitoria não age com igual rigor em relação ao *campus* avançado de Humaitá, onde a reza não é prática diária nem procissão forma de lazer. Muito pelo contrário. Outra "inovação administrativa": indivíduo que ganhar por verba de representação para desempenhar função, por mais de cinco anos, tem o

---
* *Folha de S.Paulo*, 19/3/1978. Tendências/Debates.

adicional de função incorporado ao salário, mesmo sem exercê-la posteriormente.

Filha da ditadura, criada em 1976 como "universidade", abriu-se a uma consulta junto às entidades discentes, docentes e funcionários. Entre as milhares de pessoas que votaram, o professor William Saad Hossne obteve 70% dos votos.

S. m. o reitor baixou a portaria 36/83, instituindo consulta ao mesmo público já consultado. Apesar de inelegível pela lei 952/76, s. m. o reitor encabeçou a lista de seis nomes, com o atual vice-reitor, e mais três membros do Colégio Eleitoral, num espetáculo típico de um Carnaval medieval: os próprios interessados em permanecer no poder conduzirem um processo de consulta! Bilac fora profético: "Criança, nunca verás um país como este", sentenciava com carradas de razão.

Surpreendentemente, o professor Saad Hossne, eleito a 23 de novembro de 1983 com mais de 70% dos votos, estava excluído da lista de 15 de fevereiro de 1984, dos "reitoráveis".

Júlio de Mesquita Filho, que teve seu jornal ocupado por tropas da ditadura de 1937 e sofreu prisão e exílio por suas convicções políticas, se vivo o que diria de um "conglomerado universitário" que traz seu nome, porém exercita uma prática de seus algozes? O aspecto mafioso da exclusão do professor Saad transparece numa matéria da *Folha de S.Paulo* (13/3/1984) em que se constata que "há um verdadeiro pacto de sangue entre os conselheiros contra a indicação de Saad Hossne, que obteve a maioria dos votos".

Na realidade, mais condizente com a prática dos "notáveis da Unesp" seria a mesma mudar de nome, passar a chamar-se professor António de Oliveira Salazar, Generalíssimo Franco ou "Tachito" Somoza; assim haveria mais coerência entre forma e conteúdo.

Todos que leem jornal estão lembrados que a Proposta Montoro de outubro de 1982, na sua página 1, enunciava a necessidade da "eliminação da marginalização da administração da universidade dos seus setores mais significativos: estudantes e professores".

Isso implica a inclusão na lista sêxtupla do escolhido pela maioria dos professores, estudantes e funcionários; ou seja, o nome do professor Saad.

Tal encarniçada oposição ao professor Saad só confirma tratar-se de uma pessoa séria, proba, que nunca fez "média" com a tirania. O que não é o caso de muitos de seus opositores e detratores privados ou públicos.

PARTE II
Resenhas

A Teoria Geral da Administração é uma ideologia?[*]

O "modo asiático de produção"

A administração, enquanto organização formal burocrática, realiza-se plenamente no Estado, antecedendo em séculos ao seu surgimento na área da empresa privada.

O segredo da gênese e da estrutura da Teoria Geral da Administração, enquanto modelo explicativo dos quadros da empresa capitalista, deve ser procurado onde "certamente seu desenvolvimento mais pujante se dá: no âmbito do Estado" (Touraine, v.4, 1965).

Enquanto o capitalismo industrial, estruturando a empresa burocrática, encontrou, nos vários modelos da Teoria Geral da Administração – de Taylor aos estruturalistas ou sistêmicos –, um modelo explicativo, no século XX a transição das sociedades

---

[*] *Revista de Administração de Empresas*, São Paulo, Fundação Getúlio Vargas, out.-dez. 1971, p.7-21.

pré-industriais a industriais gerou um modelo recorrente do "modo de produção asiático", nesse século unido à máquina. Daí a emergência da burocracia como poder funcional e político (Marx, 1930), (Weber, 1944, p.176-8)[1] – elemento típico das civilizações orientais,[2] em plena era cibernética. Foi Hegel que, no plano lógico, operacionalizou o conceito "burocracia" em nível do Estado e da empresa.

Hegel é um dos primeiros estudiosos da burocracia, enquanto poder administrativo e político, formulando o conceito: "onde o Estado aparece como organização acabada" (Hegel, 1940), considerado em si e por si (Ibid., p.190), "que se realiza pela união íntima do universal e do individual" (Ibid., p.191).

Para Hegel, o Estado como "realidade moral", como "síntese do substancial e do particular" (Ibid., p.196) contém o interesse universal enquanto tal, que é sua substância (Ibid., p.200), deduzindo-se então ser o Estado a "instância suprema que suprime todas as particularidades no seio de sua unidade" (Ibid., p.218).

Sendo o Estado para Hegel a "realidade em ato" da liberdade concreta (Ibid., p.195) que se "conhece", pensa e realiza pelo fato de sê-lo (Ibid., p.190) sua finalidade é a integração dos interesses particulares e individuais. Essa integração não suprime a antinomia (interesse geral) e a sociedade (conjunto de interesses corporativos e particulares). Essa antinomia manifesta-se na exis-

---

[1] O "modo asiático de produção" fora enunciado inicialmente por John Stuart Mill em 1848 e Montesquieu no seu *O espírito das leis*, posteriormente desenvolvido sistematicamente por Marx (1931, p.244); Weber (1944, p.176-8); Godelier (1966); Karl Wittfogel (1931), que desenvolveu sistematicamente o tema em *Oriental Despotism, A Comparative Study of Total Power* [Despotismo oriental: um estudo comparativo do poder total] (1951).

[2] "Esse modo de produção aplica-se em geral a países com grandes extensões desérticas, onde as condições climáticas obrigavam um atendimento particular à organização da irrigação artificial pelos canais; essa área estende-se pelo Saara aos *plateaux* mais elevados: Egito Antigo, Mesopotâmia, Arábia, Pérsia, Índia e Tartária" (Antoniadis-Bibicou, 1966, p.49).

tência de interesses particulares das coletividades que pertencem à sociedade civil e que estão fora do "universal em si mesmo e por si do Estado" e são administrados pelas "corporações nas comunas e em outros sindicatos e classes por suas autoridades: presidentes, administradores. Esses negócios, que eles cuidam, representam a propriedade e o interesse dessas esferas particulares" (Ibid., p.220), o que não impede a transitividade do espírito corporativo da burocracia empresarial privada à pública do Estado, na medida em que ela "nasce da legitimidade das esferas particulares e transforma-se internamente, ao mesmo tempo, em espírito do Estado, pois encontra nele o meio para atingir seus fins particulares" (Ibid., p.226).

Hegel procura sintetizar na corporação (entendida como burocracia privada) e no Estado (entendido como burocracia pública acabada) as múltiplas determinações que levam à tensão entre o interesse particular e o universal do Estado; na existência da burocracia que pressupõe as corporações, ela, enquanto burocracia estatal, é o formalismo de um conteúdo situado fora dela: a corporação privada.[3]

O objetivo do Estado torna-se o objetivo da burocracia, cujo espírito é o segredo mantido no plano interno pela rigidez hierárquica no fluxo de comunicação, e, no plano externo, pelo seu caráter de corporação fechada. Encontramos assim em Hegel as determinações conceituais que permitem a análise da burocracia do Estado, da burocracia enquanto poder político que antecede em séculos a emergência da burocracia determinada pelas condições técnicas da empresa capitalista oriunda da Revolução Industrial.

A burocracia, enquanto classe dominante (detentora dos meios de produção), elemento de mediação com a sociedade

---

3 Para Hegel, na medida em que se estrutura a carreira burocrática no Estado, este passa a constituir finalidade privada do funcionário; para prevenir essa disfunção, Hegel apela à "formação moral dos funcionários públicos".

global, exercendo o poder político, perfila-se ante a história como uma forma de dominação burocrático-patrimonial ou "modo asiático de produção". No modo asiático de produção, o déspota oriental representa a confluência de um processo social que se inicia com a burocracia, surgindo das necessidades técnicas (irrigação da terra arável) e finalizando como poder de exploração, efetuando-se assim a transitividade da burocracia enquanto cumpridora de funções de organização e supervisão para a burocracia como detentora do monopólio do poder político.[4]

O modo de produção asiático surge na sociedade quando aparece o excedente econômico, que determina uma divisão maior de trabalho, que separa mais rigidamente agricultura e artesanato e reforça a economia consultiva,[5] à qual se sobrepõe o poder representado pelo chefe supremo ou por uma assembleia de chefes de famílias. Dá-se a apropriação do excedente econômico por uma minoria de indivíduos, sem retribuição à sociedade. Assim, a exploração assume a forma de dominação, não de um indivíduo sobre outro, mas de um indivíduo que

---

4 "Os efeitos da cooperação simples no modo asiático de produção aparecem em seu aspecto colossal nas gigantescas obras dos antigos asiáticos, egípcios e etruscos. Na Antiguidade, tais Estados asiáticos, depois de empregarem a maioria de seus recursos na área civil e militar, possuíam um excedente de produtos para converter em obra de ornamento e utilidade. O domínio que, sobre mão de obra de tal população não ocupada na agricultura e o poder exclusivo para dispor de tal excedente, possuíam o rei e os sacerdotes, oferecia-lhes os meios para levantar aqueles ingentes monumentos que cobria o país. Utilizou-se quase exclusivamente a força humana para construção e transporte daquelas estátuas colossais e daquelas enormes massas cuja possibilidade de terem sido transportadas ainda hoje nos assombra. Para tanto, bastou concentrar uma multidão de trabalhadores e unificar seu esforço" (Marx, 1931, p.244).

5 Para Max Weber, economia consultiva é sinônimo de economia natural; no entanto "não se conhece ainda, nos séculos XIV e XV, por exemplo, entre os Médici, a separação sistemática do regime de economia conjuntiva (natural e economia lucrativa)" (Weber, 1956, p.8).

personifica uma função sobre a comunidade.[6] A necessidade da cooperação simples, em que a máquina tem papel secundário e a divisão de trabalho é incipiente, para a realização de obras que sobrepassam as comunidades vai requerer uma direção centralizada para coordenar os seus esforços. Na medida em que isso se dá, unido à eficiência do trabalho, é possível a transformação do sentido funcional da autoridade superior em instrumento de exploração das comunidades subordinadas, quando se dá a apropriação da terra pelo Estado, que mantém a propriedade comunal. O indivíduo continua na posse da terra como membro de sua comunidade particular.

Assim, a cultura de irrigação, juntamente com a horticultura e a irrigação pelos grandes rios, cria a necessidade de uma supervisão centralizada que vai recrutar mão de obra relativamente ampla.

A sorte dos judeus no Egito está ligada a esse processo; são recrutados à força para as expedições dos reis assírios e babilônicos que, com seus séquitos, procuram reunir mão de obra para a construção de canais e o cultivo das zonas desérticas. Nesse sentido, a via fluvial do Nilo desempenhou papel vital na centralização burocrática,[7] atuando como fator decisivo na formação de uma hierarquia de clientes subordinada diretamente ao Estado patrimonial-burocrático.[8]

---

[6] Conforme pesquisa do jurista-historiador Maitland (1911), e ainda Weber (1904), idêntico processo, acentua Max Weber, deu-se na formação da Iugoslávia e Croácia, contrariando a tese de Peisker (1900), que vê nessa estrutura o resultado da organização tributária de Bizâncio.

[7] "Sem ela (a via fluvial do Nilo) não teria a centralização burocrática alcançado, no Egito, o grau que efetivamente alcançou" (Weber, 1944, v.4, cap.6, p.602).

[8] No Egito antigo deu-se "a submissão da povoação a prestações pessoais numa proporção que antes não fora possível e conduziram o Antigo Império a uma situação em que toda povoação estava organizada numa hierarquia de clientes (dependentes), na qual o homem sempre foi considerado boa presa; em alguns casos foi incorporado às quadrilhas de escravos de faraó" (Ibid., p.128).

O controle da água em grande escala é dirigido pelo Estado e seu caráter centralizado e despótico no Egito repetia-se na antiga Mesopotâmia[9] e na China, onde os cultivadores passivos e ignaros estão "sob direção de uma classe letrada de funcionários que planejavam e executavam o plano. Incapaz de organizar-se, o *camponês chinês sofre a dominação tirânica do Estado* (Weber, 1944, v.4, p.178). Daí a supremacia tirânica da burocracia estatal chinesa",[10] reforçada pela ausência ainda maior dos senhorios territoriais, que apesar dela ainda existiam no Egito, tendo sido substituídos pela burocracia construtora de canais, de depósitos para armazenamento de tributos *in natura*, de onde os funcionários retiravam suas côngruas ou emolumentos, abastecendo o Exército. No início da época histórica da China, dar-se-á a regularização das águas, atribuída às qualidades carismáticas de um soberano demiurgo, o Grande Yu.[11]

O modo de produção asiático não é confinado ao Egito antigo. Mesopotâmia, China e império incaico conheciam-no. Ele aparece na Rússia por ocasião da invasão huna, determinando em longo prazo "certos aspectos da vida social e econômica que a nós ocidentais podem parecer impostos pela Revolução Autoritária (1917), mas que são de fato prolongamentos de instituições preexistentes, desenvolvimentos decorrentes de pensamento da antiga Rússia" (Meyer, 1964, p.11), fornecendo a chave para a compreensão da realidade russa contemporânea.

---

9 A respeito, o magistral estudo de Alexander Rüstow, *Ortsbestimmung der Gegenwart* (1950-1952).
10 Maspero e Balazs (1967, p.169-70) retomam uma tese idêntica desenvolvida por Karl Wittfogel (1951).
11 Conforme Maspero e Balazs (1967, p.170), idêntico processo dera-se na América com os incas, onde, num nível de tecnologia neolítica, a burocracia "governava teocraticamente sobre uma sociedade hidráulica simples" (Wittfogel, 1951, p.117). Tal ponto de vista é reforçado por um cronista incaico da época. Garcilaso de la Veja (1945, p.282) observara "a falta de retribuição pelos serviços prestados no trabalho obrigatório das estradas, construção de pontes, canais de irrigação e nas terras do Estado".

Na Rússia antiga, a comunidade de aldeia (*ebchtchins*), posse coletiva do solo, é uma criação do governo, imposta aos camponeses por razões administrativo-fiscais, segundo a qual, conforme o *Ruskaya Pravda* (o Direito russo), o "proprietário eminente de toda a terra é o grão-príncipe. Os boiardos constituem um exército móvel mantido pelo príncipe, que 'convida' sua gente" a recolher tributos em gêneros, mel, cera, cereais etc.; o mesmo se faz nas cidades organizadas comunalmente. Os "homens do príncipe" aparecem como proprietários rurais com terras para sua subsistência e, sobretudo, domínios florestais.

Em 1326, o Metropolita de Vladimir instala-se em Moscou, colocando, assim, toda a influência de um clero a serviço do grão-príncipe, fornecendo quadros à burocracia estatal. O grão-príncipe distribuiu domínios aos camponeses (*pomestye*) a título precário, em recompensa pelos seus serviços, constituindo uma nova aristocracia ligada ao poder, os boiardos. Estes submetiam-se ao grão-príncipe e participavam do seu conselho, a Duma.[12]

Esse Estado onipotente, fundado nas prestações forçadas de serviço, exercendo um controle máximo sobre a propriedade territorial, constitui-se num elemento básico para explicação da persistência do mesmo através do tempo, conforme explica Summer.

Modernamente, na URSS o modo asiático de produção predomina de forma recorrente, no seu aspecto mais significativo: o realce ao domínio da burocracia enquanto poder político no

---

12 "A influência mongólica na transmissão à Rússia dos métodos despóticos do estatismo da China aparece com clareza na Rússia de Moscou, eis que os mongóis conheciam esses métodos quando submeteram a Rússia (1273-1340), pois, anteriormente, haviam conquistado a China (1211-1222) e o Turquestão, em 1219-1220. Desde 1215, Gengis Khan tinha um conselheiro chinês de alto nível, Yeh-lú-Ch'u-Ts'ai. Em 1253, o Grande Khan Mongle, no intuito de um controle racional da área sob seu domínio, ordenou a Pieh-erh-ke que fizesse um censo na Rússia" (American Philosophical Society, 1949).

regime do capitalismo do Estado.[13] Esse regime é uma combinação inédita[14] de iniciativa individual no plano econômico com a economia do Estado.[15]

O capitalismo de Estado, ou melhor, o processo de modernização levado a efeito por uma elite industrializante sob a direção de um partido único, implica, nos seus inícios, já na burocracia.[16] Essa burocratização já ameaça, três anos após a tomada do poder por Lênin,[17] o regime na sua totalidade. O monopólio do poder pelo partido único é o elemento que assegura a seleção da elite dirigente;[18] a ascensão na escala partidária assegura igual subida na burocracia do Estado.[19] Essa burocracia possui o Estado como propriedade privada, dirigindo coletivamente os meios de produção[20] – é a tecnoburocracia dirigente, que persiste de Lênin até hoje,[21] mas, vigiada pelo partido, não possui nem os meios de

---

13 "Não há nenhum livro que fale do capitalismo do Estado na época do comunismo. Marx mesmo não escreveu nada a respeito, morreu sem deixar nenhuma citação exata, nenhum argumento irrefutável" (Lênin, 1970, p.279).
14 "O capitalismo de Estado, tal como é visto por nós, não é analisado em nenhuma teoria ou literatura" (Ibid.).
15 "Um tipo misto, em que a iniciativa privada é limitada pela estatização – o Estado somos nós" (Ibid.).
16 "Falamos do renascimento parcial da burocracia no interior soviético" (Lênin, 1945, p.45).
17 "Vemos apresentar-se esse mal diante de nós, ainda mais claramente, mais ameaçador e mais nítido." (Ibid., p.47), concluindo que na Rússia "a burocracia não está no Exército, mas nos serviços" (Ibid.).
18 "Pois ainda que haja poucas exceções, os quadros de direção não podem chegar geralmente ao nível de diretor de fábrica sem a condição prévia de serem membros do PC" (Granick, 1966, p.40).
19 "Assim, em 1958 a delegação norte-americana mencionava que o diretor da maior usina siderúrgica de Chelyabinsk fora antes secretário do partido naquela zona" (Ibid., p.44).
20 "Caracteriza-se essencialmente pela apropriação dos instrumentos de produção pelo Estado" (Portal, 1968, p.408).
21 "A tecnoburocracia industrial, administrativa militar e planejadora, embora muito poderosa sob a ditadura de Stálin, manteve-se após sua morte a liquidação de seu mito, obediente ao Estado e ao seu órgão, supremo: o PC" (Gurvitch, 1966, p.222).

produção como apropriação privada nem a hereditariedade de fortuna.

Nesse contexto, o administrador de empresa cumpre a função de realizar no nível de microempresa os objetivos do plano. Se ele atinge as cifras do plano recebe bonificação;[22] isso implica uma correlação entre o lucro planejado e o efetivamente conseguido.

Se o lucro planejado é conseguido, uma parte dele fica retida no fundo da empresa – as bonificações constituem parte importante na remuneração dos dirigentes;[23] no entanto, o método no pagamento das bonificações é o maior responsável pela malversação dos recursos.

A irracionalidade do sistema de bonificações leva os diretores das empresas a dissimular sua capacidade produtiva, a acumular inutilmente equipamentos, matérias-primas, evitar inovações e produzir bens sem utilização. Um dos vícios do sistema é encorajar a direção da empresa a dissimular sua capacidade produtiva, na medida em que a superação dos objetivos quantitativos é a condição básica para a atribuição de bonificação.[24]

---

22 "Essa proporção pode atingir 30% ou 40% do salário propriamente dito. É necessário esclarecer que essa estrutura observa-se na indústria na URSS." (Lewit, 1970, p.127). O exemplo por excelência de remuneração é o salário por tarefa (Ibid., p.158), que corre o risco de ser dividido por atraso ou falta ao trabalho; nesse caso, "recomenda-se destinar aos bons trabalhadores a parte devida aos maus como recompensa por sua fidelidade" (Ibid., p.167).

23 "A luta pela tabela diferencial de remuneração leva implícita a noção de que o igualitarismo é estranho à sociedade socialista. Os organismos sindicais devem lutar sem cessar contra as tendências igualitárias (Hungria)." (Ibid., p.175); daí na Tchecoslováquia – segundo o diário *Obdoran* (1968) os salários dos manobristas representarem 10% do salário diretor – adjunto (Ibid., p.154).

24 Tal forma de remuneração arcaica fora definida por Taylor no início do século: "a tarefa e a gratificação constituem um dos mais importantes elementos do funcionamento da administração científica" (Taylor, [s.d.], p.110). No século XIX, por ocasião da Revolução Industrial, analisando as condições inglesas, Karl Marx acentuava: "o trabalho por tarefa é um sistema arcaico que tem na Inglaterra um nome muito eloquente, *sweating-system* (sistema-suador)" (Marx, 1930, p.410).

Isso leva à competição entre os diretores para estocar matérias-primas, e os que têm mais prestígios têm maior sucesso. A bonificação constitui-se em freio à inovação na medida em que esta provoca uma perturbação na produção, significando menor bonificação para o gerente e o operário. Se houver maior produção por causa da inovação, os planejadores retificam as metas, tornando-as mais difíceis de atingir. A empresa é sempre incitada nesse sistema a produzir bens inúteis ou com pouca demanda, conduzindo à malversação no âmbito dos bens de consumo, pois a direção limitará a variedade dos artigos para atingir maior produção quantitativa.[25]

A empresa trabalha sob controle hipercentralizado,[26] com planos confirmados trimestralmente pelo Estado russo. A grande maioria das empresas dependia de comissários e ministérios setoriais.

Em 1957, a indústria é dirigida centralizadamente e setorialmente, gerando a proliferação de órgãos administrativos e os males da departamentalização, estudados por Selznick, quando se dá a bifurcação de interesses entre as subunidades com objetivos próprios. A especificação de zonas geoeconômicas levava ao encarecimento do transporte e à falta de coordenação entre as empresas da indústria local. Na medida em que os setores industriais dependiam de um ministério específico, cada um procurava assegurar seu aprovisionamento, enquanto cada ministério ficava preocupado com seu setor, mais do que com os outros; isso coexistia com uma centralização direcional rígida no âmbito da

---

[25] "Há necessidade de elaborar em caráter experimental para o futuro próximo formas de salário que correspondam às condições de trabalho modernas, da mesma forma que o salário por unidade correspondeu a uma realidade de geração anterior" (Christian, 1961).

[26] Especialmente por ocasião da Segunda Grande Guerra, "o traço característico da organização é a centralização feroz de toda direção econômica" (Dudorine, 1961, p.19).

empresa.[27] Nessa estrutura, os comitês de empresa limitam-se a reforçar a decisão que lhes foi transmitida pelos órgãos centrais.[28]

O fenômeno da centralização burocrática da direção da empresa, gerida no nível mais alto pelo partido que detém o monopólio do poder, não se dá somente na URSS, Hungria ou Tchecoslováquia; é persistente na Iugoslávia também.

É o ressurgimento do modo asiático de produção, aliado ao alto nível de tecnificação com o monopólio do poder pelo partido único.

Assim, a nova classe emerge como elite industrializante, como uma consequência do desenvolvimento gradual da elite clandestina que constituía a estrutura do partido nos anos de luta pelo poder. "Troque por *nova classe* o termo aparelho e tudo ficará mais nítido" (Djilas, 1957, p.48).[29]

A concentração do poder na figura carismática de Tito leva-o ao papel de "Grande Animador" do sistema, único possuidor de

---

27 "No ápice de toda empresa, oficina e seção, acha-se um chefe investido de todo o poder para direção, impondo uma disciplina de ferro durante o trabalho sujeito à vontade de um só: do dirigente soviético." (Meyer, 1964, p.90) "O diretor de empresa é o fundamento do poder socialista (Kaminster, 1961), sendo "nomeado e liberado de suas funções pelos órgãos superiores, cf. parágrafo 89 do Regulamento sobre a Empresa Produtiva Socialista do Estado" (Meyer, 1964, p.900) O parágrafo 94 da lei investe o contramestre de plenos poderes e organização direta da produção e do trabalho, responsável pela execução do plano. Sua transferência, nomeação ou licenciamento são efetuados pelo diretor da empresa; essa "burocratização" da direção, fruto do centralismo, engendra a burocracia (Dudorine, 1961, p.18).

28 "A participação é formalmente assegurada, mas os trabalhos não têm nenhum poder efetivo. Houve centralismo exacerbado e participação simbólica" (Meyer, 1964, p.22). Idêntico fenômeno Lewit constatou estudando uma empresa metalúrgica no Oeste da Hungria, e, mais do que isso, que os assalariados rejeitam os fins propostos pela direção (Lewit, 1970, p.27).

29 Ponto de vista confirmado por pesquisas na Iugoslávia realizadas por Albert Meister, que constata um país dirigido por quadros com formação tecnocrática (Cf. Meister, 1953, p.261). A análise a respeito da concentração das responsabilidades confirma a tese de Djilas – de que o poder é monopolizado pelos *apparatchiks* (os profissionais da cúpula do partido), ativistas e gestionários da propriedade coletiva (Ibid., p.274-5).

crítica; ele abre a campanha de crítica com observações e recomendações que caracterizam periodicamente a vida da Iugoslávia. Aí também os órgãos de autogestão representam a burocracia dominante.[30]

Isso nos permite definir as formações econômicas e de empresa na URSS e no âmbito da Europa Oriental como formas de modo de produção asiática recorrentes ao capitalismo do Estado, em que a burocracia não só é o elemento oriundo das necessidades funcionais da técnica como é, acima de tudo, poder político total.

Isso tem implicação no plano das ideias: esse sistema cria automaticamente a valorização, no primeiro plano, do conhecimento político doutrinário e o conhecimento filosófico restrito ao marxismo interpretado pelos detentores do poder; sua dogmatização é acompanhada do monopólio do poder pelo partido único do qual emerge o líder carismático. Em segundo plano aparece o conhecimento científico e, em último, o conhecimento técnico, como elementos de reforço do sistema.

Vimos que a emergência da burocracia patrimonial como poder político nas sociedades orientais e pré-colombianas antecede em muito tempo o aparecimento da burocracia funcional da indústria moderna, confirmando o aforismo hegeliano de que a substância do Estado é a realização do interesse universal enquanto tal (da burocracia).

Isso se dá na URSS, Europa Oriental e nos países de autocracia modernizante. O Estado aparece como um triunfo da "razão" hegeliana, em que a maturidade política é conquistada por mediação da burocracia, que introduz a unidade, na diversidade da sociedade civil. O Estado como "burocracia acabada" gera a sociedade civil, o regresso de Marx a Hegel.

---

30 "Os órgãos de autogestação não conquistam nada, eles recebem, são beneficiários, são-lhes atribuídas competências, liberdades e feudos. Sua criação não é o produto de reivindicação popular, mas foi doada ao povo pelos seus dirigentes" (Ibid., p.316).

A evolução da empresa industrial sob o capitalismo e a Teoria Geral da Administração como ideologia

A análise da Teoria Geral da Administração como ideologia implica o estudo do "fenômeno do pensamento coletivo que se desenvolve conforme interesses e as situações sociais existentes" (Mannheim, 1950, p.115).

As premissas gerais para a emergência do capitalismo fundamentam-se na contabilidade racional como norma para empresas que satisfazem as necessidades diárias. Elas se estruturam na propriedade privada dos meios de produção, técnica racional, direito racional, estrutura administrativa da burocracia e um *ethos* do trabalho e esforço contínuo. Em suma, o capitalismo foi o produto "da empresa, contabilidade e direito racional unidos à ideologia racional e ética racional na economia" (Weber, 1956, p.298).

A primeira Revolução Industrial encontra respostas ideológicas sob a forma de teorias sociais globais: Saint-Simon, Fourier e Marx. Eles elaboraram modelos macrossociais, tendo em vista as condições institucionais da sociedade industrial global; a segunda Revolução Industrial, que se inicia com a introdução da eletricidade, a formação dos grandes *holdings* industriais, encontra como resposta intelectual a teoria clássica da administração, nos estudos de Taylor e Fayol. Fundamentada sistematicamente num período de acumulação de capitais, isso conseguido, surge à tona o problema humano na empresa industrial, e a elaboração da Teoria das Relações Humanas com Elton Mayo.[31] Os dilemas da socie-

---

31 "É de lembrar-se que na sociedade onde há escassez, ou seja, em que a maioria dos cidadãos está de braços com os problemas do subconsumo, os fatos materiais tendem a assumir excessiva relevância na conduta. Resolvido, porém, socialmente o problema do consumo, graças à alta produtividade do sistema técnico-econômico, os motivos fundamentais da conduta humana estilizam-se, perdendo relevância o fator econômico, ao mesmo tempo que outros motivos, antes subsidiários, aumentam sua influência. O atraso moral é, em certo sentido, uma sequela crônica de complexo de escassez. Inversamente, o elemento ético é inseparável da síndrome de abundância.

dade industrial, bem como as inconsistências dos postulados da Escola das Relações Humanas, são retratados criticamente pela Escola Estruturalista que aparece na Alemanha, baseando-se em algumas indicações de Marx, sistematizadas por Max Weber.[32]

A primeira Revolução Industrial

A emergência da Revolução Industrial implica uma alteração das condições de produção, substituição da manufatura pela fábrica, absorção do êxodo rural na nova mão de obra industrial, transferência de capitais do campo à cidade e aproveitamento dos resultados das ciências naturais no universo industrial.

O desenvolvimento da máquina a vapor dependia basicamente dos estudos dos gases de Boyle, das investigações sobre a física do calor de Blach e Carnet e dos trabalhos sobre a conservação da energia de Helmholtz. Sem as experiências de Faraday a respeito

---

Tais correlações são tanto mais pertinentes quando nos cingimos à esfera da organização" (Ramos, 1960, p.115).

32 Foi na Alemanha que seu deu a reação à Escola das Relações Humanas, vista como desenvolvendo uma atitude manipulativa para com os operários em função dos interesses da administração. Nesse aspecto, Elton Mayo continua Taylor e Fayol; a crítica alemã mostrará que a Escola de Relações Humanas subestimava o conflito, negara o peso dos fatores econômicos determinantes da paz industrial; tinha a tendência a encarar as relações industriais como relações interindividuais. A Alemanha foi o berço da reação intelectual à Escola das Relações Humanas pelo fato de que, industrializando-se tardiamente em relação à Inglaterra e França, a ela restará pensar no plano crítico o que a primeira realizou na economia (Revolução Industrial) e a segunda no político (Revolução Francesa). Nos EUA, apesar do desenvolvimento econômico, não se tomara tal postura crítica, porque "onde as classes já constituídas, mas não fixas, ainda se modificam e substituem frequentemente, ao contrário dos seus elementos constitutivos, em que os métodos de produção moderna, em lugar de corresponder a uma superpopulação constante, compensam muitas vezes a falta relativa de braços e cabeças, e onde, por fim, o novo e febril movimento de produção material que tem um mundo novo a conquistar não possui nem tempo nem ocasião para destruir o velho mundo espiritual" (Marx, 1928, p.33).

das bases físicas da eletricidade e do magnetismo, não teríamos o dínamo ou o motor elétrico; as pesquisas sobre os gases e a eletricidade permitiram o surgimento do motor de combustão interna. A química é a precursora dos progressos da indústria do ferro, aço e petróleo. As investigações de Ampère permitiram o surgimento do telégrafo e o trabalho de Hertz deu a possibilidade a Marconi de inventar o telégrafo sem fio. A máquina a vapor e o motor de combustão interna superaram o boi e o cavalo como força motriz.

A Revolução Industrial iniciou-se na Inglaterra porque fora o país mais afetado pela Revolução Comercial;[33] eis que o sistema industrial medieval fundado nas guildas desapareceu em primeiro lugar na Inglaterra; no século XI, no ramo têxtil, já fora suplantada pelo trabalho doméstico, permitindo o incremento do processo de industrialização.

No século XVIII, a classe comercial inglesa suplantara a holandesa, e a acumulação de capital inglês possibilitou a criação de uma marinha mercante, que por sua vez reforçou a acumulação.

O incremento da demanda de artigos têxteis, em 1700, demonstrara a escassez de artesãos; daí a necessidade dos meios mecânicos.

O "cercamento" das terras para criação de pastagens destinadas a manter o rebanho fornecedor de lã à manufatura têxtil urbana liberou mão de obra para a indústria.

No plano continental, a França foi o primeiro país que sofreu as consequências das transformações na ordem industrial. A Revolução Industrial na França iniciou-se em 1825 com a derrota napoleônica, que fez que desaparecessem da França as máquinas têxteis de algodão e metalúrgicas modernas, tornando a agricultura predominante, ligada à escassez de alguns produtos *in natura*, à falta de mão de obra especializada e à escassez de capital.

---

33 Num sentido contrário, defendendo a tese do incremento da Revolução Industrial por transferência de renda do setor agrário ao industrial (Bairoch, 1967, p.79).

Sob influência de Turgot (1774-1776), tende-se a destruir os privilégios das guildas para liberalizar a indústria. Com a Lei Le Chapelier, de 14 de junho de 1791, declarando ilegais as reuniões dos operários, "pois pretendiam restabelecer os privilégios das antigas corporações eliminadas pela Revolução Francesa", criam-se as condições ao desenvolvimento do capitalismo liberal.

A Revolução Industrial na Alemanha deu-se de forma incompleta e gradualmente por causa da predominância do trabalho manual e a persistência das pequenas oficinas. Até a segunda metade do século XIX, a Alemanha estava industrialmente retardatária, a agricultura constituía a principal ocupação da população. Até 1850, as máquinas eram escassas, pois predominava o sistema de trabalho domiciliar; o país era pobre por causa da persistência de um sistema de guildas e pela falta de um Estado centralizado. A Alemanha estava dividida em 39 estados diferentes, o que impedia seu desenvolvimento industrial. Carecia de mercado interno e não possuía colônias. A invasão francesa ofereceu à Alemanha a possibilidade de passar do estágio do monopólio das guildas ao sistema industrial liberal; entre 1868 e 1869, surge uma legislação que legaliza a liberdade industrial; os trabalhadores tiveram então liberdade para oferecer sua mão de obra no mercado, sendo removidos todos os obstáculos ao desenvolvimento industrial.

A União Aduaneira Alemã permitiu a ampliação do mercado. Com o surgimento do sistema ferroviário estendiam-se mais os limites do mercado alemão.

A Alemanha, além de importar máquinas da Inglaterra, importara mão de obra com a emigração de trabalhadores especializados ingleses integrados nas áreas industriais da Alemanha.

Na Inglaterra, a primeira indústria totalmente mecanizada foi a têxtil, no seu ramo algodoeiro, com a introdução da máquina de fiar automática de Hargreaves, a máquina hidráulica de Arkright, e a mule de Samuel Crompton, que permitia a produção de um fio duro e fino – e Cartwright inventara o tear mecânico; isso levou ao declínio do artesanato e ao aumento do contingente operário. Acrescenta-se o invento de Whitney que, em 1794, conseguiu por meios mecânicos a separação da semente de algodão da fibra, que por via manual era lenta e complicada. Whitney obteve por meios mecânicos essa separação, determinando uma revolução na indústria algodoeira e do setor agrícola, conduzindo à especialização do Sul dos EUA nesse ramo, estimulando assim a expansão da escravidão.

A máquina têxtil e a máquina a vapor produziam a força motriz. Toda essa maquinaria necessitava de grande quantidade de ferro a preço baixo, fato que levou à substituição do carvão de madeira, que desflorestava grandes áreas, pelo carvão coque aliado ao alto forno de Smeaton com o método Bessemer. Paralelamente, a extração de carvão tornou-se mais segura quando Davy inventa a lâmpada de segurança nas minas, diminuindo a frequência das mortíferas explosões de gás no interior das minas, tendo o método Siemens-Martin superado o método Bessemer no fabrico de aços finos.

Essa infraestrutura tecnológica acompanha a emergência do sistema fabril, que consiste na reunião de um grande número de trabalhadores numa só fábrica, disciplinando o operário. A inspeção realizada pelo capitalista atua na fábrica, disciplinando o operário. De início temporária e esporádica, por ocasião da distribuição de matéria-prima e recolhimento do produto acabado, transforma-se na presença constante no processo fabril. Assim, o tecelão que chegasse cinco minutos após o último sinal ou que deixasse algum resíduo nos fusos, assobiasse ou deixasse aberta a janela era multado em 1 xelim por cada contravenção (Hammond, J.; Hammond, B., 1925, p.19-20). As condições de habitação igualavam-se nos seus aspectos negativos às condições de trabalho, em que o parcelamento das operações produzia fadiga, tédio e surmenage. Os novos centros industriais abrigavam trabalhadores em choças preparadas precipitadamente (Id., 1926). Três quartas partes dos trabalhadores de fábrica de algodão eram mulheres e crianças que trabalhavam nas máquinas; os aprendizes mendigos que abundavam na Inglaterra eram empregados como arrendados pelas autoridades às manufaturas, com jornadas de trabalho de quatorze a dezesseis horas diárias.

Os fiadores de algodão de Manchester, em 1806, ganhavam por semana, em média, 24 xelins; só em 1897 alcançaram 37 xelins. Isso representa um desnível em relação ao incremento da renda da empresa capitalista inglesa. No século XIX, "embora subissem ligeiramente os salários, os trabalhadores não especializados na Inglaterra mantinham-se na base do salário mínimo vital, e, às vezes, abaixo do mesmo, abrangendo 31% da população londrina vivendo abaixo da linha da pobreza" (Booth, 1891-1903).

A situação nas minas não era melhor; mulheres e crianças eram empregadas, de doze a dezesseis horas por dia, em poços subterrâneos. Isso obrigou o Estado a intervir nas relações industriais, regulamentando as horas de trabalho: no ano de 1874, a idade mínima de trabalho era de dez anos e a jornada máxima de dez horas. Na Alemanha, a partir de 1891, tornou-se ilegal a contratação de uma criança que não tinha terminado sua escolaridade mínima aos treze anos. A partir de 1901, a idade mínima de uma criança apta ao trabalho era de quatorze anos e a jornada máxima, de meia jornada de trabalho de um total de doze horas.[34]

A resposta à Revolução Industrial na Inglaterra, França e Alemanha será fornecida pelos teóricos Saint-Simon, Proudhon, Fourier e Marx, que contestarão a nova ordem de coisas num nível

---

34 Hegel notara os aspectos negativos introduzidos pela divisão do trabalho na indústria moderna: "Pela universalização da solidariedade entre os homens, por suas necessidades e técnicas que permitem satisfazê-las, a acumulação de riquezas aumenta de um lado, pois essa dupla universalidade produz os maiores lucros; mas, de outro lado, a divisão e limitação restrita do trabalho e, por conseguinte, a dependência e angústia da classe dependente desse trabalho aumentam, por sua vez e ao mesmo tempo, a incapacidade de sentir e desenvolver certas aptidões e faculdades, particularmente as vantagens espirituais da sociedade civil" (Hegel, 1940, p.183).

global, ou seja, na procura de um modelo de sociedade global que seja a negação daquela que emergiu com a Revolução Industrial.

Saint-Simon, na sua obra *L'organizateur* (1819-1820), prenuncia a noção de uma direção científica confiada a um governo constituído de três câmaras: Invenção, Exame e Executiva, constituída de líderes industriais, capitalistas e banqueiros.

> A inoculação política de vasta maioria da sociedade existe para ser governada da maneira mais barata possível, quando possível; governada pelos homens mais capazes e de maneira que se assegure a mais completa tranquilidade pública. Ora, os mesmos meios de satisfazer esses vários aspectos, ao desejo da maioria, consistem em conferir poder aos mais importantes industriais, que são os mais interessados na economia das despesas públicas, os que são os maiores interessados em restringir o poder arbitrário; finalmente, de todos os membros da sociedade são os que mais têm dado prova de capacidade na administração positiva, tendo sido evidenciado o sucesso que obtiveram em seus vários empreendimentos. (Gray, 1947)

Saint-Simon elabora a primeira crítica de conteúdo a respeito da emergência do modelo liberal, ao enunciar que a "Declaração dos Diretos do Homem e do Cidadão, vista como a solução do problema social, na realidade era o seu primeiro enunciado" (Saint-Simon, [s.d.a], v.19, p.84). Ele não perde de vista que o desenvolvimento industrial leva a superar um tipo de saber jurídico – formal – que desconhece o econômico: "a inferioridade dos legistas é sua ignorância do econômico, isto é, da produção, partindo dos interesses que são os da maioria de um regime moderno que é industrial" (Ibid., p.124).

Após definir que os produtores constituem a sociedade legítima, postula a afinidade dos interesses da indústria com a sociedade, na medida em que a sociedade global tem por base a indústria. A indústria é uma garantia de sua existência. O contexto mais favorável à indústria será o mais favorável à sociedade (Ibid., v.18, nota x-a). A sociedade moderna "só dá direito de pertencer a ela os trabalhadores" (Ibid., p.128); eis que a classe trabalhadora "deve ser a única" (Ibid., v.20, p.74). Saint-Simon, "o cérebro mais universal de seu tempo, com Hegel" (Engels, 1931, p.13), enunciava que é "pelo estudo direto e positivo da sociedade que se descobrirão essas regras (da vida social); nelas é que é necessário descobrir as bases da política" (Saint-Simon, [s.d.b], v.2, p.59).

Saint-Simon ocupa uma posição-chave entre os teóricos das ideologias totais na época imediatamente posterior à Revolução Industrial, pois ele "ajudou a transformação da sociedade nessa arte que se chamará de socialismo, nessa ciência popular em que Adam Smith e David Ricardo definiram sua fórmula básica: o valor tem por medida o trabalho" (Leroy, 1962, v.1, p.238).

Fourier, teórico socialista, é considerado atualmente um predecessor das técnicas de dinâmica de grupo, considerando a empresa como "grupo". Tendia Fourier a ver, na marcha da sociedade, o caminho para o estabelecimento de uma harmonia universal, a partir do controle das paixões humanas. Estabelece Fourier uma solidariedade básica entre a sociedade global e os padrões educacionais, ao admitir que um coletivismo social levasse a uma pedagogia não individualista.

Inicialmente, Fourier ataca a Declaração dos Direitos do Homem e do Cidadão, oriunda da Revolução Francesa, ao denunciá-la como "uma carta incompleta e desprezível, porque omitiu o direito ao trabalho, sem o qual todos os outros são inúteis" (Fourier, [s.d.b], v.6, p.193). Teve ela o condão de "produzir tal caos político que é de se admirar se o gênero humano pôde regredir muitos milhares de anos na sua evolução social" (Ibid., p.37). Conclui Fourier que "não há nada a esperar de todas as luzes adquiridas; é necessário procurar o bem social em alguma nova ciência" (Ibid., v.1, p.39). Só ela trará a felicidade à humanidade, pois é evidente que "nem os filósofos nem seus rivais sabem remediar as misérias sociais e, sob os dogmas de uns e outros, vê-se a perpetuação das chagas mais tristes, entre outras, a indigência" (Ibid., p.38). Combatendo a pobreza como "a mais escandalosa desordem social" (Ibid., p.185) e visualizando a civilização como "a guerra do rico contra o pobre" (Ibid., p.199), para sair desse estado de coisas Fourier apresenta uma fórmula e antecipa o fato de que "é a mim somente que as gerações presentes e futuras deverão a iniciativa de sua imensa felicidade; venho dissipar as nuvens políticas e morais e, sobre os dogmas das ciências naturais, eu fundamento a teoria da harmonia universal" (Ibid., p.13).

A sociedade futura, que irá suceder à "incoerência" civilizada, não admite "moderação, igualdades nem pontos de vista filosóficos. Ela quer as paixões ardentes e fecundas; desde que a associação está formada, elas se articulam mais facilmente, quanto mais vivas forem, mais numerosas" (Ibid., p.9). Fourier antevê uma sociedade onde "as jornadas de trabalho serão curtas, o trabalho será variado, parcelado" (Fourier, [s.d.a], p.54). Surgirá uma sociedade natural em que "os falanstérios (comunidades) se agruparão por influência de suas paixões, gostos e caracteres. A ordem nascerá naturalmente, espontaneamente, do jogo das atrações" (Id., 1922, t.5, p.249).

Na sua teoria social total, Fourier vê o elemento afetivo como fator de solidariedade social, estruturando "a concepção social das paixões humanas" (Ibid., p.135). Elas devolverão o espírito dos agrupamentos sociais, levando "à economia de tempo, matérias-primas, maior rendimento, menor fadiga, desaparecimento do desprezo do rico pelo pobre. Não haverá vagabundos, nem pobres, as antipatias desaparecerão com as causas que as engendram" (Ibid., t.1, p.135). O estabelecimento de tal sociedade perfeita demanda, para Fourier, um prazo curto: "dois anos para sua organização como cantão societário – sua expansão pelo mundo levará mais tempo –, seis anos para organizá-la pelo globo" (Ibid., [s.d.b], v.1, p.17).

Fourier, com Saint-Simon, é um dos últimos representantes dos propugnadores por soluções sociais globais em curto prazo. Sua descrição paradisíaca do futuro liga-se à crítica acre da sociedade de sua época, levando-o à concepção de que "uma sociedade só pode decair em função do progresso social" (Ibid., p.91).

A teoria de Karl Marx

O marxismo aparece como filosofia da ação,[35] em que a vontade humana tem um papel criativo, superando as determinações ambientais,[36] para conseguir a constituição do proletário como classe, a derrubada da supremacia da burguesia e a conquista do poder (Marx; Engels, 1954, p.327).

Eis que, para Karl Marx, a condição essencial de existência da burguesia é a formação e o crescimento do capital, condição básica para a luta de classes, que caracteriza o processo da história (Ibid., p.22), no qual a burguesia desempenhou um papel revolucionário. Ela liquidou as relações feudais e patriarcais, definiu, pela exploração do mercado mundial, um caráter universal às relações de produção e troca, submeteu a área rural à urbana e efetuou a centralização política.[37]

Marx denunciou, porém, a estreiteza das estruturas criadas pela burguesia para conter a riqueza em seu seio (Ibid., p.29); a própria burguesia criou seus opositores: os operários – Marx conclui que a queda e a vitória destes são igualmente inevitáveis (Ibid., p.37).

Karl Marx elaborou, em suas grandes linhas, uma filosofia de conflito social, estruturando uma visão da sociedade global cujas premissas são os homens, no seu processo de vida em sociedade.[38] Nela, o trabalho aparece como grande fator de mediação que enri-

---

35 "Os filósofos tem apenas interpretado o mundo de diversas maneiras; o que interessa é mudar o mundo" (Marx, [s.d.]).
36 "A história não faz nada, não possui imensas riquezas, não trava batalhas. São homens vivos, reais, que fazem tudo isso, possuem coisas e armam combates. Não é a história que utiliza os homens, como meio de alcançar, como se fosse também uma pessoa, seus próprios fins. A história não é nada senão a atividade, homens perseguindo seus objetivos" (Marx; Engels, *Mega*, v.1, p.265).
37 "Constituindo em uma só nação, com uma só lei, um só interesse nacional de classe, uma só barreira alfandegária" (Id., 1954, p.27).
38 "A consciência jamais poderá ser alguma coisa além da existência consciente e a existência dos homens é o seu processo de vida atuante" (Marx; Engels, *Mega*, v.1, cap.15-17).

quece o mundo de objetos tornado poderoso, ao lado do empobrecimento "em sua vida interior" do trabalhador, pois este não é dono "de si próprio" (Id., *Mega*, v.1, cap.3, p.83-4) O fruto do trabalho aparece como um "ser estranho com um poder independente do produtor" (Ibid., p.83) – as relações mútuas dos produtores tomam a forma de uma "relação social entre coisas" (Marx, 1931, p.778).

A industrialização promove nova estratificação social: as classes médias aparecem como elemento conservador do sistema (Marx; Engels, 1954, p.34). O lumpenproletariado, embora sujeito a acompanhar o proletariado, por suas condições de vida "predispõe-se mais a vender-se à reação" (Ibid.). "Cristaliza-se uma formação social em que a emancipação do operário como classe implica a liberação da sociedade global".[39]

Karl Marx fornece uma visão sociológica finalista, que perpassa seu pensamento no nível de modelos macrossociais, surgindo como reação ao desafio da Revolução Industrial inglesa, cuja divisão manufatureira do trabalho como combinação de ofícios independentes implica a concentração do processo produtivo, criando estruturas "reificadoras" do homem. Ao lado da importância atribuída à fábrica como instituição decisiva da sociedade industrial, Marx incidentalmente aborda o processo de burocratização da empresa (Marx, 1931, p.244, 261), a patologia industrial (Ibid., p.266-7), sem, porém, desenvolver sistematicamente uma teoria da organização.

Terceira fase da industrialização

Ela se inicia com a decadência dos ofícios tradicionais. Os ofícios qualificados subdividem-se, especializam-se, embora

---

39 "Pois ele é uma perda total da humanidade; em suma, a classe operaria só pode redimir-se por uma redenção total da humanidade" (Ibid., cap.1, p.617-21).

outros ofícios, que continuam qualificados, percam parte de seus valores. Os novos ofícios estão na dependência de uma máquina que sofre aperfeiçoamento contínuo (Ibid., p.255).[40] A maquinaria específica dessa nova divisão de trabalho é o trabalho coletivo, como continuidade dos trabalhos parciais.

A especialização impede que o aprendiz passe a ajudante e este a companheiro; o trabalho como elemento de ascensão social implicará a "educação permanente".

A equipe de trabalhadores em torno de uma pessoa, um oficial com experiência, desaparece, na medida em que o cálculo substitui a experiência, mediante análise no Departamento de Métodos; efetua-se assim a separação entre concepção e execução do trabalho na empresa. A indústria têxtil adota inicialmente esses métodos; paralelamente, a indústria de construção naval conserva o sistema profissional de trabalho.

O aumento da dimensão da empresa no período da segunda Revolução Industrial, além de ocasionar uma mutação, fazendo que as teorias sociais de caráter totalizador e global (Saint-Simon, Fourier e Marx) cedam lugar às teorias microindustriais de alcance médio (Taylor, Fayol), implica, no plano da estrutura da empresa, a criação, "em grau maior ou menor, de uma direção determinada que harmonize as atividades e que realize as funções gerais que derivam da atividade do corpo produtivo no seu conjunto" (Ibid., p.242).[41] O crescimento da dimensão da empresa vai separar as funções de direção das funções de execução (Ibid., p.243).[42] Dá-se assim, a substituição do capitalismo liberal pelos monopólios. Entre 1880 e 1890, nos Estados Unidos, instala-se a produção em

---

40 "A manufatura desenvolve a produção em série, cada trabalhador tem uma função parcial, ela se decompõe em inúmeros antigos ofícios" (Marx, 1930, p.255).
41 "Um violista não precisa de diretor, precisa-o o conjunto" (Ibid., p.242).
42 "A função inspetora direta e contínua do trabalhador ou grupos de trabalhadores passa a ser agora a função de uma classe especial de assalariados. O trabalho de vigilância transforma-se em função executivas dessas pessoas" (Ibid., p.243).

massa; o número de assalariados aumenta em 1500 –, é necessário evitar o desperdício e economizar mão de obra.

Os fundamentos quakers do sistema Taylor

Taylor, oriundo de uma família de quakers,[43] foi educado na observação estrita do trabalho, disciplina e poupança. Educado para evitar a frivolidade mundana,[44] converteu o trabalho numa autêntica vocação.[45]

Iniciou sua vida profissional como operário da Midvale Steel Co., passando a capataz, contramestre e chefe de oficina, daí a engenheiro.

---

[43] "Ainda mais notável, pois apenas deve ser lembrada a relação entre uma filosofia religiosa de vida com o mais intenso desenvolvimento da mentalidade comercial justamente no rol daquelas seitas cujo alheamento da vida se tornou tão proverbial quanto sua riqueza, principalmente entre os quakers e menonitas. O papel que os primeiros tiveram na Inglaterra e América do Norte coube aos segundos nos Países Baixos e Alemanha" (Weber, 1967, p.26). Max Weber constata que a tendência das minorias religiosas, privadas de poder político, é "envolverem-se em atividades econômicas". Isso se deu "com os não conformistas e quakers na Inglaterra" (Ibid., p.22). No fundamento do ascetismo protestante, parte importante, ao lado de outras seitas como "os batistas e menonitas, coube principalmente aos quakers" (Ibid., p.102). A ideia de que Deus fala somente quando as criaturas silenciam significou uma formação tendendo "para a tranquila ponderação dos negócios, para orientação destes em termos de cuidados e justificação da consciência individual" (Ibid., p.106).

[44] Evitar a "vaidade mundana, seja toda ostentação, frivolidade e uso das coisas sem propósitos práticos, ou que forem valiosas apenas por sua raridade, qualquer uso não consciencioso da riqueza, tal como gastos excessivos para necessidades não muito urgentes, a acima da provisão necessária das reais necessidades da vida e do futuro" (Ibid., p.218-9).

[45] A gravidade de sua vida, seu entusiasmo reformista pela substituição do empirismo pela ciência (Taylor, [s.d.], p.94) tem profundas raízes na sua formação familiar, por meio da qual encontrou "ambiente de pureza de vida sã, de ideal de emancipação humana não só no aspecto moral, como também no intelectual, político e social" (Mallart y Cutó, 1942, p.11-2).

O estudo do tempo, a cronometragem, define-se como pedra angular de seu sistema de "racionalização" do trabalho.

Cada operação é decomposta em "tempos elementares"; auxiliado pelo cronômetro, Taylor determina o tempo médio para cada elemento de base do trabalho, agregando os tempos elementares e mortos, para conseguir o tempo total do trabalho, com a finalidade messiânica[46] de evitar o maior dos pecados – a perda de tempo. A finalidade maior do sistema é educativa e manifesta-se pela intensificação do ritmo de trabalho.[47] Para introduzir seu sistema, Taylor promove uma cruzada contra as "ideias falsas", o empirismo,[48] preconizando a prioridade do sistema sobre o indivíduo, criticando, em nível quaker, o pecado da idolatria do "grande iluminado".[49] A prioridade do seu método abrirá um ciclo de prosperidade.[50]

---

46 "Indicar por meio de uma série de exemplos a enorme perda que o país vem sofrendo com a ineficiência de quase todos os nossos atos diários" (Taylor, [s.d.], p.11).

47 "Aperfeiçoar o pessoal de empresas para que possa executar em ritmo mais rápido e eficiente os tipos mais elevados de trabalho, conforme suas aptidões naturais" (Ibid., p.15).

48 "Os conhecimentos e métodos científicos a serviço da administração substituirão em toda parte, mais cedo ou mais tarde, as regras empíricas, porquanto é impossível o trabalho científico com os antigos sistemas de administração" (Ibid., p.94).

49 "O remédio para essa ineficiência está antes na administração do que na procura do homem excepcional ou extraordinário" (Ibid., p.11). Essa atitude anti-idolátrica transportada para o sistema político é que explica como o protestantismo, na medida em que condena a idolatria das pessoas, constitui-se em antídoto à obediência passiva a líderes carismáticos totalitários, cria um *ethos* democrático com base nessa desconfiança do grande líder.

50 Sob "a administração científica, as fases intermediárias serão mais prósperas e mais felizes, livres de discórdia e dissensões. Também os períodos de infortúnio serão em menor número, mais curtos e menos atrozes" (Ibid., p.29).

O messianismo administrativo de Taylor parte da função providencial do empresário,[51] que existe para satisfazer os interesses gerais da sociedade e o particular do consumidor. Isso motiva a coletividade ao aproveitamento intensivo de suas riquezas que a Providência colocou sob seu poder, racionalizando sua conduta, sua vida diária.[52]

Há em Taylor uma paideia, um ideal de formação humana e de um tipo de personalidade, consequência lógica da aplicação e vivência do sistema da Administração Científica do Trabalho. Tem seu sistema o mérito de acentuar a virtude do ascetismo,[53] a mentalidade entesouradora no que se refere a dinheiro,[54] a

---

51 Em Taylor dá-se a valorização positiva da indústria, da função do trabalho e do empresário no sistema social global. Isso se deve à sua formação quaker. Pertencendo a uma das inúmeras seitas da Igreja Reformada que se autoexcluiu da cidadania política ao "recusar-se a prestar serviço militar, inabilitando-se, portanto, à nomeação para os cargos públicos" (Weber, 1967, p.107), ela acompanha assim "o destino das seitas marginalizadas, ao fortalecer a tendência a envolver-se com particular empenho nas atividades econômicas" (Ibid., p.22). Daí a emergência de um quaker preocupado com a administração cientifica da empresa, na qual o empresário tem uma função providencial: "sua prosperidade é consequência de uma vida santa" (Ibid., p.21), em que se concilia "auferir lucros e conservar-se piedoso" (Ibid., p.209, nota 39); como se dá a conciliação da administração científica com o misticismo, "a administração científica não pode existir se não existe ao mesmo tempo certo estado de espírito, o qual o engenheiro (Taylor) define em termos quase místicos" (Société Taylor, 1932, p.11).

52 O escrúpulo de sua conduta é para o batista função da "maior glória de Deus" (Weber, 1967, p.79-80) "pertence especialmente ao quaker a conduta do homem tranquilo, moderado e eminentemente consciencioso" (Ibid., p.106).

53 "O ascetismo quaker desenvolverá o sentimento religioso da vida com o mais intenso desenvolvimento da mentalidade comercial" (Ibid., p.26); isso levou-o a dar um "significado religioso ao trabalho cotidiano secular" (Ibid., p.53), por meio do qual este aparece como a mais alta expressão de "amor ao próximo" (Ibid., p.54).

54 "O carregador de lingotes de ferro tinha fama de ser seguro" (Taylor, [s.d.], p.66), isto é, "dá muito valor ao dinheiro, um centavo parece-lhe tão grande como uma roda de carroça" (Ibid., p.42). Os operários que foram aumentados "começaram a economizar dinheiro" (Ibid., p.66), cumprindo os preceitos

abstinência de álcool,[55] trabalho constante[56] com "a figura do chefe enérgico, paciente e trabalhador" (Taylor) que incita a ambição do subordinado, condena a negligência e dissipação.[57] No plano salarial, mercê de sua atitude pessimista ante a natureza humana,[58] Taylor manifesta-se favorável a baixos salários, ou melhor, seu aumento deve ser dosado gradativamente.

No plano de sua Teoria da Administração, Taylor define a burocracia como emergente das condições técnicas de trabalho, pela separação entre as funções de execução e planejamento, predominando a organização sobre o homem, acentuando como fator motivacional único o monetário.[59]

Taylor parte de um ponto de vista segundo o qual o interesse dos trabalhadores é o da administração, desconhecendo as tensões entre a personalidade e a estrutura da organização formal.

---

puritanos de Benjamin Franklin, que enunciara: "Lembra-te que o dinheiro é por natureza prolífica, procriativa. O dinheiro pode gerar dinheiro e seu produto pode gerar mais e assim por diante" (Weber, 1967, p.33).

55 A condenação do álcool é um dos elementos do puritanismo; por essa razão "os escoceses estritamente puritanos e os independentes ingleses foram capazes de manter o princípio de que o filho de réprobo (de bêbado) não devia ser batizado" (Ibid., p.167, nota 21).

56 "De acordo com a ética quaker, a vida profissional é uma prova de seu estado de graça, que se expressa no zelo e método, fazendo que cumpra sua vocação. Não é um trabalho em si, mas é um trabalho racional, uma vocação que é pedida por Deus" (Ibid., p.115).

57 "Para o quaker, a vida profissional do homem define seu estado de graça, para sua consciência que se expressa no zêlo." (Ibid.) Nesse contexto, "a vadiação é o maior mal" (Taylor, [s.d.], p.74).

58 "Quando recebiam mais de 60% do seu salário muitos deles trabalhavam irregularmente e tendiam a ficar negligentes, extravagantes e dissipadores. Em outras palavras, nossas experiências demonstraram que para a maioria dos homens não convém enriquecer depressa" (Ibid., p.68), confirmando as afirmações contidas no calvinismo secularizado pelo protestantismo holandês "ao afirmar que as massas só trabalham quando alguma necessidade a isso as force" (Weber, 1967, p.128).

59 "É preciso dar ao trabalhador o que ele mais deseja: altos salários" (Taylor, [s.d.], p.14).

A análise de tempos e movimentos, base do taylorismo, se por um lado foi recebida com agressividade pelos operários da indústria em geral e pelos da American Federation of Labor, por outro foi entusiasticamente defendida por Le Chatelier, que compara Taylor a "Descartes, Bacon, Newton e Claude Bernard" (Ramos, 1952, p.127).

Taylor procura fazer que os operários possam executar em "ritmo mais rápido os mais pesados tipos de trabalho" (Taylor, [s.d.], p.15). Para isso, seleciona para seus testes dois dos melhores trabalhadores, isto é, atípicos que "por sua robustez física tinham-se revelado dedicados e eficientes" (Ibid., p.51), sendo, porém, os de menor "nível mental".[60] Está claro que Taylor não toma como base o operário médio, valorizando um tipo de fadiga, a muscular, e desconhecendo a fadiga mais sutil, a nervosa.

Quanto aos tempos, verificou-se posteriormente ser impossível decompor minuciosamente uma operação em seus elementos de forma que os tempos correspondentes sejam sempre úteis. O chamado tempo "morto" tem um papel positivo, qual seja o de restabelecer a energia perdida para a continuidade do processo produtivo. Por outro lado, é difícil saber se o aumento de produtividade – apresentado por Taylor como um dos resultados do sistema novo, na medida em que ele tem como elemento motivador o aumento salarial – se deve à nova técnica de trabalho ou ao prêmio.

O estudo dos movimentos depende das dificuldades individuais e a velocidade não é o melhor critério para medir a facilidade com que o operário realiza a operação. Seu método representa uma intensificação e não racionalização do processo

---

60 "Um dos requisitos para que o indivíduo possa carregar lingotes como ocupação regular é ser tão estúpido e fleumático" (Ibid., p.58). Há precedente histórico a respeito da utilização na indústria de pessoas de baixo nível mental: "nos meados do século XVIII, algumas manufaturas empregavam para certas operações simples, que constituíam segredos de produção, de preferência pessoas semi-idiotas" (Tuckett, 1846, v.1, p.149). Esse período oferece material para elaboração de uma patologia industrial que será desenvolvida sistematicamente por Meignez ([s.d.]).

de trabalho (Ibid., p.106). Hoje, solicitam-se rendimentos ótimos, não máximos.

Taylor estudou o trabalho pesado, não qualificado, com a pá (Ibid., p.61), trabalho de fundição (Ibid. p.44) e de pedreiro (Ibid., p.77), daí sua preocupação com a fadiga muscular e seu desconhecimento da fadiga nervosa. Alia-se a isso uma visão negativa do homem, segundo a qual os indivíduos nascem preguiçosos e ineficientes (Ibid., p.29), infantilizados (Ibid., p.89), e com baixo nível de compreensão (Ibid.). Com essa visão do homem, ele define o papel monocrático do administrador.[61]

A separação entre direção e execução, autoridade monocrática, acentuação do formalismo na organização, a visão da administração como possuidora de idênticos interesses aos do operário, definem o *ethos* burocrático taylorista, complementado por Fayol.

Fayol, seguindo a linha de Taylor, defende a tese segundo a qual o homem deve ficar restrito a seu papel na estrutura ocupacional parcelada.[62]

No plano da remuneração, manifesta-se contra a ultrapassagem de certos limites,[63] comparando a disposição estática das ferramentas na fábrica com os papéis das pessoas na organização social,[64] reafirmando a monocracia diretiva (Fayol, 1960, p.51) combinada com um tratamento paternalista do operário (Ibid., p.54) e concluindo que administrar é prever, organizar, comandar e controlar.

---

61 "A atribuição de impor padrões e forçar a cooperação compete exclusivamente à direção" (Taylor, [s.d.], p.75).
62 "Cada mudança de ocupação, de tarefas, implica um esforço de adaptação que diminui a produção" (Fayol, 1960, p.31).
63 Deve-se "evitar o excesso de remuneração, ultrapassando o limite razoável" (Ibid., p.39).
64 "Um lugar para cada coisa, cada coisa e cada pessoa no seu lugar" (Ibid., p.51).

Elemento básico na teoria clássica da administração, em Taylor e Fayol, é o papel conferido à disciplina copiada dos modelos das estruturas militares.[65]

Os modelos administrativos Taylor-Fayol correspondem à divisão mecânica do trabalho (Durkheim), em que o parcelamento de tarefas é a mola do sistema. Daí ser importante nesse sistema que o operário saiba muito a respeito de pouca coisa.

No referente à remuneração, Fayol continua a tradição quaker de Taylor – não pecar por excesso.

Ao enfatizar a função exemplar do administrador, ele define as linhas essenciais do burocratismo de organização formal.

No fortalecimento dos chefes de oficina e contramestre por um Estado Maior (Ibid., p.134), enfatiza ele o papel da disciplina estrita na organização fabril. Define a linha de pensamento que o coronel Urwick acentuará no paralelismo entre a organização militar e a industrial.

Esse paralelismo já fora objetivo de estudo de Max Weber.[66] Com efeito, a guerra criou, à sua maneira, um tipo de diretor industrial, integrando o engenheiro civil, mecânico e marítimo. Por outro lado, o exame topográfico, o uso dos mapas, planos de campanhas, prefiguram o conceito atual de "campanha" publicitária. As condições de transporte, intendência, a divisão de trabalho entre cavalaria, infantaria e artilharia, a divisão dos processos produtivos entre essas três armas, definem que a mecanização se dera antes na área militar e posteriormente na manufatura industrial. A mecanização industrial como sistema

---

65 "Não necessita de demonstração especial o fato de que a disciplina militar" foi o padrão ideal das antigas implantações, como das empresas industriais capitalistas "modernas" (Weber, 1944, v.4, p.80). Essa visão é integrada no corpo da Teoria Clássica da Administração quando Fayol define que "isso tem sido expresso com grande vigor" na área da empresa (Fayol, 1960, p.51).

66 "Não obstante, a disciplina do Exército é o fundamento da disciplina em geral. O segundo grande instrumento disciplinador é a grande empresa econômica" (Weber, 1944, v.4, p.80).

permanente sempre tendeu a copiar os modelos militares. Por influxo de um militar, Napoleão III, foi oferecida uma recompensa a quem inventasse um processo barato para o aço capaz de suportar a força explosiva de novas bombas. Daí surgiu o processo Bessemer.

Não é necessário acentuar que a demanda de uniformes para o exército – realçada por Sombart – foi a primeira em grande escala de mercadorias padronizadas. Porém, isso implica um alto nível de burocratização e formalismo organizacional.

O esquema Taylor-Fayol aparece como um processo de impessoalização, definida pelo enunciado de tarefas (Taylor, [s.d.], p.75), e especialização das mesmas; as pessoas se alienam nos papéis, estes, no sistema burocrático.

A decisão burocrática é absolutamente monocrática, só há um fluxo de comunicação. O empregado adota os mitos da corporação, que constitui uma atribuição de *status* e ao mesmo tempo cria-se um jargão administrativo esotérico (Fayol, 1960, p.39).

Conclusivamente, os esquemas Taylor-Fayol fundam-se na justaposição e articulação de determinismos lineares, fundados numa lógica axiomática que cria um sistema de obrigação devido à lógica interna.

Daí operar uma racionalidade em nível de modelo, em que as operações de decomposição e análise, fundadas em aspectos microeconômicos, criam um sistema de coordenação de funções, que faz emergir uma estrutura altamente formal. Seu comando é centralizado, fundado numa racionalidade burocrática, baseada na racionalização das tarefas, sua simplificação e intensificação do trabalho. A mudança das condições de trabalho leva à mudança dos modelos administrativos.

A evolução do trabalho especializado, como situação transitória entre o sistema profissional e o sistema técnico do trabalho, a desvalorização progressiva do trabalho qualificado e a valorização da percepção – atenção, mais do que da habilidade profissional – inauguram a atual era pós-industrial.

O conjunto volta, na empresa, a ter prioridade sobre as partes quando ela alcança alto nível de automação. Efetua-se a mudança do operário "produtivo" para o de "controle". A nova classe operária vai caracterizar-se pelo predomínio de funções de comunicação[67] sobre as de execução.

Numa fábrica automatizada torna-se impossível manter a ficção de uma hierarquia linear simples (modelos Taylor, Fayol); são necessários especialistas funcionais que devem comunicar-se entre si. O princípio organizacional não se estrutura na hierarquia de comando; se define na tecnologia que requer a cooperação de homens de vários níveis hierárquicos e qualificações técnicas.

O operário de controle nesse sistema só poderá ser considerado um elemento qualificado na medida em que lograr descodificar os sinais observados. O sistema técnico de trabalho liga-se às formas de organização. Daí a possibilidade de uma divisão de funções mais dinâmicas.

A elevação do nível de cultura e o abandono do nível taylorista que separa radicalmente no trabalho concepção de execução são os fatores que permitirão maior utilização da mão de obra.

No plano da dimensão da empresa desenvolvem-se as grandes *corporations* como na Grã-Bretanha e EUA após a Primeira Guerra Mundial; ampliam-se as sociedades por ações que produzem a quase totalidade dos bens públicos, como eletricidade, água e gás.

Passando a sociedade norte-americana da fase inicial de subconsumo e acumulação para a fase da abundância e alta produtividade, resolvidos os problemas econômicos mais imediatos, tem lugar, na empresa, os problemas humanos, que começam a ser atendidos. É quando se dá o surgimento da Escola das Relações Humanas com Elton Mayo; é quando no quadro da

---

67 Já Elton Mayo acentua a importância da comunicação na administração, mas coube a Chester Barnard elevar a categoria a uma noção de sistema. Na indústria cibernetizada constitui a realidade acabada do modelo "sistêmico".

microempresa a direção não é função unificada de organização e coordenação, mas sim ponto de união em que se combinam as exigências políticas e funcionais da empresa.

O esquema de Mayo deveu-se a fatores empíricos. Convidado a estudar agudo *turnover* no departamento de fiação de uma fábrica de tecidos em Filadélfia, calculado em 250%, solucionou Mayo os problemas criando um sistema alternativo de descanso a cada grupo, determinando o método e alternativa dos períodos, de modo que cada um deles tivesse quatro períodos de repouso por dia. O sucesso deveu-se ao fato de as pausas terem permitido transformar num grupo social um grupo solitário de trabalho.

A atitude do empregado em face de seu trabalho e a natureza do grupo do qual ele participa são fatores decisivos da produtividade para Mayo.[68]

Elton Mayo aparece como um profeta secular, que critica a validade dos métodos democráticos para solucionar os problemas da sociedade industrial,[69] na medida em que a sociedade industrial burocratizada procura criar a cooperação forçada pela intervenção estatal.[70]

Na linha da Escola Clássica da Administração (Taylor, Fayol), Mayo não vê possibilidades de utilização construtiva do conflito social, que aparece para ele como a destruição da própria sociedade.[71] Mayo vê na competição um sistema de desintegração social, na medida em que não leva à cooperação, acentuando esse

---

68 "Sem dúvida muitos dos resultados não eram 'novos'. Charles Cooley nos EUA e W. Hellpach na Alemanha assinalaram com muita antecedência a importância da formação de grupos" (Mayo apud Dahrendorf, 1965, p.50).
69 "Os métodos da democracia, longe de proporcionarem os meios de solução do problema da sociedade industrial, provaram ser inteiramente inadequados para a tarefa" (Mayo, 1919).
70 "O Estado não pode produzir a cooperação por meio da regulamentação; a cooperação apenas pode ser o resultado do crescimento espontâneo" (Ibid., p.48).
71 "O conflito é uma chaga social, a cooperação é o bem-estar social" (Ibid).

processo pelo conflito dos partidos políticos.[72] Ele nos coloca diante de um ideal medieval de corporativismo: o cumprimento desse ideário corporativo cabe à elite dos administradores da indústria.[73]

Mayo partiu da análise de pequenos grupos segmentados do conjunto fabril – este isolado da sociedade industrial –, valorizando o papel do consenso do pequeno grupo para produzir mais, minimizando o papel da autoridade na indústria, o que leva o administrador da Escola de Relações Humanas a um "humanismo verbal" e à necessidade, às vezes, de recorrer à autoridade formal para satisfazer as quotas de produção exigidas.

Para Elton Mayo a cooperação dos operários reside na aceitação das diretrizes da administração, representando um escamoteamento das situações de conflito industrial. Nesse sentido, ele continua a linha clássica taylorista –[74] este acentuava o papel da contenção direta, aquele a substitui pela manipulação.

Há uma incompatibilidade lógica no esquema de Mayo, qual seja, a luta pela cooperação espontânea e a luta por sua organização, incompatível com a existência de associações voluntárias.

Na sua crítica à Escola de Relações Humanas, a Escola Estruturalista já mostrara que o conflito industrial não é um mal em si; cabe manejá-lo construtivamente. No plano institucional, Mayo atribui ao administrador um papel que ele dificilmente poderá cumprir, pois confunde conhecimento especializado

---

[72] "Em toda literatura dos séculos XIX e XX apenas os defensores do Estado Corporativo sugeriram que a satisfação no trabalho pode ser reconquistada apenas pela integração do operariado na comunidade da fábrica, sob a liderança da administração" (Bendix; Fisher, 1962, p.126).

[73] "Se tivéssemos uma elite capaz de realizar tal análise dos elementos lógicos e irracionais na sociedade, muitas das nossas dificuldades seriam praticamente reduzidas a nada" (Mayo, 1919, p.18).

[74] "Ela (a abordagem das relações humanas) representa um adorno da cooperação antagônica entre operários e administradores" (Bendix; Fisher, 1962, p.129).

(administrativo) com poder; daí propor a noção de uma elite administradora dominante.[75]

Apesar dos esforços de Mayo para tornar agradável o trabalho, as máquinas não evitam que o mesmo se torne satisfatório em nível absoluto. Embora Mayo veja o conflito como algo indesejável, o mesmo tem função, às vezes, de conduzir a uma verificação de poder e do ajustamento da organização à situação real e, portanto, à paz.

Acentuando o peso do informal no trabalho, desmentido pelo fato de a maioria dos operários não pertencer a grupos informais, Mayo cria condições para o aparecimento de uma crítica ao seu sistema: a abordagem estruturalista das organizações inicia-se assistematicamente com algumas perspectivas lançadas por Marx na análise da empresa oriunda da primeira Revolução Industrial, e continuadas sistematicamente por Max Weber na análise da empresa produto da segunda Revolução Industrial.

A crítica estruturalista emergiu na Alemanha – embora não fosse o país-modelo da empresa burocrática –, sob pressão do alto nível político em que os assuntos sociais eram definidos, permitindo tornar a sociologia alemã uma resposta intelectual à Revolução Industrial, ao nível do Ocidente.

O esquema global de Elton Mayo fundamenta-se numa aproximação existencial (Hawthorne), na procura de uma compreensão dinâmica e global, na valorização do informal, portanto, da comunicação afetiva e simbólica, levando à noção das dinâmicas de grupos, acentuando o papel da negociação e do compromisso e elaborando uma visão otimista do homem, uma pedagogia em nível grupal e uma ação que visa mais à "formação" do que à "seleção". Negativamente, a Escola das Relações Humanas aparece como uma ideologia manipulatória que acentua a preferência

---

[75] A ideia de que a revolução do século XX será "não dos operários, mas sim dos funcionários", explicitada por Max Weber (1946, p.67) e enunciada por Elton Mayo nesse contexto, foi explorada sistematicamente por James Burnham em sua obra clássica *The Managerial Revolution* (1941).

do operário pelos grupos informais fora do trabalho, quando na realidade o operário sonha com a maior satisfação: largar o trabalho e ir para casa (Chinoy, 1955). Valoriza esse sistema símbolos baratos de prestígios, quando o trabalhador prefere, a estes, melhor salário. Essa escola procura acentuar a participação do operário no processo decisório, quando a decisão já tomada de cima, a qual ele apenas reforça.

Conclusão

No presente artigo abordamos o conceito de burocracia, desenvolvido, no plano lógico, por Hegel,[76] no histórico, pelas formações estatais definidas como o "modo asiático de produção". Nessas formações a burocracia detém o poder do Estado e constitui a própria classe dominante, cuja recorrência histórica situa-se nas formações dos Estados: chinês, russo, egípcio, babilônico, e, na forma atual, a URSS e os países que constituem o Bloco Oriental: China atual e Cuba.[77]

O artigo enunciou as determinações histórico-sociais que presidiam a Revolução Industrial na França, Inglaterra e Alemanha, fonte geradora das teorias explicativas de caráter "total" e global: Saint-Simon, Fourier e Marx.

---

76 "A Filosofia do Direito, a peça mais grandiosa do pensamento hegeliano, contém um sabor tão profundo das realidades do mundo social e moral que nela reside uma sociologia concreta. A reflexão sobre o sistema da sociologia é reconduzida à sua fonte quando se liga à Filosofia do Direito de Hegel" (Freyer, 1944, p.244).

77 "A burocracia estatal reinaria absoluta se o capitalismo privado fosse eliminado. As burocracias, pública e privada, que agora funcionam lado a lado, e potencialmente uma contra outra, restringindo-se assim mutuamente até certo ponto, fundir-se-iam numa única hierarquia. Esse Estado seria então semelhante à situação no Antigo Egito, mas ocorreria de uma forma muito mais racional e por isso indestrutível" (Weber, 1968, v.3, p.1402).

A passagem da máquina a vapor para a eletricidade ocasiona a segunda Revolução Industrial e o surgimento das teorias de Taylor e Fayol. Enquanto as teorias sociais totais abordavam os processos macroindustriais, Taylor e Fayol têm, como ponto de partida, os aspectos microindustriais, um método de trabalho adequado a uma civilização em fase acumulativa de escassez e procura de rendimento máximo.

O taylorismo não se constitui somente num estudo técnico de tempos e movimentos, mas é influenciado pelo *ethos* puritano de origem quaker. Taylor desenvolve toda uma paideia, ou seja, um ideal formativo de personalidade humana, em suma, uma visão do mundo.

Abordamos também a transposição das formas de disciplinas surgidas inicialmente na área militar para a área fabril, integradas na Escola Clássica da Administração.[78]

Por outro lado, a formação de holdings, a passagem da escassez à abundância, levarão à enfatização do "fator humano" no trabalho com os estudos de Elton Mayo e a Escola das Relações Humanas.

A partir dos enunciados assistemáticos de Marx no século passado, posteriormente à sistematização de Max Weber aparece uma atitude crítica ante a Escola das Relações Humanas, vista como ideologia de manipulação da administração.

A ênfase de Elton Mayo na espontaneidade, no grupalismo, levará posteriormente à formação de teorias administrativas fundadas nas técnicas de dinâmicas de grupo. Essas técnicas, ao acentuar a importância da comunicação na empresa, em que ela aparece como um "sistema" interligado e o operário como um descodificador de sinais, criam as condições para a atual "teoria

---

[78] Tal transposição já fora notada no século passado por Karl Marx quando enunciava que "a guerra se desenvolve antes que a paz: é necessário demonstrar como, pela guerra e nos exércitos, certas relações econômicas como o trabalho assalariado e o maquinismo surgiram nessa área, disseminando-se posteriormente pelo interior da sociedade burguesa" (Marx, 1957, p.172-3).

dos sistemas". Ela apresenta um máximo de formalização, em detrimento dos elementos históricos contingentes do processo industrial.

Em suma, as categorias básicas da Teoria Geral da Administração são históricas, isto é, respondem a necessidades específicas do sistema social.

A Teoria Geral da Administração é ideológica, na medida em que traz em si a ambiguidade básica do processo ideológico, que consiste no seguinte: vincula-se às determinações sociais reais, enquanto técnica (de trabalho industrial, administrativo, comercial) por mediação do trabalho; e afasta-se dessas determinações sociais reais, compondo-se num universo sistemático, organizado, e refletindo deformadamente o real, enquanto ideologia.

Assim como as teorias macroindustriais do século passado de Saint-Simon, Fourier e Marx representam a resposta intelectual ante os problemas oriundos da Revolução Industrial, as teorias microindustriais de Taylor-Fayol responderão aos problemas da era da eletricidade e as Escolas das Relações Humanas, Estruturalista e Sistêmica refletirão os dilemas atuais.

As teorias administrativas são dinâmicas, mudam com a transição das formações socioeconômicas, representando os interesses de determinados setores da sociedade que possuem o poder econômico-político, sob o capitalismo ocidental, e o poder político-econômico, nas sociedades que descrevemos como formas recorrentes do modo asiático de produção.

No sentido operativo, cumprem a função de elemento mediador entre a macrossociedade e a micro-organização pelo agente, o administrador. No sentido genético, constituem-se em repositório organizado de experiências, cuja herança cumulativa é uma condicionante das novas teorias, por exemplo, a persistência de aspectos tayloristas em Elton Mayo e na Escola Estruturalista.

Pode acontecer uma "reinterpretação cultural" – área de estudo da Antropologia aplicada à administração – de modelos administrativos. Assim foi a assimilação que a URSS efetuou do taylorismo de 1918 até hoje, definindo-o com uma função diversa da que possui na sociedade norte-americana originária, atuando na URSS como uma técnica stakhanovista de intensificação do trabalho num "sistema asiático de produção", que existe recorrentemente.

No próximo artigo concluiremos o tema com a abordagem crítica dos modelos de Drucker, Katz & Kahn, Max Weber e James Burnham, ainda no âmbito da Teoria Geral da Administração como ideologia.

As condições de produção da educação[*]

A educação, como a religião e o direito, não tem uma história isolada, mas constitui-se em parte integrante do todo social, captado por suas determinações econômico-sociais. Mostra o autor que o importante é reter o fato de que a forma assumida pelo processo de trabalho determina as características e o significado da educação. Na medida em que, com a manufatura, cada operação no processo de trabalho é cada vez mais subdividida, cada subdivisão isolada constitui-se em função de um trabalhador e o conjunto de funções e operações forma o trabalhador coletivo, constituído de muitos trabalhadores parciais. Com isso, reduziu-se o tempo requerido para a formação do trabalhador individual e a aprendizagem é limitada a um número de operações. Há um deslocamento do conhecimento do trabalhador individual ao coletivo e deste ao capital que culmina com a indústria moderna,

---

[*] Prefácio de *Ideologia e hegemonia: as condições de produção da educação*, de Nuvenius Junqueira Paoli. São Paulo: Cortez, 1980.

em que a ciência aparece como força independente do trabalho e a serviço desse mesmo capital, e a qualificação para o trabalho passa a ser controlada por este. Na medida em que o capital detém o conhecimento, ele funda uma distribuição diferencial de saber que legitima a já existente na esfera do poder. Constituindo-se em qualificações genéricas, a força de trabalho pode ser formada fora do processo produtivo: na escola.

Segundo o autor, predominando formas pré-capitalistas de trabalho a exigência de qualificação formal do trabalhador é inexistente; predominando o capitalismo, nas chamadas funções de supervisão exige-se diploma universitário. Aí se coloca a função intelectual de não só produzir mesmo no plano simbólico, como conduzir a direção moral e intelectual da sociedade de classes, legitimando com seu saber o poder existente e sua distribuição desigual. O intelectual age como "agente comissionado" do poder, na medida em que estende a disciplinação da mão de obra da fábrica à sociedade global, assegurando a viabilidade da dominação que não se dá somente pelo exercício da força, mas também pela "inculcação" de padrões de "disciplina", "retidão" e "pontualidade" que a reprodução do capital exige.

A isso liga-se o processo de industrialização e burocratização concomitantes. Se na primeira fase da industrialização o trabalho era a base (1880), na segunda fase (1950) a máquina irá substituí-lo: é a passagem da "questão social como caso de polícia" para a "questão social assunto de Estado". A intervenção do Estado na economia, desde 1915 com o Convênio de Taubaté até a criação dos célebres institutos e bancos estatais do Estado Novo e sua proliferação posterior sob os diversos governos "democráticos", significará alargamento maior no âmbito de emprego para a burocracia e o pessoal diplomado, com diplomas de segundo e terceiro graus. Aí é que surge o reconhecimento da escola como fator de definição do trabalho individual, com base na ideia de que aqueles que atravessam os cursos escolares e chegam ao diploma final são os "melhores", os "herdeiros" da cultura, com legitimidade para o exercício do poder sobre a maioria da mão de obra, ainda semiqualificada. Enquanto isso, a mão de obra se vê impedida de se auto-organizar pelo sindicalismo vertical dominado pela burocracia estatal que reorganiza as classes a seu talento, sindicalizando patrões e operários sob tutela estatal.

O Estado impõe ao povo um padrão desmobilizador e autoritário, expulsa o populismo e o trabalhismo, na medida em que este pressupunha a presença política dos sindicatos. Não só os sindicatos, mas também os partidos políticos estão sujeitos à tutela burocrática-estatal.

A crise dos anos 1960, com a contestação estudantil, de setores da Igreja e operário-camponesa, é resolvida pela exclusão das classes subalternas da participação dos processos decisórios. Aí, segundo o autor, a educação vai funcionar como o grande mecanismo de exclusão, a escola vai realizar e garantir a hegemonia dos setores dominantes na medida em que dela estão excluídas as grandes massas rurais e consideráveis massas urbanas. O sistema educacional nacional – operando por exclusão –, que atinge grande parte da população, é um dos aparelhos de hegemonia dos setores dominantes, operando em relação ao povo não pelo "fazer falar", mas pelo "fazer calar".

Nesse sistema insere-se a universidade; ela é a porta que dá acesso ao desempenho, às funções hegemônicas, obedecendo ao processo de industrialização, em que a alta densidade tecnológica implica funções de supervisão exercidas por "acadêmicos". Ao definir uma distribuição diferencial de saber ela reproduz a distribuição diferencial de poder econômico e político, perpetuando através da "cultura de desconversa" o ensino do irrelevante que leva à exclusão de grandes massas de estudantes pelo desinteresse que os cursos apresentam, assim realizando as funções de hegemonia dos setores dominantes. Dessa forma, transforma a dominação de fato em dominação de direito, a desigualdade social em "natural".

Como o Estado converte a universidade na reprodutora de seus ditames? É através da manutenção da produção intelectual nos limites da comunidade acadêmica, isolada da totalidade do social nos melancólicos "campi" universitários deste país.

Enfaticamente, mais do que isso, mostra o autor que o Estado realiza a "conversão" de cursos que surgiram inicialmente vinculados à prática social (cursos de Ciências Sociais) em meros e raquíticos esqueletos: Estudos Sociais. Não bastasse isso, através da regulamentação rígida da pós-graduação num modelo único, opera o desvio dos melhores professores da graduação, confisca a pesquisa do nível de graduado passando para o pós. O curso de pós fica reduzido a ser pós de coisa alguma. Por meio da introdução de Estudos Sociais e o consequente esvaziamento dos cursos de Filosofia, História, Geografia e Ciências Sociais, o Estado reproduz as relações sociais dominantes, usando instrumentos burocráticos: o poder que a legislação lhe autoconfere. A universidade, controlada em sua função pedagógica pela burocracia, tendo sua função de pesquisa redefinida fora de seu meio, através das agências de financiamento nacionais e internacionais, é "domesticada": reduz-se à criação de mão de obra "superior" requerida pelo sistema, sem mais nada, sem fantasia. Na medida em que o Estado vai definir o que seja hierarquia, eficiência e especialização universitária, direta ou indiretamente pelas agências financiadoras, converte a ciência num pressuposto do capital, em que a eficácia ideológica do poder burocrático se constituirá no principal meio de reprodução.

Com a industrialização operam-se rupturas: na fábrica, entre quem detém o "saber" e manda e aquele que se caracteriza pelo não saber (o operário que cumpre funções que o próprio capital simplifica); na área do Estado, entre dirigentes e súditos que têm o direito ao pagamento dos impostos; nas universidades, de um lado o corpo docente, de outro o corpo discente, mediados pela burocracia acadêmica. Na medida em que essa separação é mantida, a instituição – fábrica ou Estado – cumpre sua função de hegemonia, fazendo que as classes subalternas aprendam a "aceitar" o real imediato como o desejável.

No plano universitário, uma exceção houve: a criação da Universidade de Brasília por Darcy Ribeiro; correspondia ao "máximo de consciência possível" dos setores dominantes na época. Após 1968 acontece seu esvaziamento; do projeto inicial resta a ossatura mantida em nível administrativo que é reproduzida por várias universidades de nível federal – o conteúdo crítico ficara "em conserva". Conclusivamente salienta o autor que a Reforma de 1968 vai se preocupar com uma universidade instrumental, fundada na "eficiência e produtividade". Consolidará estruturalmente o poder burocrático que limitará a ação professoral aos parâmetros "permissíveis", que é uma reforma que na realidade traduz-se por uma "restauração". Os mortos governam os vivos, dizia Conte, e agregamos: isso acontece enquanto os vivos se deixam dominar, enquanto não emergem forças sociais que coloquem em xeque a universidade como aparelho de hegemonia, operando a dissociação entre o poder da razão e a razão do poder. Isso depende da capacidade de auto-organização das classes subalternas e sua capacidade de pressão, e de intelectuais "críticos" ocupando espaço dos "domesticados". Por tudo isso, *Ideologia e hegemonia: as condições de produção da educação* é leitura obrigatória aos interessados nos problemas cruciais, dominantes na área educacional vinculada à sociedade global.

Geopolítica: ideologia nazista?*

Ratzel, Haushofer e Kjellén são seus teóricos significativos. Ratzel cria a teoria da união orgânica homem/terra como permanente, em que a situação e o espaço territorial determinam a posição amistosa ou não de um Estado em relação a outro. Cria a lei do crescimento dos espaços: o Estado como organismo respira por este e luta impulsionado por leis naturais dos "grandes espaços" onde as "grandes raças" submetem outras à sua cultura. "As potências conquistadoras do espaço" substituem o Estado territorial. Ele promove a criação de uma consciência popular dos "grandes espaços". Haushofer encara a geopolítica como o estudo das relações espaciais entre os Estados, envolvendo ataque e defesa; cabe à geopolítica fornecer armas à ação política. Para Haushofer o espaço é eterno, a política nele fundada obedece a

---

* *Revista SBPC – Ciência e Cultura*, n.6, v.24, São Paulo, Sociedade Brasileira para o Progresso da Ciência, jun.1972. Suplemento – Resumos – XXIV Reunião Anual.

leis eternas do espaço. A luta das nações é a luta de diferentes conceitos de espaço. Critica a falta do "instinto de fronteira" no Estado alemão. Desde 1924 a *Revista de Geopolítica* lutou para manter a aristocracia social como elite dirigente autêntica. Mentor intelectual de Hitler por mediação de Rudolf Hess. Sua geopolítica serve à estratégia militar, daí doutrinar que a guerra contra um país de grandes espaços só pode ser ganha pela destruição rápida do inimigo. Em Kjellén, a nação surge pela fusão do povo no Estado. Este expressa-se pela autarquia econômica, unidade das classes sociais e lealdade absoluta ao governo que se confunde com Estado. Prescreve Kjellén que a posição central da Alemanha leva-a à expansão e procura do "espaço vital", dominando a Europa Central. Raça, para Daitz, é o miolo racial unido aos espaços nucleares. Ele postula uma Doutrina Monroe racial por meio da qual a Europa é submetida à hegemonia alemã. Em síntese, Ratzel cria a teoria dos grandes espaços, assimilada por Haushofer, Kjellén e Daitz, que integram a geopolítica no corpo doutrinário do nazismo.

O caráter ideológico dos estudos ecológicos*

A ecologia surge com a sociedade de classes. Já Platão condenava a poluição do meio natural. Com a Revolução Industrial, aparece a negação da natureza e o problema ecológico se coloca. A cidade não responde à sua função de defesa do homem: densidade populacional coexiste com *smog*. Mercantilização do espaço cria a ideologia do "dever ser", da má consciência pela depredação do planeta. A luta pela "qualidade da vida" é o novo álibi do mandarinato, que cria a "indústria ecológica": o National Park. A degradação humana se dá na condição operária. Na Itália atual, operários trabalham com o dorso nu, com umidade de 85%; após cinco anos são destruídos pela artrite: na Breda italiana, dos oitocentos operários, metade sofre de bronco-pneumonia, 40% de distúrbios circulatórios e 60% de artrite, muitos atacados pela

---

* *Revista SBPC – Ciência e Cultura*, n.6, v.24, São Paulo, Sociedade Brasileira para o Progresso da Ciência, jun.1972. Suplemento – Resumos – XXIV Reunião Anual.

silicose devido à falta de máscaras protetoras. A poluição fabril é acompanhada da urbana, a hidro-biológica unida à poluição por pesticidas leva à erosão do solo. O tetramentro patenteado pela Hoechst, condenado na Alemanha e Estados Unidos, será produzido no Brasil na escala de 30 mil toneladas ao ano. Ele altera o equilíbrio ecológico das fontes hídricas liquidando sua fauna. Aqui o mercado consumidor localiza-se junto a bacias hidrográficas já poluídas. Os écologos querem as condições da sociedade de consumo sem seu "negativo": depredação do homem e da natureza que alimentam essa sociedade. Querem manter a estrutura socioeconômica sem a catástrofe que ela prepara: a antipoluição socializa as perdas, privatiza o lucro, aumenta o custo do produto final. Surge a "ideologia do centro": estamos num só barco, a tecnologia prejudicará a todos; a "direita" defende a construção de "santuários", "National Park", critica o consumismo popular, vê o homem como animal de rapina. A "esquerda" aceita a tecnologia base da ecologia "popular". A ecologia pratica a "arte da desconversa", naturaliza o socioeconômico, mistificando suas causas sociais da mesma forma que o seu *leitmotiv*: a poluição é falsa consciência em ato.

Ecologia *versus* capitalismo[*]

As considerações a respeito da ecologia e modo de produção capitalista que agora expendemos constituem uma continuação da comunicação que apresentamos na 24.ª Reunião Anual da Sociedade Brasileira para o Progresso da Ciência (SBPC), promovida entre 2 e 8 de julho de 1972 sob o título "O caráter ideológico dos estudos ecológicos". Na ocasião, enunciamos que o problema ecológico é ligado à sociedade dividida em classes; é com a Revolução Industrial que aparece a "negação" da natureza, e a mercantilização do espaço cria a ideologia do "dever ser" metafísico como forma de resolver a má consciência do capital. Enunciamos na época que os ecólogos querem manter a estrutura socioeconômica capitalista sem a catástrofe que ela prepara – a antipoluição socializa as perdas e privatiza os lucros, aumentando o custo do produto final. Não constitui preocupação dos ecólogos a crítica às

---

[*] *Economia e Desenvolvimento*, n.2, ano 1, São Paulo, Cortez, fev.1982, p.129-37.

relações de produção fundadas na exploração do trabalho humano, muito menos a poluição no interior da fábrica. Na Itália atual, por exemplo, operários trabalham com o dorso nu com umidade de 85% e, após cinco anos de vivência nesse "ambiente", são destruídos pela artrite. Como fora constatado por uma comissão de inquérito na Breda italiana, de 800 operários, metade sofre de bronco-pneumonia, 40% de distúrbios circulatórios e 60% são atacados pela artrite, enquanto muitos outros são atacados pela silicose por causa da falta de equipamentos de proteção. Nesse sentido a função do discurso ecológico é naturalizar as causas sociais do infortúnio operário praticando a "arte da desconversa" (Bernardo, 1979). Porém, a extensão do movimento ecológico e a penetração de seu discurso entre a pequena burguesia universitária estão ligadas à consequência social da crise estrutural do sistema capitalista manifestada pelo declínio da taxa de aumento real do consumo particular. Como o nível de renda está em função da produção, seu estancamento leva a contrações sociais, daí as reivindicações de elevação do nível de vida não poderem ser satisfeitas pelo sistema dominante. É nesse contexto que se insere o movimento da pequena burguesia contra os impostos que, taxados em função dos rendimentos nominais defasados dos reais, afetam a pequena burguesia.

O movimento contra os impostos funda suas críticas ao "gigantismo" do aparelho estatal hoje. Essa reação parte da pequena burguesia, cujas médias e pequenas empresas não sentem o problema da integração tecnológica, levando o pequeno burguês a conceber o sistema capitalista como a mera soma de empresas isoladas. O ideólogo dessa posição é Friedrich Hayek, que influenciou Milton Friedman, ex-assessor de Pinochet e atual assessor de Begin.

A "Escola de Chicago" de Friedman defende o ponto de vista de que a causa da crise resulta da criação excessiva de moeda por emissões estatais e propõe que a mesma seja criada independentemente da ação estatal, apresentando como panaceia para os males atuais do sistema uma taxa de emissão de moeda constante limitada, não sujeita ao Estado e exposta à ação "livre" do mercado. Para Hayek e Friedman, a inflação consiste somente na criação de moeda, por considerarem-na causa independente; não veem que a restrição à emissão de moeda numa economia inflacionária aumenta seu volume de circulação, daí sempre se dará a inflação monetária. A função das teorias Hayek-Friedman é a restrição à ação do Estado em favor do privatismo econômico reciclado. É a bandeira da pequena burguesia na sua luta anti-imposto.

Como regimes políticos parlamentares mantêm equilíbrio instável através dos pequenos partidos que garantem precárias, porém reais, maiorias no Parlamento, a pequena burguesia, apesar de sua insignificância econômica, consegue derrubar governos, orientando-os para a diminuição das instituições de consumo. É o que ocorreu no estado da Califórnia em 1978.

No fundo, o que a pequena burguesia quer é reestruturar o capitalismo através da remodelação das condições gerais de produção nos países industrializados, daí a função política do movimento ecológico.

Esclarecemos que, ao criticar o movimento ecológico enquanto proposta econômica (crescimento zero, idealização dos modos de produção pré-capitalistas, conceito a-histórico de natureza), não atacamos reivindicações específicas em relação ao não uso de certo tipo de produto, dispersão de tóxicos no ambiente social ou combate a outras formas de poluição produzida pelo capital. Apenas situamos que elas, enquanto reivindicações isoladas, inserem-se no vasto movimento dos consumidores que não atacam a "sociedade de consumo" através do seu elemento central: o questionamento do modo de produção.

Algumas teses mistificadoras

O movimento ecológico se caracteriza por possuir um projeto global e logicamente articulado de remodelação das "condições gerais de produção" e reestruturação do capitalismo na base de novos mecanismos de funcionamento econômico-social. A crítica não se dirige a reivindicações isoladas, mas a sua organização sistemática numa concepção global da economia e da sociedade. Nesse sentido, o movimento ecológico representa o máximo da "consciência possível" dos ideólogos do neocapitalismo.

O discurso ecológico está expresso em dois relatórios produzidos em 1972, um pelo Massachusetts Institute of Technology (MIT) para o Clube de Roma e outro de autoria do ex-social-democrata Sicco Mansholt.

A ecologia, enquanto movimento organizado, surgiu em 1974, antes da tão mistificada "crise do petróleo", com a preocupação de fundir tendências políticas da direita à esquerda. O social-democrata Mansholt representava no contexto o setor ligado às multinacionais, ocupando o cargo de presidente da Comissão Europeia. Por sua vez, os membros do Clube de Roma relacionam-se com as multinacionais e com o Mercado Comum Europeu; seu fundador foi antigo diretor da Fiat e da Olivetti. O Clube de Roma mantém íntimas ligações com o capital monopolista, recebendo generosos financiamentos da Xerox, Volkswagen e dos grandes produtores petrolíferos texanos, pois são executivos cujas funções decorrem das necessidades da integração da tecnologia capitalista e da remodelação das condições gerais da produção numa época de crise mundial do sistema.

Enquanto ideologia, a ecologia apresenta-se como a defensora do restabelecimento do equilíbrio entre a natureza e a sociedade humana, rompido pelo desenvolvimento industrial. Porém o fato é que não há equilíbrio "natural", pois todos os elementos da natureza foram reciclados pelo trabalho.

Esses elementos exercem efeitos recíprocos, daí a estrutura de suas relações estar sob permanente mudança. O homem integrante do mundo natural e social se organiza em sociedades que são mais do que a mera soma dos indivíduos que as compõem. Quem passeia por áreas verdes exorcizando as chaminés esquece que as duas resultam do trabalho humano. A seleção de espécies vegetais e domesticação dos animais, base das primeiras civilizações urbanas, foi obra humana de transformação da natureza, que possibilitou prosseguir no crescimento populacional. Plantas e animais que conhecemos hoje são fruto do trabalho humano junto à natureza. Daí a poluição e a ruptura do equilíbrio natureza e sociedade caracterizarem todas as formas históricas de sociedade. Assim, o homem reagiu à escassez de madeira no século XVIII através da substituição do combustível vegetal pelo mineral e pelo emprego de ferro nas construções, ultrapassando o equilíbrio anterior, criando um novo equilíbrio.

Sem dúvida há efeitos secundários negativos do sistema industrial sobre a saúde – o operário possui a vivência desses efeitos no interior da fábrica – mas a destruição de vidas seria muito maior sem a industrialização. É necessário situar que cada modo de produção assenta-se numa forma de equilibração. Da mesma maneira que a ação humana destrói um equilíbrio, ela cria novas formas de equilíbrio. O discurso ecológico ignora que a relação entre homem e natureza é histórica, daí seu caráter demagógico expresso através da ideologia do "equilíbrio natural" a-histórico, por meio da qual a discussão do modo de produção dominante é escamoteada. Os ecólogos concebem o sistema social como homogêneo e integrado, sem contradições internas; não percebem que cada novo equilíbrio resulta da reorganização das contradições sociais internas inerentes a modos de produção fundantes de estruturas de classes.

Sob o capitalismo monopolista, quem ganha e quem perde com as "remodelações" propostas pelos ecólogos? A ecologia silencia sobre a exploração do trabalho, não analisa o capitalismo como sistema integrado nem a tecnologia que ele gera; ela trata das "condições gerais de produção", como as fontes de energia e matérias-primas. Ela toma o capitalismo como um pressuposto implícito na análise, confundindo-o com a industrialização em geral. Ela reflete a crise de produtividade do sistema, não a vendo como resultante da expansão do consumo individual que concentrou investimentos, pesquisa e inovações no setor de bens de consumo.

A causa do desequilíbrio

O capitalismo, apesar de utilizar pouco as máquinas na sua fase inicial, se caracteriza por "realizar" as relações de produção fundadas na separação entre produtores e meios de produção e a igualização dos primeiros ante o trabalho. O característico fundamental da tecnologia sob o capitalismo é fundamentar uma indústria baseada na exploração da mais-valia e não em se constituir num catálogo de máquina. É isso que condiciona o equilíbrio ou desequilíbrio e reequilíbrio posterior com a natureza.

O que faz a ecologia? Absolutiza a crise de produtividade que se dá no âmbito de relações de produção historicamente definidas, encarando-a como decorrência das relações homem e natureza, criando o mito do "esgotamento da natureza". Ela alimenta-se do caráter não renovável de certos recursos naturais, esquecendo-se, em troca, de mostrar que a maior parte é facilmente renovável. Mesmo o petróleo, quando incorporado a certos produtos, sofre uma reciclagem. A matéria-prima, ao rarear, encarece e isso motiva pesquisas que permitem descobertas de novas jazidas. Há reaproveitamento de matérias-primas inutilizadas pelo progresso técnico, há a criação artificial de substitutos dos produtos naturais, multiplicando-se a produtividade natural. O sistema de custos e preços permite tais reequilíbrios.

No discurso ecológico está ausente a inovação tecnológica, pois se a sociedade "tira" da natureza ela também "põe". Na relação natureza e sociedade, consumo significa também produção, na medida em que o mundo não é finito, seus elementos estão em constante inter-relação.

A teoria do "esgotamento das fontes naturais" funda-se na teoria dos rendimentos decrescentes. Ela caracteriza-se por um modelo em que um elemento se desenvolve sempre e outro permanece fixo. Os resultados obtidos pelo elemento em desenvolvimento são progressivamente decrescentes, até que o elemento fixo predomina, acarretando um ponto final no desenvolvimento. Esse modelo é a base da explicação marginalista e justifica os critérios capitalistas de distribuição. Malthus aplicou-o numa outra direção, fundando uma teoria da dinâmica econômica, que mostrava que a tendência da população ao crescimento geométrico e o crescimento aritmético da produtividade levaria a uma fome universal; daí pregar o controle de natalidade como solução.

Mesmo na sua época, o aumento da produtividade agrícola desmentiu sua teoria. A limitação do modelo dos rendimentos decrescentes consiste em que ele acentua a utilização das forças da natureza sem observar que por esse mesmo processo novas forças produtivas aparecem. Esse modelo ressurge hoje através dos ecólogos como reação à queda da produtividade no sistema. A solução que eles propõem é produzir menos; significa admitir a falência do regime econômico dominante.

A ecologia da mais-valia

A reorganização econômica da produção pleiteada pelos ecólogos se dará através da restrição e posterior estagnação do nível de consumo individual. Essa medida insere-se na lógica do capital, pois seu objetivo é a produção de mais-valia, seja produzindo bens de consumo ou de capital.

É a necessidade de elevar a taxa média de lucro que leva os ecólogos a procurar reorientar as condições gerais de produção, restringindo o consumo e encaminhando investimentos para setores-chave que garantam maior produtividade. O fator fixo que os ecólogos invocam não são os recursos naturais, mas, sim, as limitações impostas presentemente ao aumento da taxa média de lucro.

A maior contradição do sistema é que o aumento da produtividade leva a uma diminuição do capital destinado a pagar mão de obra produtiva, portanto, produzir mais-valia, e isso leva a baixar a taxa média de lucro e à crise do sistema. A única solução encontrada pelos ecólogos é a reorientação das condições gerais da produção. Se o aumento da produtividade – acrescendo os investimentos em capital fixo (maquinaria e instalações), fazendo diminuir o número de trabalhadores improdutivos – faz baixar a taxa média de lucro, por outro lado, com o declínio da produtividade, se dá a desvalorização dos capitais acumulados; a "solução" ecológica consiste em bloquear o progresso técnico aplicado à produção de bens de consumo, preparar o "arrocho salarial" com a insistência de hábitos frugais, "naturais", que na prática significam diminuição das condições médias do nível de vida.

A teoria do "crescimento zero" nada mais é do que a reorientação das condições gerais de produção e restrição ao consumo. Reduz o nível de vida médio dos assalariados e reproduz as grandes diferenças entre o nível de vida dos países industrializados e das populações do Terceiro Mundo, mantendo a dependência econômica e tecnológica; em outros termos, reafirmando a hegemonia do imperialismo no mundo.

Os ecólogos idealizam as vantagens dos modos de produção pré-capitalistas da mesma maneira que a burguesia no século XIX cinicamente apontava para o operário o "exemplo" do escravo como modelo de consumo, obediência e virtudes.

Miséria, o "bom" modelo

A corrente ecológica aponta como modelo a ser imitado pelo proletariado dos países industrializados o baixíssimo nível de vida dos operários dos países exportadores de matérias-primas.

O fato é que o alto volume de desemprego que grassa na Europa, afetando a pequena burguesia, especialmente "administradores" que não encontraram oportunidade de administrar empresas, leva-os a encarar o sistema capitalista somente enquanto consumidores. Como desempregados, consumidores frustrados enaltecem a miséria, apresentando-a como forma de vida digna de imitação. De consumidores frustrados tornam-se apologistas da restrição ao consumo. Daí a tendência a reorientar a reivindicação dos consumidores no referente ao controle de qualidade dos produtos para o rumo da restrição do consumo individual, fazendo que a redução do nível de vida seja definitivamente estabelecida.

A questão é que não é através do consumo que se negará a sociedade de consumo. O problema maior não é o que se consome, mas como se produz. Pretender consumir menos para negar o capitalismo é o mesmo que lutar pela baixa de salário para acabar com o regime do salariato. Como administradores desempregados, sentem os membros do movimento ecológico necessidade crucial em reorientar as condições gerais de produção sob o capitalismo.

Os ideólogos do Clube de Roma escrevem muito sobre a necessidade de conceber novas fontes de energia, selecionar matérias-primas, promover a transição do sistema atual para aquele que propõem. Calam-se a respeito das relações de produção existentes, da propriedade dos meios de produção e dos mecanismos dos processos decisórios na empresa e no Estado. Outra corrente ecológica defende a automação total da produção para "liberar" o produtor, esquecendo que o problema central não é "liberar" o produtor dos mecanismos produtivos, mas fazê-lo participar ativamente nos mesmos.

A corrente ecológica, na Suécia, por exemplo, em setembro de 1976 liderou uma luta contra impostos e instituições de consumo, depôs um governo social-democrata, colocando a direita no poder do Estado. Na Alemanha Federal, o Movimento Ação Verde apoia Franz Joseph Strauss, a direita democrata-cristã. Na França, em 1978, para as eleições legislativas os ecólogos votaram tanto nos candidatos da "direita conservadora" como nos liberais – PS e PCF –, constituindo-se na opção europeia capitalista rumo à "conciliação social". Ao fundir os vários movimentos de "direita" e "esquerda" sob a bandeira ecológica, ela cumpre uma função político-social na crise atual: o realinhamento político-social em torno do neocapitalismo. No quadro europeu especialmente, através da união entre os desempregados da pequena burguesia com o desemprego operário, o sistema dominante "unifica" as classes e reprime as contradições sociais internas. Assim, o movimento ecológico aparece hoje como o espaço principal onde se dá a conciliação de classes sob a égide dos que dominam o poder econômico e político. É a injeção de morfina no capitalismo.

Os meios de comunicação como extensão do homem*

Ingressamos na época eletrônica, que sucede à literatura tipográfica; à explosão sucede a implosão; a era eletrônica significa o fim da cultura visual, da divisão técnica, do individualismo e do nacionalismo e reintroduz a comunicação instantânea e a religião tribal das culturas orais que precederam à tipografia. É essa a tese central da obra de McLuhan (1969) que aqui focalizamos.

McLuhan escreve uma história das civilizações a partir, não da história das técnicas de produção, mas das técnicas de comunicação ordenadas tipologicamente – os *hot* e os *cool media* –, articulando três fases históricas: culturas tribais (*cool*), literárias (*hot*) e a época eletrônica (*cool*), isso com base na teoria da significação resumida: *o veículo é a mensagem*.

A socioculturologia norte-americana fornece grandes esquemas explicativos, segundo os quais todas as civilizações chegarão

---

* *Revista de Administração de Empresas*, n.3, v.9, São Paulo, Fundação Getúlio Vargas, set.1969, p.127-31.

ao estágio atual da norte-americana, que aparece como modelo. Pitirim Sorokin, Toynbee e Riesman aparecem como profetas nominalistas do pensamento categórico, onde os *mass media* funcionam paralelamente às grandes categorias morais, econômicas e culturais dos sistemas clássicos, unidos a uma observação pragmática sólida, aliados a um impressionismo cultural.

O que é a fase literária? Manipulada pelos caracteres de Gutenberg, a tecnologia tipográfica é fundada sobre o alfabeto fonético e a visualização. Racionalizando todas as técnicas de comunicação conforme os princípios de continuidade, uniformidade e repetição, ela revolucionou a organização tribal e as estruturas orais da comunicação. Meio fundamental onde aparece a verdadeira mensagem do Ocidente, esse modelo influi na produção, no mercado, na ciência na educação, na organização urbana e na cultura. Através da leitura e da escrita, mediatizadas tecnicamente, essa revolução atinge o Terceiro Mundo, iniciando o processo de estandardização que leva à organização visual do tempo e espaço.

O modelo absoluto dessa fase – na qual o veículo principal é o discurso literário materializado no espaço pela técnica – é o livro impresso, sucessão homogênea de letras alinhadas em páginas, volumes, coleções, bibliotecas, arquivos, com a fantasia de uma organização literária suscetível de leitura total. Todas as estruturas feudais e tribais são abaladas. "A substituição, junto ao homem, da palavra pelo visual, do ouvido pela vista, através da tecnologia do livro, é a exploração mais radical que pode abalar uma estrutura social" (Ibid., p.49). Ainda sentimos as consequências dessa revolução, mas, hoje em dia, com a eletrônica, manejamos o processo de uma segunda revolução pós-Gutenberg.

Enquanto os meios anteriores a Gutenberg eram uma extensão mecânica e visual do corpo do homem ou de sua produção, a eletricidade e a eletrônica aparecem como extensões do sistema nervoso central. Enquanto os esquemas tradicionais que surgem do literário implicam mecanização, especialização, causalidade dedutiva e divisão técnica do trabalho, a grande organização centralizada, através da comunicação eletrônica não visual, instantânea, muda o quadro de referência do homem. A própria causalidade passa da conexão linear à configuração, criando sua própria noção de tempo e espaço. As energias implosivas se chocam com os padrões de opção tradicionais. Ação e reação são superadas pelo mecanismo do *feedback*. "Diálogo entre o mecânico e o meio, o *feedback* assinala o fim da linearidade introduzida no mundo ocidental pelo alfabeto e pelas formas contínuas do espaço euclidiano (Ibid., p.354).

Paradoxalmente, com esse manancial fluido e ilimitado, nossa civilização se acha além da época literária e é caracterizada pelos esquemas de participação interna que incluem as culturas orais e tribais. A automação, o telégrafo, longe de serem uma extensão dos princípios mecânicos de divisão, sucessão e exclusão, são o signo de uma notificação do planeta pela comunicação instantânea e generalizada. Os satélites e a eletrônica ligam todo o planeta, além do reino da urbes – fenômeno típico da época literária –, às estruturas orgânicas de cidade que institucionalizam as funções humanas na base de uma participação intensa e francamente estruturada – forma típica de estabilidade que nos leva a um mundo autístico, mosaico econômico de implosão e de equilíbrio. Entramos nesse novo universo de configuração táctil, inaugurado pela eletrônica; os habitantes do Terceiro Mundo deixam sua cultura oral e táctil para penetrar nesse universo.

Contrariamente a muitos estudiosos de comunicação de massa europeus, cujo profetismo é lento, a especulação de McLuhan é otimista. A sombria visão narcísica do *mass media*, como autoamputação metafórica do homem, transfigura-se, nele, numa imensa cirurgia coletiva do mundo pela eletrônica.

No fundo, McLuhan faz um repertório de grandes verdades enunciadas num léxico barroco. Isso transparece na distinção que estabelece entre *hot* – os *media* que levam muita informação e requerem menos participação empática – e *cool*, os que proporcionam baixo nível de informação, exigindo que a população entre no seu jogo e os viva mais diretamente.

Todas as culturas tribais, pré-literárias, foram uma época de comunicações *cool*, expressas por cultura oral, ritos, danças e gestos simbólicos. Toda literatura, o livro, a ciência, são *hot* porque se fundamentam na distância, na não participação.

O livro é *hot*, mas também o rádio e o cinema, o que é menos paradoxal, são para McLuhan prolongamentos do livro na época eletrônica. Com a TV, o desenho animado, a publicidade e a história em quadrinhos, entramos numa nova era *cool*.

De que tipo de participação se trata? Investimento efetivo, empatia, fascinação passiva (TV)? Ou participação ativa, intelectual, contemplativa (o livro, a obra de arte)? Certas produções *pop art* são vistas com mais curiosidade do que as de pintores como Vermeer, Picasso etc. Mas o que isso representa? O que é a curiosidade?

Chegamos ao paradoxo mais interessante da obra: o *veículo é a mensagem*. Fórmulas como essa possuem uma virtude reducionista não negligenciável. Através de sua tese sobre a fase literária, McLuhan entende que o veículo *livro*, e também os atuais meios de comunicação de massa, transformaram nossa civilização, não pelo *conteúdo*, mas pela *coerção fundamental da sistematização exercida pela sua essência-técnica*. O livro é, antes de mais nada, um objeto técnico mais persuasivo do que qualquer símbolo ou informação que veicule.

É evidente que o conteúdo nos esconde, a maior parte do tempo, a função real do veículo. *Este se constitui como mensagem, a mensagem real*, cujo aspecto aparente constitui uma conotação; trata-se de mudança estrutural de escolas, modelos e hábitos, operada em profundidade nas relações humanas pelo próprio veículo. Podemos dizer simplesmente que a mensagem da estrada de ferro não é o carvão nem os viajantes que ela transporta; é, sim, uma visão do mundo, um novo *status* das concentrações demográficas. A *mensagem* da TV não são as imagens que transmite; são os *modos novos de relação e de percepção* que a TV impõe e que mudam as estruturas tradicionais da família.

Na TV não é consumido tal ou qual espetáculo, mas a virtualidade da sucessão de todos os espetáculos possíveis. O *veículo TV* tem como resultado neutralizar o aspecto vivido, único. Transmite uma mensagem descontínua, como signos justapostos a outros signos, na dimensão abstrata da emissão.

Cada *mensagem* possui um caráter transitivo para outra *mensagem* e não em direção ao mundo real. Assim, um veículo chama outros: o cinema, a literatura; e esta, a linguagem. A foto atrai a pintura, mas esta hoje inclui a fotografia. A TV é um objetivo-veículo específico –, mas transmite mensagens que podem enunciar outros objetos.

O filme mudo clama pelo som, dizia Eisenstein. O preto e branco grita pela cor. Todos os objetos gritam pelo automatismo. Há um processo que podíamos designar como inércia tecnológica.

O aperfeiçoamento técnico do veículo vai de encontro a uma mensagem objetiva, de informação real, de sentido: mensagem de consumo, sensacionalismo, autonomização, valorização da informação enquanto mercadoria, exaltação do conteúdo enquanto signo; nesse sentido, a publicidade é o veículo contemporâneo por excelência.

O veículo é a mensagem, é a forma alienatória da sociedade tecnológica ao nível da pessoa, dirigida para outros (*other-directed*: Riesman).

Se aceitamos como G. Friedmann que a mensagem coloca um homem ante outro, admite-se que não há jamais ditadura cultural da mensagem; posteriores pesquisas deverão estabelecer, de maneira mais precisa, as relações que os homens estabelecem entre si e as condições de produção dos veículos e a correlação com as estruturas de poder – que dominam pela manipulação; esses são problemas que McLuhan não aborda.

McLuhan postula uma visão otimista baseada num novo tipo de idealismo, o tecnológico, que considera como anacrônicos os problemas das mudanças socioculturais; a burocratização, o etnocentrismo, os preconceitos raciais, sociais e estamentais que são negados psicanaliticamente nessa era de comunicação e participação acelerada.

Se os veículos são extensões do sistema nervoso central, os grupos, ao mesmo tempo que investem suas possibilidades ilimitadas de informação, suas estruturas de dependência, suas fantasias regressivas constituem-se, em sua obra, num *travelling* mitológico sobre as culturas e seu destino possível.

Resenha do livro *Revolución y contrarrevolución en la Argentina**

Revolución y contrarrevolución en la Argentina, de Jorge Abelardo Ramos. Buenos Aires: Editora Amerinda, 1957. 458 p.

Postulando que "a crítica das armas é sempre precedida pelas armas da crítica", procura o autor delinear as diretrizes que presidiram à formação econômico-social argentina até hoje.

Inicia com o estudo do papel da herança espanhola na formação argentina. Verifica ele que a história da Espanha é a história de uma tríade unitária dominante: Igreja, nobreza e monarquia. A burguesia nativa fora arrasada com a derrota da sublevação dos *comuneros* de Castilla e das *hermandades* de Valência, daí estar impossibilitada de cumprir o papel unificador que teve na França e Inglaterra. Acrescente-se que o afluxo de metais preciosos da América à Espanha e a falta de indústria nativa para retê-los en-

---

* *O Estado de S. Paulo*, 15/11/1958, Suplemento Literário.

cheram as arcas dos banqueiros alemães e ingleses, precipitando uma futura crise.

Mostra o autor que a Espanha tenta o caminho da Ilustração sob Aranda, quando o Exército do papado, os jesuítas, é expulso do país. Tais tentativas de liberalização chocam-se com o princípio que norteava sua própria ação: governar para o povo sem o apoio do povo.

Com a invasão napoleônica, José é o novo rei, apoiado pela nobreza espanhola, que tem contra si o povo e o exército. Dessas lutas emergem San Martín e as célebres "juntas revolucionárias". Após o *intermezzo* napoleônico dá-se a volta de Fernando VII, que origina a independência americana como reação ao seu absolutismo.

A unidade Argentina forma-se na luta contra os ingleses em 1807. Ela termina assegurando uma posição monopolista ao porto de Buenos Aires, surgindo daí a oposição ao interior e à Confederação. Após uma guerra civil que leva à sua nacionalização, dá-se a integração de Buenos Aires à Confederação.

Sob Mitre, as províncias são despojadas do seu poder, os caudilhos são vencidos por uruguaios sob seu comando. O esmagamento dos caudilhos provinciais é acompanhado da penetração inglesa no ramo ferroviário, dominando o traçado que liga interior ao porto de Buenos Aires. Controlando o sistema de tarifas, os donos das ferrovias têm o poder econômico sobre toda uma vasta região.

Ainda sob seu governo, são destruídas as bases do caudilhismo. Os *criollos*, esgotados pela luta contra os índios, tornam-se párias ou peões nas grandes estâncias. No plano continental, por ocasião da guerra com o Paraguai, ele atinge seu ápice no decorrer da segunda guerra.

Com o peronismo, dá-se a integração de grandes massas rurais aos padrões urbanos. Tal processo de industrialização conta com o apoio do Exército e da Marinha: aquele constrói altos fornos no norte do país e esta explora bacias carboníferas no sul. A nacionalização das ferrovias e o monopólio do comércio exterior constituem, para o autor, pontos significativos da política peronista. Em suma, para o autor, Perón é o herdeiro histórico dos *gauchos*, de Roca, o patrono da integração do *criollo* na vida nacional.

Visto o problema sem amor nem ódio, parece-nos sumamente discutível atribuir a Perón a política de industrialização. O que se dá é que a Argentina depende do mercado mundial. Cada retração do mesmo leva-a à intensificação da industrialização interna, migrações rurais e crescimento de um proletariado urbano.

Além do mais, o papel de Perón deve ser entendido como o de um agente de um processo mais profundo, qual seja, o da industrialização nos países subdesenvolvidos, nos ramos menos lucrativos, pela égide estatal. Daí a importância da burocracia na vida nacional e do líder carismático nessa industrialização conjuntural.

O trabalho apresenta fatos velhos à luz de uma interpretação nova, esse é o seu mérito. As falhas mais consistentes são as que se referem à pouca atenção dada pelo autor à emergência do capitalismo de Estado e do totalitarismo sob Perón, assim como suas ligações com o nazismo.

Na elaboração da obra, o autor não usou nenhum documento para comprovar suas teses, utilizando-se apenas de bibliografia que encontrou a respeito. Isso explica-se pelo fato do mesmo não ser um historiador de profissão, mas sim um militante político obcecado pelo *pragma* da ação, à qual – segundo ele – a história deve servir.

Resenha do livro
O despertar de um Estado[*]

O despertar de um Estado, de David Ben-Gurion. Rio de Janeiro: Monte Scopus, 1957. 290 p.

Apresenta o autor uma série de artigos dedicados ao estudo dos problemas do sionismo antes e depois da formação do Estado de Israel. Trata-se de um profeta armado para quem Israel "avança iluminado pelas visões proféticas" (Ben-Gurion, 1957, p.116) e é o lugar onde "as esperanças messiânicas assumiram forma nacional" (p.209).

Partindo da ideia de que "a fé, em sua missão e peculiaridade, foi o que sustentou o povo judaico" (p.28), procura materializá-la lutando pela integração do imigrante com Israel, pois "só um povo que se sustenta a si próprio é dono do seu destino" (p.30). Demonstra que Israel necessita atingir a reunião dos dispersos, o florescimento do deserto, uma vez que, enquanto Israel não

---

[*] *O Estado de S. Paulo*, 17/1/1959, Suplemento Literário.

"tiver povoado o deserto, nossa segurança não estará consolidada" (p.176). Isso se dá principalmente nas regiões fronteiriças onde o trabalho árabe tem que ser substituído pelo "trabalho israelense" (p.194).

Nessa tarefa, acentua o papel do ensino, que é o de "inculcar os valores eternos de Israel" (p.246), oferecer a "herança da Bíblia" (p.248), ao lado do constante apelo à "unidade nacional" (p.175).

Segundo o autor, enfrenta o Estado um problema racial: a imigração de judeus iemenitas e marroquinos iletrados encontrou um grupo estável de judeus cultos que emigrou da Europa Central, originando no Estado o domínio de uma "pretensa raça superior [a ocidental], que detém em suas mãos praticamente a direção do povo e de uma raça 'inferior' [a oriental]" (p.244-5). Apesar disso esposa o autor a crença de que o sionismo atingirá seu objetivo com "a construção de um Estado Judeu Socialista" (p.35).

Verifica o autor que as correntes migratórias que se dirigiram para Israel dos EUA e Canadá – onde se acha a maioria esmagadora dos judeus – dois anos após a criação do Estado atingiram uma média de 0,25% do total da imigração, pois "os imigrantes não eram sionistas e os sionistas não imigravam" (p.267). Conclui melancolicamente o autor que quando se necessitou optar pela imigração e a permanência, "as massas sionistas, juntamente com seus dirigentes, optaram pela última alternativa" (p.264).

Para ele o Estado de Israel "representa a liquidação da dependência resultante da vida entre estranhos, da falta de uma pátria" (p.24), por obra do sionismo, "movimento prodigioso e extraordinário sem paralelo entre os movimentos nacionais do mundo" (p.55).

Em tom enfático compõe o autor uma elegia ao jovem Estado. Insiste na acentuação das diferenças que separam o grupo judeu dos outros, motivadas por "algo genial", "a fé em sua missão" e outras alegações metafísicas de cunho etnocêntrico, pois como diz Emilio Willems, "a suposição de que há representantes da espécie humana 'inassimiláveis' a um meio humano, por mais estranho que seja, é dogmática e envolve quase sempre uma ideia preconcebida". [...] Subestima ele o caráter universal das relações econômicas no mundo atual, que torna inviável a estruturação de um Estado nacional autárquico, seja ele capitalista ou socialista. Tal Estado constitui um organismo artificial, comprovado pelo fato de a exportação de Israel cobrir apenas um terço da importação, advindo as divisas na sua maioria das reparações alemãs. O sionismo acha-se num impasse: as massas não imigram. É lógico que esse impasse e a crise do sionismo advêm do fato de que a imigração rege-se por leis econômicas próprias: sendo os judeus na sua maioria elementos da classe média, não possuem suficiente capital que possibilite aventuras, e, por outro lado, possuem o suficiente para permanecerem onde se acham. Quando o antissemitismo coloca o problema da imigração, aí o Estado totalitário fecha as portas! E o abismo existente entre a necessidade de imigrantes e a impossibilidade de uma imigração maciça convertem Israel numericamente num representante exíguo do judaísmo mundial.

A universalização econômica, Otan, Pacto do Atlântico, Pacífico e de Varsóvia, puseram por terra o Estado que se mantém pela "demora cultural": o da reduzida velocidade em que opera a mudança no plano político em relação às rápidas transformações no plano econômico. Daí o antagonismo entre Estado nacional e universalização econômica, cujo produto mais sangrento foram as duas últimas guerras.

Em suma, o livro representa uma atitude típica de um representante do sionismo-socialista, cujo objetivo social a atingir se subordina à construção de um Estado nacional que impregna todas as esferas da vida do país. Em suma, trata-se de um depoimento cuja objetividade está ausente.

Confronto de sistemas*

Título: *Estruturalismo e marxismo*. Rio de Janeiro, Jorge Zahar, 1968. 289 p.

Autores: Roger Garaudy, Lucien Sève, Marcel Cohen, Charles Parain e outros.

Assunto: Um confronto entre partidários do estruturalismo e do marxismo a respeito da fecundidade dos respectivos pontos de vista em que uns autores tentam a coexistência dos dois sistemas e outros a afirmação unilateral de um sobre todos.

É necessário situar que as ideias etiquetadas como estruturalistas se articulam somente nos fins do século XIX e inícios do século XX, por ocasião do aparecimento de *Cours de linguistique générale* [Curso de linguística geral], de Saussure (1906-1911), da elaboração da escola histórico-cultural alemã na Etnologia com Grabner (1905), dos trabalhos da Escola de Warburg, do nascimento da *Gestalt* (1890-1903) e do aparecimento de *Investigações*

---

* *O Estado de S. Paulo*, 15/2/1969, Suplemento Literário.

lógicas de Husserl em 1900, onde em níveis diferentes predomina a preocupação com o que permanece e com a totalidade na organização dos fenômenos naturais e culturais.

O estruturalismo, enquanto atitude, representa um ataque ao positivismo oficial e ao academismo universitário, confluindo nesse sentido a obra de Jacobson, Spitzer e Pouillon, demonstrando ser uma confluência ocasional de pesquisas, em que às vezes se toma por estrutura o que é um simples esqueleto.

O autor da introdução à edição brasileira do livro considera o estruturalismo um complemento ao marxismo, eis que

> com todas as diferenças sabidas e não sabidas, Marx e Lévi-Strauss são contemporâneos e se complementam dinamicamente, dando-nos tanto uma ciência (ou os meios de fundamentá-la) quanto a nossa própria realidade em muitos dos seus aspectos essenciais revelada. (Garaudy, 1968, p.8)

Com o que não concorda outro colaborador do livro, Lucien Sève, no capítulo "Método estrutural e método dialético", argumentando que "faz-se uma distinção entre método estrutural considerado como uma conquista teórica incontestável das ciências do homem e a ideologia estruturalista, considerada como uma interpretação filosófica mais ou menos arbitrária recusável da fecundidade desse método" (Sève, p.10).

Ora, a atitude estruturalista já existe nos pré-socráticos com o eleatismo de Parmênides, no essencialismo thomista, na *gestalt* e na fenomenologia, até Max Weber é considerado estruturalista. (Etzioni, [s.d.]). O estruturalismo é uma nova maneira de enunciar velhos conteúdos, é um fenômeno de moda, como o fora o bergonismo após a guerra de 1914-18 e o existencialismo, após a Segunda Guerra Mundial.

Quanto às relações com as ideias de Marx, isso depende da maneira que o "estruturalista-marxista" as sente, eis que para Maurice Godelier, Marx e Lévi-Strauss são complementares, para Lucien Sève são conflitantes.

A discussão entre estruturalismo e marxismo nos parece uma repetição da polêmica escolástica entre nominalistas e realistas na Idade Média. É uma fantasia secular da humanidade a ideia segundo a qual basta ter um método considerado como "justo", estruturalista ou marxista, para que a verdade apareça, a onipotência do método quase sempre confirma o desejo de seu seguidor do que quadros objetivos, daí a falha de Lucien Goldmann em querer explicar Chagall dentro do esquema estruturalista-marxista, nos dando um Chagall à sua imagem e semelhança, ou melhor, o que não é Chagall.

A crítica da fantasia da existência de um método explicativo onipotente que "decifre" tudo já aparece num curso ministrando por Max Weber na Universidade de Viena, após a Primeira Guerra, no qual ele ensinava que "o materialismo histórico não é um carro que se tome e desça na primeira esquina" (Weber, 1912, v.2).

O marxismo, enquanto método, significou a procura de esquemas explicativos para uma estrutura social que emergira à Revolução Industrial, baseada no carvão; o surgimento da eletricidade com a Segunda Revolução Industrial e a aplicação da energia nuclear à produção estão a exigir novos esquemas explicativos.

Por exemplo, no estudo das relações entre a economia e a política no processo de industrialização soviético ou chinês, observamos que o fator político – o Estado burocrático planejador – foi o causal, determinou o "arranco" econômico e não o contrário.

Em termos de ciência, a fecundidade de um método é provada pelos seus resultados. No que tange ao marxismo soviético ou chinês, ao estruturalismo, eles são pobres; já Merleau-Ponty, no seu ensaio *Humanisme et terreur* [Humanismo e terror], notara que a

> formação de um marxismo cientificista, a afirmação do nacionalismo na URSS, a supremacia do Estado sobre a sociedade constituíam-se na cabal negação das primitivas ideias de Marx,

nas quais havia uma crítica ao cientificismo, havia a afirmação do internacionalismo e a ideia do desaparecimento progressivo do Estado (Merleau-Ponty, [s.d.]).

Com a revolução introduzida no conhecimento pelos modelos cibernéticos e o surgimento de uma teoria da informação neles fundada, o desenvolvimento do conhecimento praxiológico com Kotarbinsky, os estudos de Skonikwsky a respeito e os de Popper sobre investigação científica, a elaboração de uma "teoria da decisão" fundada nos cálculos de probabilidade e aplicada à economia (*Le développment économique comme processus de décision* – O desenvolvimento econômico como processo de decisão), à estratégia militar (*The analysys of military decisions* – A análise de decisões militares), não tem qualquer sentido a discussão em torno de "ismos".

É muito útil recordar as ideias básicas de Weber a respeito da infinitude do mundo sensível e daí nenhum sistema de leis esgotar os fins de uma ciência da cultura.

A época dos computadores, da programação automática, é contemporânea à formação de mosaicos culturais, segmentos de conhecimentos em vários níveis e especialidades, nos quais inexiste uma explicação total da cultura, do homem e da sociedade.

A renúncia a ideologias "confortáveis" que nos deem explicações totais dos fenômenos implica a perda de certo paraíso perdido, sofrer o trauma do nascimento vindo ao mundo, sofrendo suas limitações e contingências. A renúncia à explicação totalizante do universo encontra sua gratificação na exigência de um conhecimento cada vez mais preciso desvinculado da procura de pretensos "sentidos" para o mundo, objeto das religiões tradicionais ou das secularizadas adotadas por portadores de missões de salvação carismaticamente ou burocraticamente qualificados.

Comunicação coletiva[*]

Título: *De la sociología de la comunicación colectiva a la sociologia del desarollo cultural*. Ciespal: Quito, 1967. 228 p.

Autor: Joffre Dumazedier, membro do Centre National de la Recherche Scientifique (CNRS), professor do Instituto de Ciências Sociais e do Trabalho da Universidade de Paris. Autor de *Vers une civilisation du loisir?*, primeiro estudo sistemático sobre a relação entre desenvolvimento industrial, ócio e cultura popular.

Assunto: A obra enfeixa sete capítulos dedicados à comunicação coletiva; uma orientação bibliográfica a respeito; um artigo intitulado "Massas, cultura e ócio", já publicado anteriormente na França em 1963 na revista *Diogene*; uma análise crítica de vários escritos sobre cultura popular entre 1962 e 1965; uma comunicação apresentada ao V Congresso Mundial de Sociologia realizado em Washington sobre um "Estudo comparativo dos públicos operários e o ócio operário em seis cidades europeias"; uma análise de conteúdo de 23 revistas ilustradas; um estudo sobre "Estruturas léxicas e significações complexas"; um estudo sobre a "Teoria da decisão"; um escrito sobre os princípios

---

[*] *O Estado de S. Paulo*, 22/3/1969, Suplemento Literário.

da educação programada e vinte tabelas referentes ao crescimento comparativo dos circuitos de rádio, TV e cinema nos EUA entre 1940 e 1963.

Os escritos significativos da obra são as sete conferências pronunciadas pelo autor. Na introdução, ele acentua que o problema do desenvolvimento e subdesenvolvimento é crucial em nossa época, que a sociologia da comunicação deve ter isto em conta, para isso, diz Dumazedier (1967, p.1).

Formularei uma crítica dos conceitos dominantes na sociologia norte-americana da informação, mas não queria que considerem esta ideia como uma posição antinorte-americana. Espero fazê-los compreender que é difícil amiúde adotar os conceitos da sociologia da comunicação nascida nos EUA, há 30 anos, quando nos propomos a responder aos problemas da ação cultural dos países subdesenvolvidos de hoje.

De início, abordou o autor, o surgimento da Teoria da Comunicação a partir de 1930 até hoje, transformando-se paulatinamente numa teoria matemática da informação e da comunicação nos EUA; numa sociologia da cultura na Europa; numa economia planejada em que a sociologia da comunicação pode transformar-se numa sociologia do desenvolvimento cultural ligada ao desenvolvimento socioeconômico.

Glosando a famosa afirmativa de Lasswell que em 1946 definia a sociologia da comunicação como resposta "a quem disse o que a quem, por que meios e com que efeitos", acentua o autor a importância do "emissor" que faz parte do contexto sociocultural, devendo ser tratado como força negativa ou positiva.

Avaliação em comunicação*

Processo y efectos de la comunicación coletiva, de Wilbur Schramm (org.). Quito: [s.n.], 1964, 496 p.

[...] No laboratório da comunicação internacional, destaca o autor vários aspectos da teoria da comunicação como, por exemplo, o problema da transferência de significados entre culturas que possam ser profundamente diferenciadas.

Acentua o autor o interesse crucial que adquire na guerra psicológica a relação do comunicador com as origens da conduta.

Um dos colaboradores do volume, Bernard Berelson, elabora um artigo excelente sob o título "O que significa deixar de ler o jornal", em que analisa a greve havida em 30 de julho de 1945, quando oito jornais em Nova York deixaram de circular. Analisando o impacto do evento sobre o público-leitor, constatou

---

* *O Estado de S. Paulo*, 22/3/1969. Suplemento Literário.

que a leitura do jornal além de satisfazer necessidades racionais (mais informação), satisfazia também, no nível irracional, a contatos sociais simbólicos e, indiretamente, a necessidade de prestígio social, constituindo-se além disso em fonte de segurança individual num contexto inseguro. Também estudou sua utilização ritualista e compulsiva no plano das diferenças individuais.

No capítulo "Porque se leem histórias em quadrinhos" Katherine Wolfe procura demonstrar que as mesmas estão a serviço do fortalecimento do "ego" da criança; expandindo sua experiência pela projeção na etapa primitiva do desenho animado; na etapa das aventuras ela desenvolve seu "ego" pela identificação com o herói. Aos 7 ou 8 anos, descobrindo a "imperfeição" paterna, a criança procura um pai onipotente idealizado, é o *"Superman"*.

No capítulo referente à "Comunicação coletiva e seus públicos perceptores em outros países", informa-nos que as grandes concentrações dos meios de comunicação de massa se acham localizadas em países de maior desenvolvimento industrial; assim, mais de 85% do rádio, 80% da circulação de todos os jornais e 90% de cinemas localizam – nos Estados Unidos. Enquanto o Reino Unido tem 596 jornais diários para cada 1.000 habitantes, os EUA possuem 350, o Japão 224, o Brasil possui 30; no referente ao número de receptores por mil habitantes, os EUA têm 620, Reino Unido 244, Japão 106 e Brasil 51, na frente do México, Síria, Egito, Filipinas e Índia.

No referente ao analfabetismo, América do Norte, Europa Ocidental (exceto Espanha), Austrália, Nova Zelândia têm menos de 10%; China, Índia e África têm mais de 80%; entre estes dois extremos localiza-se a América Central e do Sul; Espanha e Eurásia sob domínio soviético, oscilando entre 10% e 80% de analfabetismo.

Os fatores acima enunciados tendem a tornar menos acessível a informação. Outro índice utilizando para medir a acessibilidade da informação, foi o consumo de papel jornal; enquanto os Estados Unidos consomem 5 milhões de toneladas, a União Soviética consome 350 mil, o Japão 100 mil e o Egito 14 mil.

Outro fato na acessibilidade da informação é a diferença na atenção que os meios de comunicação prestam aos acontecimentos mundiais. Assim, Jacques Kayser, examinando a atenção prestada a vinte temas de importância mundial por dezessete jornais de dezessete países no período, compreendido entre 5 e 11 de março de 1951, onde são citados desde o *Borba* (Iugoslávia), o *Pravda* (URSS), o *New York Daily News* (EUA), *O Estado de S. Paulo* (Brasil), conclui que cabe a este o primeiro lugar, pois num total de dezenove itens somente deixara de informar um item; no referente a tamanho e distribuição de espaço no jornal, Kayser concedera entre 21 jornais de nome mundial, o primeiro lugar ao *New York Times*, com 14.285 polegadas de espaço total, e o segundo lugar a *O Estado de S. Paulo*, com 11.625 polegadas.

Completa a obra dirigida por Scharamm, o célebre estudioso de Allport sobre "A psicologia do rumor". A coletânea inclui também um estudo de Ogber sobre a "Psiquiatria e Antropologia aplicadas na guerra psicológica contra o Japão"; um estudo de Cantrill sobre "Estereótipos nacionais"; um estudo sobre "A invasão dos marcianos"; um estudo de Speler sobre "Reconsideração do conceito guerra psicológica"; um estudo dos psicanalistas N. Leites e E. Ris sobre "As tendências de propaganda no século XX" e finalmente um trabalho de Leonard Doob sobre "Os princípios da propaganda de Goebbels" e "As estratégias da propaganda soviética" do politicólogo Harold Lasswell.

Apreciação – A coletânea dirigida por Wilbur Schramm apresenta um momento das pesquisas em comunicação nos EUA a partir da década de 1930. Enquanto na Europa surgia a sociologia do conhecimento, preocupada com o conteúdo das ideias, nos EUA surgia a teoria comunicação como ciência formal ligada a um tratamento estatístico.

Problemas atuais, como a intervenção no conteúdo da informação a serviço do desenvolvimento econômico social, estudos sobre uma situação cultural subdesenvolvida, não se colocavam na época em que foram regidos os textos que constituem a obra, daí seu valor histórico.

Constitui a obra um repositório de uma massa de informação que não pode passar despercebida do público leitor especializado ou não.

Em face de Israel*

Título: *La gauche contre Israel?* [A esquerda contra Israel?]. Paris, J. J. Pauvert, 1968. 200 p.
Autor: Jacques Givet, ensaísta e poeta, autor de *L'eau et la memoire* [A água e a memória] (Lausanne, La Cité, 1963), *Les cicatrices de la peur* [Cicatrizes do medo] (Paris, Seghers, 1954) e *Nous n'irons plus au bois* [Nós não iremos mais à floresta] (Paris, GLM, 1938).
Assunto: Com o subtítulo "Ensaio sobre o neoantissemitismo", o autor polemiza com o jornal gaulista *L'Événement*, com a *Temps Modernes*, de Jean-Paul Sartre, com os colaboradores do *Le Monde*, Jacques Berque, M. Rodinson, M. Pozzo del Borgo e com o *L'Humanité*, órgão oficial do Partido Comunista Francês.

A obra compõe-se de três capítulos, intitulados "A esquerda após a Guerra de Seis Dias", "Incursão em Israel" e "Fundamentos do neoantissemitismo".

---

* *O Estado de S. Paulo*, 7/5/1969, Suplemento Literário.

O autor aborda a temática referente à inaceitável "humilhação" árabe, à "inaceitável" aliança norte-americana, à "agressão" israelense e ao não reconhecimento da existência de Israel. Faz uma análise crítica da revista *Temps Modernes*, de Sartre – que publicara o"Dossiê israelo-árabe", composto de dezessete opiniões israelenses e igual número de opiniões árabes –, nota a elasticidade do conceito "árabe", que incluía marroquinos, tunisianos e libaneses que representavam a opinião oficial de seus governos, notando a ausência de um escritor do nível de Razak Abdel Kader, cujas opiniões pró-Israel são atípicas no contexto árabe.

Demonstra que se o antissemita conservador exclui o judeu da comunidade nacional, o neoantissemita "progressista" o exclui da comunidade internacional. Assim, numa recente conferência antiatômica realizada em Tóquio, o secretário geral do Mapam (agrupamento sionista independente em Israel) fora expulso da mesma e num congresso estudantil patrocinado pela Unef em Toulouse o mesmo sucedeu a um delegado de Israel. Essa mesma entidade posteriormente interviria a favor de um estudante tunisiano condenado por incitação ao *progrom*!

Ressalta o autor um fato negligenciado pelos estudiosos da tensão judaico-árabe: o fato de o elemento judeu entendido como uma "comunidade de cultura" formar uma minoria no mundo árabe, onde atualmente existem 600 mil judeus cuja vida se tornou impossível nos últimos anos, especialmente no Marrocos e Iêmen, onde lhes é vedado olhar para um muçulmano. Mostra o autor que o destaque conferido aos árabes palestinos é paralelo ao silêncio árabe em relação a suas minorias – os coptas, drusos, kabilas, curdos, negros cristãos sudaneses, berberes –; idêntica atitude é perfilada pelos "neoantissemistas progressistas".

Lembra o autor que o problema palestino jamais fora reconhecido como tal pelo grupo árabe. Uma parte dos palestinos vivia sob ocupação egípcia, outra foi anexada pala Jordânia – Jerusalém era parte do Reino Hachemita da Jordânia. As relações entre jordanianos e palestinos, nota o autor, eram tão tensas quanto as relações entre estes e os egípcios. Lembra o autor que por ocasião da conferência de Lausanne, em 1951, os atuais "paladinos" dos refugiados árabes, Egito e Jordânia, opuseram-se à presença dos palestinos à mesa.

Quanto à identificação que o neoantissemitismo postula entre Israel e Ocidente, colonialismo e racismo, mostra o autor que, para o antissemita conservador, o judeu é combatido enquanto oriental, para o de esquerda é combatido por ser ocidental. Isso é desmentido pelas estatísticas. Mostra o autor que enquanto Israel em 1966 recebeu 39 milhões de dólares dos EUA, a Jordânia recebeu 53 milhões, a República Árabe Unida (RAU), 60 milhões, a Argélia, 21 milhões, e o Irã, 66 milhões. Completando o quadro, relata o autor que graças ao trigo norte-americano enviado ao Egito – diga-se de passagem que esse montante supera o total das reparações alemãs à Israel –, a RAU pôde adquirir armamento russo. Existem bases norte-americanas na Arábia Saudita, Líbia e Marrocos, enquanto a economia da Jordânia repousa no auxílio anglo-norte-americano e a República Popular do Iêmen do Sul é constituída com auxílio da City e da Sua Majestade britânica!

Quanto ao reconhecimento da existência de Israel pelos árabes, postula o autor ser impossível reconhecer fronteiras de um Estado quando não se o reconhece enquanto tal. Mostra o autor que não pode ser considerada "estrangeira" Hebron, onde está o túmulo de Abraão, onde descobriram um mosaico com mais de 2 mil anos com a gravação em hebraico "Paz a Israel!". Lembra que por muito menos, com base na descoberta no fundo de um lago dos escombros de um barco cuja forma se aproxima mais do modelo eslavo do que germânico, a Polônia ocupava uma região formada por uma maioria de agricultores alemães.

Quanto à contestação da existência de Israel, salienta o autor que se exige de Israel uma inocência absoluta, que não é exigida de Estado algum. O neoantissemitismo reconhece o Estado judeu enquanto ele apresentar a vulnerabilidade do judeu da "Diáspora" – precariedade, minoria e alienação –, criticando os elementos de que se vale o Estado de Israel para subsistir – terra, dinheiro e armas. A autodefesa de Israel opõe-se à vontade de castração da esquerda que raciocina: se Israel é invulnerável, é culpado; quanto mais vitórias incontestáveis se permitir, tanto mais será contestada sua existência e legitimidade.

Criticando Maxime Rodinson, colaborador de *Le Monde*, mostra o autor que o citado critica a reivindicação bimilenar judaica esquecendo-se que a França atual fala ainda dos "ancestrais gauleses até o Império do Mali". Aos emigrados recentes dá Rodinson o direito de permanecer em Israel. De um lado há a prescrição, de outro a ocupação sem título. Lembra o autor que no fim do mandato inglês eram considerados palestinianos todos os árabes entrados na Palestina à procura de um nível superior de vida graças ao trabalho do agricultor judeu. Enquanto isso a Inglaterra instalava esses futuros "refugiados" árabes e recebia à bala a emigração judaica, de que o caso do navio "Exodus" constitui um exemplo.

Segundo o autor, uma derrota árabe implicaria numa reformulação política no Oriente Médio, uma derrota israelense significaria seu fim, daí necessitar Israel contar com armas e dinheiro, que existem como forças desde que o mundo é mundo. Para o antissemita progressista, Rothschild-Dayan representam simbolicamente a união do dinheiro e das armas, daí "merecerem" a reprovação. Mostra o autor que o Estado de Israel só pode confiar em si, sua invulnerabilidade é a melhor garantia contra um segundo Gueto de Varsóvia, evitado – segundo o autor – pelos *napalms* israelenses quando destruíram os aviões e tanques soviéticos ainda no pouso.

Ilustra o autor sua tese com um exemplo histórico citando a obra de Arthur Morse, *While Six Million Died: A Chronicle of American Apathy* [Enquanto 6 milhões morrem: uma crônica da apatia norte-americana], que relatava que em 1942 os governos aliados sabiam dos planos de extermínio elaborados pelo nazismo e nada fizeram, argumentando que "uma guerra já era o suficiente" e que "não há necessidade de uma cruzada particular para salvar esses barulhentos inimigos", como um funcionário do Departamento de Estado para assuntos judeus na Europa justificava a apatia e o desinteresse.

No referente a Israel e às relações internacionais, mostra o autor, contrariando os críticos de esquerda, que Israel votara contra o *apartheid* na Rodésia, votara pela independência do Marrocos e Tunísia e, dez anos antes da França, se manifestara a favor do reconhecimento da República Popular da China.

Finalizando, mostra o autor que a agressividade egípcia contra Israel constitui um deslocamento da agressividade nazista da Europa para o Oriente Médio. O antissionismo egípcio é alimentado por nazistas que fugiram de Nuremberg, como Leopold Glen que sob o nome de M. Ali Al Nasser chefia o Serviço de Segurança da RAU e o SS Seipel sob o nome de Emmad Zuher ocupa alto cargo na burocracia policial de Nasser.

Enquanto os críticos da esquerda, de Israel, justificam a invasão da Tchecoslováquia, lamenta o autor que não dedicam igual atenção ao extermínio dos iemenitas com gases por Nasser, à posição das minorias armênia na Turquia, assíria no Iraque e ao destino dos "judeus do silêncio" na Europa Oriental.

Apreciação: A obra constitui-se numa aguda análise crítica de um fenômeno novo, o "neoantissemitismo" da esquerda, um complemento importante ao "Dossiê israelo-árabe" e à obra de Abdel Kader, *La guerre árabe-juive* [A guerra árabe-judaica]. Em última análise, explica que a "questão judaica" é um problema judeu e a estruturação do Estado de Israel constitui-se numa negação do destino que tiveram aqueles judeus que foram jogados ao forno porque o gás asfixiante havia sido consumido por levas anteriores na Alemanha.

Visão de Max Weber[*]

Título: *Max Weber y la política alemana*. Madrid: Instituto de Estudos Políticos, 1966. 221 p.
Autor: J. P. Mayer, especialista em Ciência Política na Inglaterra, autor de *Trajetória do pensamento político* e *Tocquevile*, um dos poucos especialistas ingleses na obra de Max Weber.
Assunto: É uma obra que trata da formação da atitude weberiana ante a política e a história, estando seu condicionamento nos quadros da realidade germânica no período que vai de Biskmarck a Guilherme. E é também uma biografia intelectual de Weber, o maior sociólogo de fins do século passado e inicio deste, estudado com profundidade pelo autor, que baseou sua obra na *Jugendbriefe* e na *Polititische Briefe* de Weber, também na biografia de sua esposa Marianne intitulada *Max Weber: ein Lebensbild*. Notando o autor a falta de elaboração de uma sociologia política de Weber, pretendeu suprir essa lacuna.

---

[*] *O Estado de S. Paulo*, 14/3/1970. Suplemento Literário.

Formação Intelectual

Max Weber aos 13 anos lê *O príncipe* de Maquiavel; aos 14, comenta Shakespeare; aos 16, é leitor assíduo de Homero, um crítico agudo de Cícero, condenando sua política vacilante.

Crescera num ambiente familiar frequentado por Dilthey, Mommsen, Troeltsch, onde se discutiam os principais problemas da cultura. Em 1882 forma-se em direito, iniciando estudos paralelos no campo da economia e filosofia. Em 1893 é nomeado professor catedrático de Direito Mercantil e Direito Romano na Universidade de Berlim; em 1894 leciona a Cátedra de Econômica Política na Universidade de Friburgo e em 1899 leciona a mesma disciplina na Universidade de Heidelberg. Defende em latim uma tese a respeito das "Associações mercantis na idade média", recebendo uma aprovação consagrada da banca examinadora, onde um dos membros, Thedor Mommsen, a maior erudição Alemã da época, convida-o para substituí-lo na Cátedra. Em 1903 grave crise nervosa afasta-o da Cátedra, voltando em 1918 a reger a Cátedra de Sociologia da Universidade de Viena e um ano depois a reger a Cátedra de Ciências Sociais em Munique, onde falece em 14 de junho de 1920.

Mostra o autor que Weber crescera num ambiente familiar influenciado pela política, seu pai pertence às fileiras do Partido Nacional Liberal que apoia Bismarck até 1878. A *Realpolitik* de Bismarck influirá na formação de Weber, ele se vira obrigado a estudá-la profundamente. Para Weber, Bismarck aparecia como um novo Maquiavel, enfrentando débeis opositores políticos que Weber conhecia de seu ambiente familiar. Bismarck, acima de tudo, estava interessado em promover a integração das massas nos quadros do Estado alemão e nessa política de integração Weber salienta o papel de protestantismo e da educação militar germânica.

O modelo inglês

O autor procura demonstrar a importância do modelo inglês na elaboração da teoria política de Max Weber. Modelo esse que lhe fora ensinado na universidade pelo prof. Gnesit. Ensinara-lhe ele que a estrutura do modelo político inglês reside numa atitude de tolerância, imparcialidade e amor à liberdade; daí desenvolver-se na teoria política inglesa, a partir de Lord Acton uma teoria pluralista do Estado, aperfeiçoada por Maitland, Figgs e Laski, oposta a teoria do Estado-Poder, que levaria ao nazismo.

Weber defende a tese do Parlamento como escola de políticos, oposta à escolha bismarckiana por via burocrática. Conforme o modelo inglês, o Parlamento deve ser o lugar onde os dirigentes são eleitos e são os grupos dirigentes que determinam a ação política. Aí Weber diferencia um parlamento como o inglês que, pelo sistema do Comitê Parlamentar, treina o político para os aspectos administrativos, constituindo-se num Parlamento positivo, de trabalho oposto ao Parlamento alemão, negativo e retórico. Para Weber a direção política deve estar nas mãos de um parlamento que trabalha, não num que discursa.

Na elaboração da Constituição de Weimar, com a qual Weber colabora, está presente o modelo inglês, especialmente no capítulo referente às Comissões Parlamentares de Inquérito.

Parlamento

A liderança política deve sair do Parlamento, mas Weber advertia que

> é perigoso que uma classe social em decadência econômica mantenha o poder político, e é mais perigoso que classes com poder econômico e, portanto, com aspirações de mando, não estejam politicamente maduras para a direção do país. (Weber apud Mayer, 1966, p.77)

Para essa imaturidade política contribuirá, segundo Weber, Bismarck que levou à deseducação política e ao conformismo estéril, tendo como aliados a Igreja e a burocracia, que modelou inclusive os trabalhadores do Partido Social-Democrata, que se propunham a conquistar o Estado e foram por ele absorvidos.

Weber via no Parlamentarismo a arma básica contra a escolha burocrática de líderes políticos, sua inoperância, por isso escrevia ele:

> Não dispararia um tiro nem compraria um bônus de guerra se fosse para conservar a dinastia de Guillherme II que degradara o chanceler Caprivi, criando um problema de autoridade no Reich. Só o parlamentarismo impiedoso pode paralisar essa gente. Os funcionários do Estado devem estar subordinados ao Parlamento. Todos sem exceção são técnicos. As formas de Estado são técnicas como qualquer outra maquinaria. (p.122)

Realiza algumas de suas ideias por ocasião da elaboração da Constituição de Weimar, onde consegue encaixar os seguintes princípios:

a) unidade federal;
b) Comissão Parlamentar de Inquérito;
c) eleição direta do presidente da República, cujo carisma presidencial se converte no centro do sistema político, utilizando os partidos como instrumentos.

Burocracia

Weber acreditava que a burocracia poderia dominar ou regular o processo econômico como o fizera na Antiguidade egípcia e chinesa na forma do "modo asiático de produção", tendo no topo uma estrutura de poder patrimonial burocrática. Para Weber a concentração dos meios políticos pode outorgar uma hegemonia no sistema social. Burocratização, racionalização e saber especializado, para Weber, são parte integrante do "destino" histórico da civilização ocidental, dela não se podendo escapar. Nesse processo, Max Weber enquadra a evolução do poder soviético, com o que não concorda o autor, que situa: "o burguês Weber não estava preparado para aceitar o caráter transitório da ditadura bolchevique" (p.140).

Weber e as relações internacionais da Alemanha

Para Weber, a derrota alemã na Primeira Guerra levaria o mundo a escolher entre o convencionalismo anglo-saxão e o despotismo russo. Sempre lutara para um acordo com a Inglaterra ante a ameaça russa. Salienta ele "que a dominação do mundo pelos EUA é tão inevitável como a de Roma após as Guerras Púnicas. É de se esperar que não seja compartilhada com a Rússia" (p.403).

Apreciação – Os dilemas de Max Weber: a formação de uma liderança política por via parlamentar contraposta à escolha burocrática dos mesmos, seu fracasso com o político militante não conseguindo a indicação de seu partido para integrar a chapa de candidatos eletivos, representam em níveis diversos os dilemas e as inconsistências do liberalismo alemão. A crise pessoal possui valor simbólico, é a crise do liberalismo alemão pressionado, de um lado, pela onipotência da burocracia, de outro, pela passividade das massas alemãs.

Eis que, paradoxalmente, a primeira revolução moderna que teve a Alemanha fora a Reforma luterana que se insurgira contra a Igreja por razões hierocráticas, para reforçar o domínio da área religiosa sobre a profana e não o contrário. Dai ter razão Hegel, quando definindo o papel histórico de Lutero, descrevera-o como o herói que "destruíra a autoridade da fé para restabelecer a fé na Autoridade", igualando o bom fiel ao bom cidadão. Por outro lado, as revoluções de 1848-1849 culminaram num compromisso da classe "empresarial" com a "velha ordem", donde a unificação alemã ser feita pelo estamento burocrático, na sua facção militar representado pela Prússia de Bismarck.

Da queda de Bismarck ao fim do período governamental de Guilherme II transcorre o drama do liberalismo alemão que se vê abandonado pela classe média decepcionada que vai engrossar as fileiras do nazismo.

Max Weber preocupara-se com algumas constantes de nossa civilização, a burocratização, o saber especializado, a sociedade de massas. Quanto à burocracia, Weber estudou seu papel numa democracia. Percebeu ele que as modernas organizações partidárias de massas não prescindem da burocracia, a "máquina política" é indispensável, segundo Weber, à "democracia de massas". Para ele, a democracia deve opor-se à burocracia, como tendência para uma casta de mandarins diferenciada das pessoas comuns por títulos e diplomas. [...]

A essência e a aparência na Rússia em 1917*

A história da Revolução Russa, de Leon Trotski, Rio de Janeiro: Paz e Terra, 1977. 3v., 1077 p.

Nessa obra de exilado, Trotski, como Júlio César, deu-se ao luxo de fazer a história, para depois escrevê-la. Aliás, as grandes obras políticas são produzidas no ostracismo. De *O príncipe*, de Maquiavel, a *Parlamento e governo na Alemanha reordenada*, de Max Weber, insere-se a *História da Revolução Russa*, de Trotski.

Maquiavel desmascara o poder, fornecendo ao povo dados para defender-se dele; Weber desmitifica o conluio entre burocracia, indústria pesada e militarismo que levaria a Alemanha ao caos nazista. Trotski, por sua vez, escreve a *História da Revolução Russa*, no México.

---

* *Gazeta Mercantil*, São Paulo, 25/11/1977.

Procura ele, no primeiro volume, definir os princípios gerais de uma "teoria da revolução", com base no estudo do período que abrange janeiro a julho de 1917. Procura mostrar a existência da curva da temperatura política de uma nação que traz em seu bojo uma revolução. E acompanha não somente a temperatura política do país como a eclosão da revolução.

Mostra o germe de uma revolução que deveria ter eclodido um ano antes. O processo revolucionário se desencadeia, sem nenhuma organização, sem direção. A revolução foi feita por 8 milhões de camponeses integrados ao Exército.

A ação camponesa pela posse da terra e a dissolução do Exército foram os pilares da revolução. A falta de iniciativa e a timidez dominavam o ambiente político russo sob o Governo Provisório de Kerensky. Esse governo realizava o constitucionalismo de fachada: repressão no plano interno e fachada democrática externa, atuando como tranquilizante dos investidores estrangeiros.

A revolução estalou em fevereiro; definiu-se, porém, como projeto político somente em abril, por ocasião das célebres "Teses de Abril", de Lênin, que selaram sua união com Trotski. Aquele aceitara a teoria da "revolução permanente", de Trotski, e este aceitara as concepções leninistas de organização de partido.

Trotski analisa ainda o governo republicano composto após a queda da monarquia. Composto, na sua maioria, por teóricos e ideólogos, estava nas mãos de um soviete (conselho), onde predominavam os oradores sobre os homens de ação. Kerensky simbolizou a política de conciliação de classe – num período revolucionário, tal política leva à oscilação como sistema de poder.

No último volume, na parte destinada à "Arte de Insurreição", mostra o autor que a revolução se produziu por falta de alternativas. Porém, Trotski preocupou-se em diferenciar um complô e um golpe de Estado, que objetivam substituir homens conservando as mesmas estruturas, de uma revolução, que pretende prioritariamente substituir as estruturas e, consequentemente, os homens.

Para o autor, as "revoluções" crônicas latino-americanas alinham-se no âmbito do complô ou do golpe de Estado – e, nesse sentido, são em tudo opostas à "revolução permanente". Sua obra é atual, na medida em que permite ao leitor uma diferenciação clara do processo político; ou seja, ensina a não se confundir complô (mudança das aparências) com revolução (mudança das essências).

Medicina, saúde e trabalho*

Tese de mestrado defendida pela professora Cristina de Albuquerque Possas na área de Antropologia Social do Instituto de Filosofia e C. Humanas da Unicamp.
Orientador: Maurício Tragtenberg, da Faculdade de Educação da Unicamp.

O texto analisa a penetração do capitalismo na prática médica e suas implicações sociais. Do ângulo médico, a capitalização de sua prática decorre do desenvolvimento da medicina empresarial, através da qual o Inamps funciona como instrumento de repasse de recursos estatais. A medicina empresarial torna o médico um mero assalariado que não tem controle sobre seu trabalho, o ritmo do atendimento, o nível do atendimento; tudo isso é regulado pela lucratividade a que ele deve servir. O médico brasileiro formará o setor dos *white collars*, uma nova classe

---

* *Jornal da Educação*, Campinas, Cedes, abr. 1980. Teses.

média que não possui propriedade e vende seu "capital cultural" a quem paga mais.

Do ângulo do doente, verifica-se que ele recebe uma atenção médica diferenciada conforme a classe social a que pertence. Assim, através da política de convênio as empresas estabelecem diferentes tipos de atenção médica, que vão desde a atenção médica mínima ao operário não qualificado e a atenção médica razoável ao operário qualificado até a atenção médica excelente dedicada ao executivo. Isso está ligado também à estrutura de currículos das escolas de Medicina; essa estrutura de currículo valoriza o aspecto curativo em detrimento do preventivo. Assim, as doenças de massa que ainda matam milhares de brasileiros não recebem a atenção devida. A medicina preventiva não é lucrativa às grandes empresas, às cooperativas médicas em que o médico é capitalista de si mesmo. Adicione-se a omissão do Estado no referente à saúde pública e teremos um retrato sem retoque de São Paulo de 1980.

Fundamentalmente a medicina é simplesmente uma medicina do trabalho, tratando de repor a mão de obra em posição de rapidamente poder voltar à produção. Daí a política contra os internamentos praticados pelo INPS e a valorização do ambulatório.

A medicina dirige-se na reposição da mão de obra e à procura de condições de manter sua produtividade, razão pela qual o mínimo de atenção médica corresponde ao mínimo vital que o operário necessita para reproduzir o capital, isso garantido pela implantação do salário mínimo.

A autora mostra com muita clareza que não se deve confundir saúde com medicina. As condições de saúde dependem basicamente da existência de saneamento básico e uma estrutura de salário que permita a melhora da alimentação do trabalhador. Eis a razão pela qual o período do "arrocho salarial" coincidiu com o aumento da incidência da mortalidade infantil no país, e os aumentos salariais implicaram em seu declínio. No entanto, a medicina é requisitada cada vez mais por faltarem condições mínimas de saneamento básico e a estrutura salarial não corresponder ao aumento do custo de vida. Assim, uma cidade como São Paulo possui 20% de esgotos, enquanto Caxias do Sul, segunda cidade industrial do estado do Rio Grande do Sul, não possui rede alguma de esgoto. A autora analisa também o sistema brasileiro de Previdência Social antes e depois da unificação sob a forma do Inamps. Analisa a evolução das antigas Caixas de Aposentadoria ao atual Inamps, passando pelo antigo INPS.

O desenvolvimento do capitalismo é acompanhado inevitavelmente da burocratização. A burocratização da atenção médica se dá no atendimento a uma massa trabalhadora e a medicina de massa constitui o mínimo de atenção médica com o intuito, conforme definíamos antes, de colocar a mão de obra em condições de voltar à produção no menor tempo possível, em regime de urgência.

Porém, é de acentuar-se a indicação da autora segundo a qual o Funrural, que teoricamente abrangeria o atendimento às necessidades assistenciais de 40% da população, tenha apenas 2% dos recursos do Inamps a ele destinados.

Em última análise, a luta contra as doenças sociais como a tuberculose, doenças endêmicas, derivadas das más condições de trabalho, depende da possibilidade da mão de obra de se auto-organizar e lutar pelo "direito à saúde". A democratização do atendimento médico depende da democratização da sociedade global e do espaço que as camadas subalternas ocupem no espaço social. Caso contrário, continuará essa espécie de genocídio planejado contra o trabalhador, especialmente num país onde a oferta de mão de obra supera a procura e é "mais barato" deixar morrer do que tratar o indivíduo. Essa prática malthusiana em relação à mão de obra é parte integrante do regime do capital, que suga o sangue do operário como um vampiro, daí a necessidade, às vezes, de o Estado intervir para regular a exploração do trabalho em limites que não levem a mão de obra a se destruir.

Santo Dias da Silva[*]

Por que mataram Santo Dias?, de Paolo Nosella. São Paulo: Cortez, 1980. 125 p.

A trajetória sindical do metalúrgico Santo Dias da Silva aparece retratada pelo professor Paolo Nosella em *Por que mataram Santo Dias?*.

Como reconhece o autor, Santo Dias não falava de si próprio, falava de todos os operários, relatando sua história como parte da história geral dos trabalhadores. Egresso pela migração rural-urbana, emprega-se numa metalúrgica em São Paulo como ajudante de fundição, em 1962. Além das oito horas de trabalho, fazia duas ou três horas extras, mais sábado e domingo. Participou da greve pelo 13º salário, que, como relata Santo Dias, foi uma greve "tirada" na base do piquete, o que mostra o baixo nível

---

[*] *Folha de S.Paulo*, 16/2/1981.

de organização da mão de obra na época. Daí 1964 ter pegado desprevenido o trabalhador. Começou ele a participar do sindicato na medida em que não tinha nele mais espaço de atuação. O arrocho salarial, a perseguição de todo tipo, desorganizaram a mão de obra, além de "25 a 30 mil dirigentes sindicais terem sido cassados" (Nosella, 1980, p.88).

Os "novos dirigentes", na qualidade de interventores, fizeram o máximo para desmobilizar a mão de obra, como o caso da ascensão de Joaquim Santos Andrade, que após a anulação das eleições para o Sindicato dos Metalúrgicos de São Paulo pelo Ministério do Trabalho, foi mantido: "Dessa forma fica claro para a gente que o Joaquim é hoje um interventor, um 'cara' que está na direção do sindicato mediante o aval do Ministério do Trabalho" (p.52-3).

Relata Santo como as intervenções levaram-no à ideia de montar o sindicato a partir da fábrica, com base nos Grupos de Fábrica. Daí a formação da oposição sindical iniciada em 1965, apesar das prisões de operários em 1966. A greve de Osasco, a manifestação da Praça da Sé relacionada com a greve em Contagem (MG) e a manifestação de 1º de Maio permitem a emergência da oposição sindical metalúrgica em São Paulo. Porém, o fechamento político operado entre 1968 e 1974 prejudicou sua formação, restando a Pastoral Operária. Porém, 194 prisões, das quais quarenta de metalúrgicos, obstruem essa iniciativa.

Membro da Comissão Salarial de 1972 e por isso liberado da produção, quando volta ao trabalho é despedido: "Chego no portão e o cartão está lá para receber a conta" (p.42). Era uma época em que se era despedido sem explicação, por não cumprir as "normas" de produção. Porém, 1974 assinala as conquistas do 13º e férias e efetivação do adicional de horas extras, "daí o pessoal do escritório cumprimentou os operários, porque também recebeu a parte deles" (p.46). A existência, em 1974, de vigias na fábrica para denunciar quem se posicionasse não impediu a formação de Grupos de Fábrica, onde "a gente ia discutir e encaminhar os problemas que havia naquela fábrica" (p.48). Santo estimula a publicação do jornal *Luta Sindical*, com tiragem de mil exemplares, e em 1978 consegue montar uma chapa da oposição sindical por ocasião das greves da Scania e do ABC, incluindo a luta contra a Lei 4.330 – cujo relator fora o atual presidente do PMDB, Ulisses Guimarães – que, a pretexto de regulamentar, anulara o direito de greve. Porém, como relata Santo, ele foi

> mandado embora três dias após abertura do edital de convocação para inscrição das chapas. A diretoria do sindicato tinha transado com a administração da fábrica e, então, para prejudicar minha saída na chapa, eles me mandaram embora três dias após a convocação para inscrição das chapas. (p.53)

Santo vê nisso algo pessoal, porém o fruto de uma legislação sindical obsoleta, que data de 1931, conservada por 1964. "Ela deveria mudar, assim como a Constituição" (p.106).

Quanto à qualificação do trabalhador, Santo vê nela "uma forma de ele (operário) ter possibilidade de negociar, conseguir impor alguma coisa" (p.68), porém sem muitas ilusões, pois

> dentro de meu ponto de vista, eu achava que um profissional teria mais estabilidade que um ajudante. Mas eu cheguei à conclusão de que isso, dentro da luta sindical, não funciona. Tem a mesma estabilidade um profissional quanto um ajudante. Então é por isso que a gente não para no emprego.

Daí Santo valorizar a luta pela convenção coletiva do trabalho, pois o "trabalhador teria mais força no campo da reivindicação econômica" (p.68), sem deixar de ressaltar que, apesar de tudo, "um profissional, eu achava que teria mais peso para a empresa, ela teria mais interesse em segurar, mas à medida que você está numa luta, ela te joga para fora como qualquer outro" (p.96).

Sua atitude ante o trabalho é de valorizá-lo, pois "o importante é ter uma profissão definida e dentro dela poder exercer uma atividade útil não só para a gente, mas para o conjunto dos companheiros" (p.71). Não obstante a existência de capatazes na empresa para verificar "se você está conversando demais. Se está fora de seu local de trabalho ou fica mais ou menos tempo no banheiro" (p.73). Isso não impede de testemunhar que "os assuntos que a gente mais gosta de conversar são os referentes ao problema sindical" (p.75), tendo como ponto de partida "a própria prática da luta operária, aprendendo parte dela na discussão de pé de máquina com os companheiros" (p.74-5).

Quanto à relação entre inteligência e trabalho, nota Santo que,

> afora os privilegiados que estudam e se preparam para isso, acho que o grau de inteligência do homem é o mesmo. Se lá no campo ele cultivava e plantava, é que tinha inteligência para isso. Da mesma forma, aqui na cidade, na indústria, ele aplica no trabalho a mesma capacidade de inteligência. Há muitos operários que chegam do campo e no dia seguinte entram para o trabalho fabril. Com três ou quatros dias eles estão trabalhando como um que já o faz há um ano. (p.76)

Ressalta a solidariedade como base da condição operária e define o sindicato como "o trabalhador organizado" (p.79) e a greve como "a arma principal que o trabalhador dispõe para defender e fazer valer os seus direitos". Pouca importância atribui Santo aos cursos de educação sindical, sobre higiene e segurança do trabalho, "pois lá você não pode se posicionar; na medida em que você se posiciona corre um risco, porque no próprio curso a gente sabe que não tem só operário, tem 'penetra' junto" (p.81). Com ressalvas, reconheceu Santo que "Lula contribuiu para o avanço do movimento operário" (p.105).

A Santo Dias da Silva aplicam-se os dizeres de Brecht:

Há homens que lutam um dia e são bons.
Há outros que lutam um ano e são melhores.
Há os que lutam muitos anos e são muitos bons.
Há os que lutam a vida toda
Esses são imprescindíveis.

Santo pertencia a esse tipo de gente.

Autópsia da barbárie*

Sabra et Chatila: enquête sur un massacre [Sabra e Chatila: inquérito sobre um massacre], de Amnon Kapeliouk. Paris: Du Seuil, 1982. 116 p.

O autor entrevistou os sobreviventes dos campos de refugiados de Sabra e Chatila, soldados libaneses e israelenses, e levantou o noticiário na época de origem israelense e libanesa.

O jornal do Partido Trabalhista de Israel, *Davar*, trazia um título de primeira página: "A vergonha de Beirute", revelando "a dificuldade em ser israelense. Jamais poderemos limpar-nos dessa ação". Enquanto a diretora do jornal Hanna Zemer evoca "o governo de celerados que levou Israel à falência moral", no mesmo sentido o jornal *Al-HaMishmar* refere-se a Sabra e Chatila como "o massacre que tornou a guerra do Líbano a maior desgraça que se abatera sobre o povo judeu após o Holocausto" (Kapeliouk, 1982, p.110).

---

* *Folha de S. Paulo*, 17/4/1983. Ilustrada.

Da mesma forma reagiu a intelectualidade. Por exemplo, o colaborador do jornal *Yedioth Aharonoth*, o escritor Amos Kenan, escrevia: "De um só golpe, senhor Beguin, perdeste milhares de criança judias que eram todo o vosso bem nessa terra. As milhões de crianças de Auschwitz não vos pertencem mais. Vendeste-as sem benefício" (p.111). Bashevis Singer escrevia: "Até agora a palavra '*progrom*' tinha uma conotação que dizia respeito diretamente aos judeus, como vítimas. O senhor Beguin entendeu o sentido do termo: Babyar, Lidice, Oradour e também Sabra e Chatila".

Que fatos terríveis foram esses que levaram o jornalista do *Haaretz*, de Israel, Zeev Schiff, a escrever:

> Nos campos de refugiados de Beirute, foram cometidos crimes. Os falangistas mataram centenas de velhos, mulheres e crianças. Exatamente como os que organizavam "progroms" contra os judeus. Concluindo: "as circunstâncias nas quais esse ato atroz foi cometido (massacre) demonstra irrefutavelmente a responsabilidade de Israel, responsabilidade indireta, senão mesmo direta". (p.109)

O autor reconstrói os antecedentes do massacre a partir da bomba que fez ir pelos ares a sede do partido da Falange (Kateb), com a morte de Bechir Gemayel, que declarara à *Le Nouvel Observateur*: "No Oriente Médio há um povo a mais: o povo palestino. É designado como 'o presidente' empossado pelas baionetas israelenses" (p.11).

A invasão do Líbano por Sharon não destruiu a Organização para a Libertação da Palestina (OLP), por outro lado, deixou 18 mil mortos e 30 mil feridos na população civil e dividiu as comunidades judaicas fora de Israel. Uma guerra impopular contra a qual a população de Israel se manifestou publicamente, fato inédito desde a instituição do Estado de Israel (p.12).

Segundo o autor, desde 1976 o exército de Israel armara a Falange Cristã e treinara seus soldados em campos especiais em Israel. Havia encontros entre a Falange e os chefes do Partido Trabalhista, e, após 1977, com o Partido Likud (p.17).

Beguin pretende assinar acordo de paz com Gemayel, este se recusa temendo ser isolado pelas nações árabes, o que leva Sharon a pretender instalar uma "área de segurança" que abrangeria 50 quilômetros ao sul do Líbano. O jornal israelense *Haaretz*, em editorial, reage violentamente: critica Sharon "por seus '*ukazes*' (decretos imperativos) e suas ameaças, comparando-as às de um procônsul romano, que procura ditar ao Líbano sua política externa" (p.16).

Com a morte de Gemayel, Sharon ocupa Beirute Oeste, segundo o coronel Geva, que se demitiria em julho como protesto contra eventual ataque à região – "os preparativos para isso estavam concluídos, faltava a ordem para tal" (p.18). Sharon insiste, declarando em entrevista a Oriana Fallaci "que não queria invadir Beirute Oeste mas, se disso estivesse convencido, ninguém me demoveria. Democrático ou não, entraria mesmo sem o governo concordar" (p.19). O governo e o povo israelense sabem pela Rádio Kol Israel da invasão. Material de guerra e paraquedistas são desembarcados pelos aviões Hércules.

Segundo o autor, houve uma reunião entre os generais Drori e Eytan por Israel, Fadi Ephram e Ellas Hobelke pela Falange. Em 22 de setembro de 1982, Sharon revela ao parlamento que ela tratou da entrada dos falangistas nos campos palestinos. No final da reunião, um chefe militar falangista confessava: durante muitos anos esperaram por esse momento (p.24). Enquanto isso, o general Drori recebe ordens de não deixar nenhum soldado israelense entrar nos campos. Beguin comunica ao enviado especial de Reagan a entrada de tropas israelenses no Líbano, "com o objetivo de manter a ordem lá; após a morte de Gemayel poderia haver um *program*" (p.29). Os jornais da oposição em Israel criticaram duramente a invasão, que colocou em xeque as garantias dadas pelos EUA de que os familiares dos soldados da OLP teriam segurança. Kadoumi, pela OLP, declarara: "Deram--nos a palavra de honra de que Israel não entraria em Beirute Oeste; ela não foi mantida" (p.33).

Sabra e Chatila estavam cercados pelos tanques de Israel, que instalara postos de controle nas entradas e saídas dos campos. "Zaki, eletricista de Sabra, dirige-se aos israelenses explicando-lhes o terror de que grupos libaneses os exterminem. Os soldados de Israel responderam: isso não é possível, não sois terroristas e sim civis" (p.34).

Após conversar com o general Sharon; o general Eytan pede ao general Drori para verificar "se os falangistas estão preparados para entrar. O chefe falangista Ephram responde: sim, imediatamente, o sinal verde fora dado" (p.38).

O deputado Amnon Rubinstein relatou que "encontrara membro da Falange que manifestara clara intenção de massacrar os palestinos" (p.41). O jornal oficial do Exército de Israel, *Bamchane*, de 1º de setembro de 1982, relatara que seis semanas antes massacre ouvira um oficial da Falange dizer: "A questão é a seguinte: começar violando ou matando". Com a permissão dos postos de observação de Israel junto aos campos, passaram inúmeros jipes. Os oficiais israelenses estavam a 200 metros do massacre. Beirute fica às escuras e foguetes israelitas iluminam os campos, onde seus habitantes são massacrados, mulheres violadas e crianças atiradas contra os muros – obra da Falange e de adeptos de Haddad. Sharon declarara a respeito: "Não enviamos soldados israelenses porque outros poderiam fazê-lo" (p.58). Soldados do coronel Geva, a 100 metros dos campos, "observaram claramente a execução de civis por milicianos" (p.59). Muitos tiveram suas vistas vazadas a faca, para sofrer interrogatório depois (p.66). Conclui o autor que o massacre de Sabra-Chatila foi premeditado, para forçar os palestinos a deixar o Líbano. Uri Avneri foi um dos primeiros a denunciar que a invasão do Líbano teria como fim o massacre dos palestinos desarmados. A Treblinka, Auschwitz, Oradour, junta-se Sabra e Chatila, só que muitos carrascos desses campos no Líbano nada ficam a dever aos carrascos dos campos alemães, é o que o autor nos mostra. É algo para pensar.

Autogestão e sistema social*

Autogestão: o governo pela autonomia, de Nanci Valadares de Carvalho.
Sao Paulo: Brasiliense, 1983. 156 p.

Obrigada a sair do país em 1971, a autora trabalhou no El Colegio de México, defendendo seu mestrado na Universidade de Nova York e, em 1981, seu doutoramento na Universidade de Chicago.

Reconhece a autora que "é difícil acreditar que sem uma grande convulsão social a administração privada iria abrir mão de suas prerrogativas para uma autogestão" (Carvalho, 1983, p.19).

Isso não a impede de reconhecer a existência de organizações autogeridas que se congregam em organizações de ajuda mútua – no sentido de Kropotkin – onde predominam a paridade, poderes recíprocos e a convivência igualitária.

---

* *Folha de S.Paulo*, 20/11/1983.

Nesse sentido estuda ela as organizações autogeridas nos EUA que têm sucesso quando a burocracia fracassa. Caracterizam-se pela homogeneidade, coerência, auto-organização e continuidade expressa pela forma de atingir seus objetivos, deliberação sobre os meios para alcançá-los e a divisão dos benefícios. É fundamental, diz a autora, que essas organizações autogeridas "tenham em mente metas em longo prazo" (p.29).

Divide ela as organizações autogovernadas em esquemas tipológicos como: democracia participante, codeterminação, comunidade de interesses e autogestão.

Na democracia participante, a liderança e os trabalhadores não qualificados aparecem como categorias opostas e autorreguladoras. À liderança cabe comunicar os problemas da comunidade aos donos do poder do Estado.

Sob a codeterminação, a liderança é fruto de uma delegação, é rotativa. Os líderes representam simbolicamente os participantes sem categorização, engajam-se aqueles no treinamento de outros para substituí-los como líderes.

Na organização que a autora define como comunidade de interesses, os líderes e membros estão misturados, sendo difícil distingui-los.

A autogestão difere das outras formas de organização porque é baseada na auto-organização a partir do local de trabalho, via Conselho de Fábrica que institucionaliza a cooperação que a linha de produção estabelece. Define ela a fábrica como "um *gulag* ocidental no qual o trabalhador não adquiriu autonomia. Isso faz da autogestão um fenômeno de liberação peculiar à industrialização avançada" (p.34).

Esclarece a autora que a autogestão existe nos EUA em comunidades isoladas geográfica ou espiritualmente do consenso capitalista dominante. Os que participam de organizações, definidas por sua tipologia nos EUA, em geral são negros, irlandeses, italianos, judeus, que vivem em *ghettos* e veem o Estado como bem definiu uma anciã negra citada: "Sabe de uma coisa, advogado? O governo federal nada mais é do que um homem branco". Descreve ela a Bedford Stuyvesant Restoration Corporation como resposta aos distúrbios havidos na área, que é povoada por porto-riquenhos e negros e se caracteriza pelo alto nível de pobreza, falta de investimentos em equipamentos públicos e alto índice de criminalidade. Pobreza e segregação racial caracterizam a área. Em 1964, seiscentos líderes negros representando mais de noventa organizações locais estruturaram um programa de "reabilitação" do ambiente. Reformaram-se os prédios em todo o bairro, abriram-se novos centros de saúde. O Bronx Frontier Development Corporation se preocupa com a recuperação da terra e reciclagem utilizando tecnologia alternativa, desenvolvendo programas de desenvolvimento econômico e habitação. Desenvolve a autora exaustivamente exemplos de caráter empírico de organizações fundadas na tipologia esboçada no início de seu livro, mostrando a força da "ação coletiva autogerida" na defesa de interesses dos deserdados da fortuna no país.

Analisa as práticas autogestionárias a partir dos Conselhos de Fábrica de Turim, dos sovietes (conselhos) na URSS até 1923 e na Iugoslávia, além do *kibutz* em Israel.

O livro tem uma importância crucial para o assunto em função do número de práticas empíricas de autogoverno nos EUA que traz ao leitor.

Quanto à análise da autogestão iugoslava, pensamos nós ser insuficiente, pois a existência do partido único, a Liga dos Comunistas, e do Estado contraria basicamente a autogestão, entendida por nós como sinônimo de socialismo e desalienação progressiva do homem. Isso se dá na medida em que ele dirige seus destinos.

No caso iugoslavo a tendência dominante nos últimos anos tem sido a predominância dos técnicos nos Conselhos de Empresa em detrimento do trabalhador de linha de produção, cada vez menos representado. Assistimos aí à aliança de uma tecnocracia administrativa com o poder político dominante. Zagreb excluiu de sua universidade o filósofo marxista Mihailo Markovic, porque discordara da Liga, o partido dominante.

Em relação ao *kibutz* em Israel cabem alguns reparos. Seu projeto inicial era uma prática socialista, porém, na medida em que se desenvolveu, começou a empregar mão de obra de origem árabe assalariada, explorando mais-valia.

Nos últimos anos, têm sido construídos *kibutzim* em áreas expropriadas de camponeses árabes palestinos, transformando-os em refugiados. Ora, autogestão com emprego do trabalho assalariado árabe, e o *kibutz* por sua vez tutelado pelo partido, seja Trabalhista ou Religioso, tornam o conceito irrealizável na prática.

Já Marx, em *Miséria da filosofia*, ao discutir com o economista norte-americano Carey, mostrava que um movimento cooperativista no campo e um sindicalismo forte no meio podem constituir-se nos maiores reprodutores da lógica do capital. Pois as decisões econômicas chaves em Israel são tomadas pelas grandes empresas e bancos. Pode a Histadruth Central Operária ter seus bancos e fábricas, mas esse fato situa-a como praticante de um capitalismo sindical, modelo para o sindicalismo alemão e escandinavo nos dias de hoje.

De qualquer maneira, *Autogestão: o governo pela autonomia* se constitui num livro obrigatório a todos aqueles interessados nos problemas relacionados à participação e à mudança social sob o capitalismo. É polêmico, daí sua virtude.

Uma pesquisa psiquiátrica*

Psiquiatria, controle e repressão social, de Diva Moreira. Petrópolis: Vozes, 1983. 205 p.

A autora é técnica da pesquisa da Fundação João Pinheiro, em Belo Horizonte, e seu livro inicialmente fora tese de mestrado aprovada na área de Ciência Política da Universidade Federal de Minas Gerais, com a coorientação de Franco Basaglia.

Conforme já o afirmara Basaglia, a história da psiquiatria tem sido até agora a história dos psiquiatras e não a história dos doentes. Desde sua origem se constituiu numa técnica altamente repressiva que o Estado usou para confinar os doentes pobres, em outros termos, membros do campesinato ou da classe operária que não produziam para o sistema. Assim, o manicômio,

* *Folha de S.Paulo*, 1º/7/1984.

em vez de ser o lugar de cura, converteu-se num espaço de odor e opressão.

A autora pesquisou seis hospitais psiquiátricos em Minas, públicos e privados, porém, concentrou seu trabalho na análise do Hospital Psiquiátrico de Barbacena, de caráter estatal. Assim, entrevistou pacientes, familiares, psicólogos, assistentes sociais, enfermeiros, atendentes e médicos.

Verificou uma defasagem profunda entre os objetivos de "recuperação" que o manicômio se atribui, e a cronicização a que está sujeito o doente devido ao abandono que sofre, sujeito a punições que vão do eletrochoque à ingestão de Anatensol.

Diva Moreira procurou caracterizar que o Hospital Psiquiátrico de Barbacena (MG) na realidade cumpre funções bem diversas para as quais fora criado.

Trabalhadores desempregados, pessimamente remunerados quando empregados, enfrentando condições de trabalho adversas, sujeitos a ritmos desumanos de trabalho via Previdência Social, internam-se no manicômio, onde comem três vezes ao dia, dormem numa cama limpa e têm o mínimo de atendimento de enfermagem. O hospital psiquiátrico funciona como colônia de férias, permitindo ao trabalhador lá confinado recompor suas energias para vendê-las no mercado de trabalho.

Pode também o hospital servir de meio para obtenção da licença da Previdência Social, o auxílio-doença. Funciona também como um albergue para velhos que a família interna ou para menores rejeitados. Cita o livro o caso de uma mãe solteira internada no manicômio pela família, que fica "envergonhada" com o procedimento da jovem menor.

A própria família, como a polícia e o poder público, considera o hospital psiquiátrico o espaço onde devem ser confinados os "desviantes" das normas dominantes. A Febem o utiliza frequentemente e o mesmo ocorre com o Juizado de Menores.

A internação pode servir para fugir de punições judiciais, ou para resolver litígios em família por ocasião da distribuição de herança. Pode ser utilizado também pelo homem que interna sua mulher para ter "liberdade" sexual com outras mulheres; e o inverso também se dá.

O hospital psiquiátrico pode servir e serve de agência do clientelismo político; a internação mediante a carta de um "representante do povo" tem mais probabilidades de ocorrer do que na sua falta. Através desses favores pessoais o político profissional mantém a fidelidade de seu "curral eleitoral".

No entanto, a internação lesa o doente na medida em que ele perde o contato com a realidade extramuros. O seu tempo é tragado pelo ócio compulsório, os hospitais psiquiátricos, quaisquer que sejam, mostram sempre o mesmo panorama: internados vagando pelos pátios, nus ou seminus ou encostados junto aos muros olhando passivamente o seu contorno. O autoritarismo expresso pelo poder médico, via atendentes e enfermeiros, a perda dos amigos "de fora" a impossibilidade de sair, pois, fora do manicômio não tem perspectiva de vida. O manicômio, como a prisão, cumpre atualmente uma função básica: "marcar", estigmatizar o doente como "louco" e o preso como "criminoso".

Em suma, o livro deve ser lido por todos aqueles preocupados com a desumana condição do ser. Revela que dentro do manicômio estão os pobres, marginalizados e oprimidos por um sistema perverso cuja norma é a submissão e o produtivismo, para maior glória da reprodução ampliada do Deus Capital.

Organizados, graças a Deus*

O que é autonomia operária, de Lúcia Bruno. São Paulo: Brasiliense, 1985. 91 p.

O tema da autonomia operária implica a noção da auto-organização, da classe, da ideia de "associação" entre iguais, princípios organizatórios implícitos na teoria e prática da Primeira Internacional, submergidos pela onda tecnocrática que marcou o movimento operário com a repressão da Comuna de Paris e a formação da Segunda Internacional.

Porém, em toda época de crise ressurgem essas práticas de auto-organização, criando relações sociais igualitárias, não hierárquicas, unificando o planejamento com a ação, partindo para a ação direta sem delegação de poder a representantes; estes são eleitos por assembleia, com mandato revogável, exercendo rota-

* *Folha de S.Paulo*, 27/1/1985.

tivamente as funções designadas. São os delegados da assembleia geral a fonte de todo o poder.

Assim, a Comuna de Paris, a Revolução Russa, a Alemã, a Espanhola e a Revolução dos Cravos em Portugal assistiram à emergência de instituições com os nomes de "soviete", "conselho", "comissão de fábrica", onde a separação entre dirigentes e dirigidos fora abolida, assim como os intermediários econômicos (administradores tecnocratas) e os intermediários políticos (os políticos profissionais).

Não são as reivindicações, sejam elas econômicas ou políticas, que definem o sentido de uma luta. Uma luta é revolucionária – do ponto de vista autonomista – quando cria relações sociais que permitem a união dos trabalhadores. Quando os trabalhadores criam organizações onde decidem em conjunto os rumos da luta, definem nova divisão de trabalho e formas comunitárias de existência, criam o terreno sobre o qual o socialismo pode se desenvolver.

Daí o capitalismo, através da repressão direta ou indireta, da burocratização dos partidos ou aparelhos sindicais, tender a destruir, ou, na melhor das hipóteses, domesticar essa luta.

A questão não é a luta por objetivos imediatos (econômicos) ou mediatos (políticos), mas sim a possibilidade de transformar as relações sociais de luta (igualitárias) em novas relações sociais de produção. A luta operária constitui uma unidade entre o aspecto econômico e político.

Porém, as práticas autogestionárias não podem confinar-se a uma empresa, a um ramo de indústria, porque a submissão ao mercado capitalista leva-a a tornar-se "competitiva" e "produtiva" nesse âmbito, obrigando a unidade fabril ou o ramo a assumir formas capitalistas de administração. Isso produz a apatia entre os trabalhadores e a burocratização das comissões de fábrica é inevitável.

O importante é que o livro acentua que no processo de luta os trabalhadores criam instituições autogeridas na forma de comitês, comissões de fábrica, grupos de fábrica, que, partindo de relações sociais igualitárias entre seus membros, tendem a criar relações de produção igualitárias também. O socialismo não é algo que deva ser atingido por mediação de um Estado que fale em nome do proletariado, mas é fruto de uma construção diária pela classe operária através da sua luta.

Daí não ter sentido falar em fase de transição ao comunismo, que tem servido para legitimar a reprodução de desigualdades típicas das sociedades fundadas na exploração do trabalho, pois as relações socialistas vigoram a partir da superação da contradição capital/trabalho.

A forma de realização dessas novas relações de produção é o conjunto organizado das comissões de fábrica, fundada na auto-organização dos trabalhadores.

O texto faz uma crítica cerrada dos partidos chamados "operários", "socialistas" ou "comunistas", meros disciplinadores dos trabalhadores, do sindicalismo tradicional. Seu fundamento é a notável obra de João Bernardo, *Para uma teoria do modo de produção comunista*, um dos escritos políticos mais notáveis dos últimos vinte anos.

Contribuição esforçada, mas que deixa a desejar*

Contribuição à história do PCB, de Nelson Werneck Sodré. São Paulo: Global, 1984. 119 p.

O livro junta-se às obras de Maurício Vinhas, Chilcote, Segatto, às memórias de Heitor Ferreira Lima, Leôncio Basbaum e aos vários livros-documentários, editados na tentativa de compor a história do PCB.

O autor desenvolve seu trabalho analisando os antecedentes do Partido Comunista Brasileiro (PCB), sua infância e crise, e encerra seu relato em 29 de outubro de 1945, quando Getúlio Vargas é deposto pelo Exército e substituído no poder pelo general Dutra, seu ministro da Guerra entre 1937 e 1945.

Nas relações entre o comunismo e o anarquismo, o autor funda-se em Astrojildo Pereira para acentuar que o proletariado nacional fora inicialmente formado por trabalhadores de origem

---

* *Folha de S.Paulo*, 12/2/1985.

rural, facilmente influenciáveis pela ideologia pequeno-burguesa do anarquismo, acrescentando que o sindicalismo de cuja atividade surgira o PCB era dominado por direções anarquistas despreocupadas com qualquer direção unitária.

Isso não o impede de constatar que "a pequena imprensa operária no Brasil era, de forma quase absoluta, anarquista" (Sodré, 1984, p.32). Além do mais, a greve geral de 1917, em solidariedade à Revolução Russa, que imobilizou São Paulo foi dirigida pela Comissão de Defesa Proletária, tendo à frente o anarquista Edgard Leuenroth, quando se deu, conforme reconhece o autor, "o ápice da fase em que predominou a corrente anarquista e quando a massa teve condições para determinar inclusive a criação de um órgão como a Comissão de Defesa Proletária". Esse é o caráter "pequeno-burguês" do anarquismo que Werneck exorcizará durante o decorrer do livro.

A perda da hegemonia do anarcossindicalismo e a penetração das ideias marxistas e a criação do PCB são sintoma, para ele, da substituição de um proletariado artesanal pelo industrial e da enorme influência da Revolução Russa.

Não menciona a importância da violenta repressão ao anarcossindicalismo na Primeira República e a deportação dos seus militantes para Clevelândia, campo de concentração onde eram exilados os ativistas da época, ou sua simples expulsão do país. Essas são as causas do declínio do anarcossindicalismo no Brasil.

Afirmando o autor que o PCB nascera com uma base proletária (p.45), informa que ele fora formado por um barbeiro, um jornalista, dois funcionários, um alfaiate, um gráfico, um eletricista e um operário vassoureiro. Claramente aparece o predomínio pequeno-burguês, tão criticado por Werneck quando se refere a outras tendências no movimento operário.

Essa tendência pequeno-burguesa da direção do PCB ficará claramente patenteada após o ingresso de Prestes, Silo Meireles e Agildo Barata, quando operou-se a união entre o tenentismo e o stalinismo.

Desde 1925 – mostra o autor –, "a direção do PCB lutava para aproximar-se da massa" (p.57); em 1928, quando formou-se o Bloco Operário Camponês, o PCB "possuía oitenta membros em São Paulo" (p.70). Porém, confere ao ativo do PCB ter libertado o movimento operário do anarcossindicalismo. Isso não impediu o PCB de juntar-se aos "amarelos" (os pelegos de hoje) quando da formação da primeira central de trabalhadores e ser o mentor da Aliança Nacional Libertadora, cujo golpismo levaria à ditadura de 1937.

O livro não aborda o período pós-1945; em 1946 a maioria das greves era organizada por comissões de fábrica, independentes do sindicalismo atrelado ao Estado. Enquanto isso, Prestes pregava "ordem e tranquilidade" (num comício em Recife pedia aos operários para "apertarem o cinto", pois o PCB apoiara a "burguesia progressista" conta o imperialismo). Isso levou o PCB a apoiar Adhemar de Barros e ir a reboque de Jango, estranha "vanguarda" que jogava poeira nos olhos dos trabalhadores. É verdade, vieram as autocríticas. No partido, como nas igrejas, a falha sacerdotal do dirigente partidário não é uma falha, é mais um prova da necessidade do sacerdócio (dirigente partidário). Pois a autocrítica do PCB não elimina as faltas, mas permite que, assim agindo, o partido acumule os lucros simbólicos da autocrítica com os da confissão pública. Em suma, destaque-se o esforço, a pertinácia e autodisciplina do autor na sua *Contribuição à história do PCB*. Sem mais.

A luta que caiu no esquecimento*

Le Yiddishland revolutionaire, de Alain Brossat e Sylvia Klingberg. Paris: Balland, 1983. 362 p.

Sylvia Klingberg e Alain Brossat, com base em histórias de vida de ex-militares operários judeus organizados em torno do Partido Bund, do Partido Judeu Social-Democrata da Galícia, na Europa Central, e do Partido Comunista da Polônia, produziram a obra *Le Yiddishland revolution*aire [A Iidichelândia revolucionária].

Essas histórias foram estruturadas a partir da visita que fizeram a Israel, onde estão residindo atualmente, tendo alguns aderido ao sionismo e outros continuado numa postura socialista e internacionalista.

O que contam para nós Alain Brossat e Sylvia Klingberg?

---

* *Folha de S.Paulo*, 17/2/1985, Folhetim.

Inicialmente, definem o espaço do proletariado judeu na Europa central especialmente na Rússia czarista, localizado nas "zonas de residência" que abrigavam mais de quatro milhões de pessoas. Dos dez milhões de judeus do início do século XX, só na Rússia residiam cinco milhões.

Atrás dessa muralha conhecida como "zona de residência" ou "território" agitava-se um mundo composto de operários, intelectuais, financistas. No topo, uma burguesia financeira judia, uma pequena burguesia intelectual e comerciante e um imenso proletariado judeu, sujeito desconhecido da historiografia judaica acadêmica e oficial, que só pontificam os "grandes nomes" ocupando o espaço das massas anônimas e privilegiam a historiografia do "holocausto" em detrimento da história da resistência e da luta desse proletariado desconhecido; a massa mais forte, mais homogênea, característica verdadeira da nação judia, mas sempre ignorada.

No fundo, os historiadores judeus fizeram a história da burguesia judaica, para o uso dos judeus burgueses da época e seus descendentes.

O Partido Bund (União Operária Judaica) teve papel importante na eclosão da Revolução Russa de 1905. Lênin, na época, homenageou a combatividade desse proletariado que se solidarizava com as lutas do proletariado russo, formando batalhões que lutavam nas linhas de frente com o Exército dirigido por Trotski.

A classe operária judaica na época era uma plebe superexplorada, miserável, concentrada e homogênea por suas condições precárias de existência; suas tradições e referências culturais só existem através dos sobreviventes e seus traços dispersos.

É um paradoxo único na história contemporânea. O século XX, desgraçadamente, é rico em derrotas da classe operária: Alemanha em 1933, Chile em 1973, sem esquecer a Espanha em 1938 e a Polônia em 1981.

Mas não há exemplo de proletariado derrotado que não reconstrua sua história, a história de suas organizações. Só há uma exceção: a classe operária judia, desaparecida da face da terra após o nazismo, embora se constituísse num continente humano cuja dinâmica era dirigida a outro futuro.

Os autores entrevistaram, entre 1981 e 1982, inúmeros proletários judeus atualmente residentes em Israel que se engajaram na guerra civil na Rússia durante a Revolução e nas Brigadas Internacionais, que foram lutar contra o fascismo na Espanha, e que participaram da resistência belga, francesa, iugoslava e soviética contra Hitler. Enquanto outros passaram pela trajetória dos campos de concentração nazistas e stalinistas.

É a esses personagens que os autores dedicam o livro.

O engajamento revolucionário dos judeus da Europa Oriental é nômade; da Polônia à França e da Espanha à URSS, o que se percebe é a linha de sucessão de seus combates.

A miséria da plebe judaica é responsável por esse engajamento de uma importante fração da juventude judaica nos inícios do século.

As pesquisas sobre a participação dos judeus nas Brigadas Internacionais na Espanha ocultam muitas coisas, pois a ortodoxia stalinista impediu que fosse dada à luz a participação de militares judeus no Poum (Partido Operário de Unificação Marxista) de Andreu Nin, reputado de "trotskista" pelo PC espanhol e como tal reprimido mesmo durante a República.

Por outro lado, a direita, tanto judaica como não judaica, encontra pontos de união, assim, à luz dos depoimentos relatados no livro, ficou clara a aliança entre a direita russa czarista e reacionária encabeçada pelo progromista general Petliura e Jabotinsky, ideólogo de Beguin e do partido Likud.

No meio judaico, o Partido Bund, tornara-se o promotor da identidade nacional judia encaixada num universalismo laico, emancipatório e racionalista que abalara as convicções religiosas tradicionais da antiga "aldeia" judaica da Europa Oriental.

Para internacionalistas marxistas como Lênin ou Rosa Luxemburgo, a articulação do universalismo e a identidade judaica dava-se mediante a assimilação do revolucionário judeu ao "universal concreto". Lênin admitira, após a revolução, o direito a todas as minorias nacionais de se autodeterminarem. Por sua vez, um sionista como Elise Weissel via um profundo parentesco entre um judeu comerciante no Marrocos e um operário judeu de Lod ou um judeu burguês de Lyon; porém, Helene Elek, judia húngara de formação marxista, não via nenhum parentesco entre ela e um judeu ortodoxo da Europa Oriental definindo: "pode-se ser um bom judeu sem judaísmo" (Klinberg; Brossat, 1983, p.28).

A tradição revolucionária do proletariado judeu definia-se na linha de um movimento universalista laico e progressista, sem relação alguma com um Estado separatista chauvinista, clerical e conservador como o atual Estado em Israel. Um Estado que reinventa o gueto, exaltando irracionalmente um passado mítico, veja-se a justificação das "zonas ocupadas" da Cisjordânia com uma argumentação fundada no Velho Testamento.

Dizem os autores a respeito de sua empreitada: "Nós não os entrevistamos somente como jornalistas, curiosos, mas como militantes da mesma utopia. Os códigos de sua escrita nos são familiares, sabemos que nossa história, como a deles, oscila entre o socialismo e a barbárie" (p.33).

Conclusivamente, a recuperação da tradição de luta do proletariado judeu, que se dá por esse livro, continuará através da obra em produção de Nathan Weinstock, *Le pain de la misère* [O pão da miséria] (s.d.), em que, em três volumes, ele analisa a história do movimento operário judeu na Europa, tão esquecido.

Revista *Novos Rumos**

Novos Rumos. São Paulo, Editora Novos Rumos, n.1, ano 1, 1986.

Recebemos e agradecemos o envio da revista *Novos Rumos*, ano 1, n.1, com 230 páginas, editada pelo Instituto Astrojildo Pereira. Tem como editor Antonio Roberto Bertelli e como diretor responsável Noé Gertel, além de contar com inúmeros intelectuais expressivos no seu Conselho Editorial, dentre os quais ressaltamos a presença de Celso Frederico, Antonio Segatto e José Paulo Netto, sobejamente conhecidos em nível nacional por seus trabalhos a respeito da classe operária brasileira, história do PCB e filosofia de Marx.

Esse primeiro número traz um texto clássico de Astrojildo Pereira a respeito das tarefas da intelectualidade, outro de Octavio Ianni a respeito da crise do Estado-nação, outro artigo a respeito das corporações internacionais e o capitalismo moderno.

---

* *Notícias Populares*, São Paulo, 14/5/1986. No batente.

A revista analisa também a relação entre a pequena burguesia e o reformismo social, o movimento operário e a Constituinte.

No plano essencialmente teórico traz um artigo a respeito da concepção marxista do Direito de Carlos Simões; outro sobre a democratização de Georg Lukács, além de outro artigo a respeito das reflexões de Marx sobre o Estado no livro I de *O capital*, de P. Vicente Sobrinho. Há também um artigo a respeito da nova tradução de *O capital* publicada por editora paulista, um artigo sobre "Marx e a elaboração do marxismo", e, finalizando, um artigo do professor A. L. Rocha Barros sobre "Dialética e teoria da ciência".

É possível discordar da postura política ou teórica da revista, porém não há dúvida que em nosso meio rarefeito, onde só se discutem pessoas, a discussão de ideias e posições é muito salutar. É aí que *Novos Rumos* tem seu espaço.

Por outro lado, pode-se concordar ou discordar do conteúdo da mesma, porém, para isso é necessário preliminarmente lê-la. Aí não vale o dito preconceituoso: "não li e não gostei".

A revista se autodefine de publicação periódica trimestral e é editada pela Editora Novos Rumos Ltda à Rua 7 de Abril, 230, bloco B, conjunto 133, São Paulo (SP) – CEP: 01044.

É mais uma contribuição ao debate intelectual na esquerda e com a esquerda, importante nos dias que correm. Daí o registro.

Carone levanta os caminhos da teoria marxista no Brasil[*]

O marxismo no Brasil: das origens a 1964, de Edgard Carone. Rio de Janeiro: Dois Pontos, 1986. 264 p.

O autor é professor de História na USP e conta em seu acervo, até o momento, treze volumes publicados referentes às revoluções no Brasil contemporâneo, à República Velha, à República Nova (1930-1937), à República Liberal (1945-1964), ao Movimento Operário no Brasil, além de sua expansão pela Europa.

Carone divide o livro em três partes: "Teoria", com 673 títulos citados; "Assuntos vários", com 174 títulos; e "Literatura proletária", com 190 títulos, totalizando 1037 títulos enunciados na sua pesquisa.

Mostra o professor Carone que até 1914 o marxismo irá penetrar na Europa, Alemanha e França. Inglaterra e EUA devido

[*] *Folha de S.Paulo*, 19/4/1987.

à sua tradição "tradeunionista" ficarão algum tempo à margem desse processo. Com a criação do Partido Social-Democrata Alemão, do Partido Operário na França e do Partido Socialista na Itália nos fins do século passado, eles se constituem em centros de difusão do marxismo.

Segundo Carone, já em 1936 fora prevista a edição *Mega* da obra de Marx, em 36 volumes, enquanto o Instituto Marx-Engels previa a edição da obra completa de Marx em 100 volumes, porém, isso sucederá em ritmo desalentadoramente lento. Engels, após a morte de Marx, irá dedicar-se aos livros 2 e 3 de *O capital* e Kautsky editará o Volume 4 sob o título de "História das doutrinas econômicas". Em 1859, a *Contribuição à crítica da economia política*, de Marx, obtém edição de mil exemplares. [...]

Vitória, contribuem para a difusão do marxismo no país. Entre 1945 e 1964 dá-se o surgimento de Caio Prado Jr., Nelson W. Sodré, Leoncio Basbaum, como teóricos marxistas-bolcheviques. Isso apesar do PCB "repisar algumas de suas visões estreitas sobre a nossa realidade" (Carone, 1986, p.73).

Traduções do original

Segundo o autor, a partir de 1964, predominam as influências inglesa e alemã, as obras marxistas são traduzidas através de edições originais. Althusser, Lukács e Gramsci permeiam o clima ideológico do período, entre os marxistas.

Acrescenta Carone que o número de livros editados no Brasil a respeito das obras de Marx e seus discípulos é muito grande; e em abono a esse entendimento, cita que "quando Marighella ou José Maria Crispim são presos, a polícia apreende em suas residências inúmeros volumes de Lênin, Stálin, livros de viagens à Rússia, romances proletários, todos eles levantados em nossa bibliografia" (p.78).

[...] Os livros de viagem, medicina e direito citados no texto dão conta do processo de criação, de uma "nova realidade comunista, os romances representam a transformação imaginativa do real. E todos juntos indicam a vereda ao militante de esquerda no Brasil" (p.78).

O livro se constitui num rico manancial de informações a respeito dos problemas relacionados à emergência e evolução do marxismo, às várias fases por que passou a URSS e ao surgimento de uma literatura proletária que tomou o nome "realismo socialista". Onde está esse rico manancial informativo? O professor Carone responde: "Para o levantamento da bibliografia pesquisamos na Biblioteca Nacional do Rio de Janeiro e na Biblioteca Municipal Mário de Andrade, de São Paulo. A maior parte dos livros recenseados, no entanto, pertence ao autor (p.7-8). O estudioso a essa hora estará invejando a rica biblioteca do autor e sua capacidade de pesquisa bibliográfica.

Carone traça a história da esquerda no Brasil[*]

Classes sociais e movimento operário, de Edgard Carone. São Paulo: Ática, 1989, 309 p. Tiragem: 3 mil exemplares.

Neste trabalho sobre as três fases de evolução do PC entre a década de 1920 e 1930, Carone investiu dez anos de pesquisa e acúmulo de material, pesquisou o Archivo Storico del Movimento Operário Brasiliano em Milão, na Itália, no Internacional Constitut voor Sociale Geschiedenis (Instituto de História Social) de Amsterdã, na Holanda, no Arquivo Nacional do Rio de Janeiro, na Biblioteca Mário de Andrade da Prefeitura do Município de São Paulo, no Centro de Apoio à Pesquisa em História da USP. Não podia deixar de lado o manuseio dos processos do Tribunal de Segurança Nacional.

O livro reconstrói, com fontes primárias, algumas utilizadas na pesquisa histórica pela primeira vez, o surgimento de vários

[*] *Folha de S.Paulo*, 18/5/1989.

partidos socialistas, a emergência do BOC (Bloco Operário e Camponês) e sua significação profunda para o proletário na época. Não passou desapercebida a formação do Partido Comunista Anarquista em 1918, como também, a discussão da "questão maçônica" nas fileiras do PCB.

Mas a originalidade da temática pesquisada pelo autor não para aí. Ele reconstrói o surgimento de um partido vinculado à oligarquia, Partido da Mocidade – aí está uma das contribuições do livro à reconstrução histórica. Carone nos brinda com a história do surgimento da Juventude Comunista vinculada ao PCB e reconstrói, com farta documentação, a história de uma instituição de apoio ao PCB que só encontramos citada nos trabalhos clássicos a respeito: a história do Socorro Vermelho, entidade para prestar apoio e assistência aos militares da época, a desempregados ou perseguidos por razões político-ideológicas. Aliás, o Socorro Vermelho surge em 1927.

O relato da origem e atuação da Internacional Sindical Vermelha, uma tentativa de criar um sindicalismo estritamente comunista, dirigido por Losovski com apoio de Stálin, é uma contribuição importante ao conhecimento da política sindical da Terceira Internacional.

Marxismo

Abordando as vicissitudes da introdução do marxismo no Brasil, o autor aborda os escritos de Otávio Brandão, que oscilavam entre o idealismo místico e o materialismo, trazendo em seu bojo a teoria da "terceira via", posteriormente desenvolvida em seu livro *Agrarismo e industrialismo* (que vai definir a linha política do PCB até 1930). Em outras palavras, a "terceira via" de Brandão propunha ao proletariado um sistema de alianças de classe "com pequenos burgueses revoltados (são as revoltas de 1922 e 1924) unidos à burguesia liberal contra os fazendeiros de café" (Carone,

1989, p.195). Nos capítulos 4, 9, 11 e 13, uma documentação até então não utilizada é usada para analisar a formação e atuação no Birô Sul-Americano da IC. Estes documentos trazem à tona figuras como Humbert Droz e Guralky, que teriam a importância política na vinculação do PCB às diretivas da Terceira Internacional. A "Terceira" sofreria, sob Stálin, um processo de "depuração" dos antigos revolucionários de 1917 e sua substituição pelos novos funcionários disciplinados sob o stalinismo.

Esse processo que abrangeu os partidos da Terceira Internacional chamou-se "bolchevização". Assim, o Partido Comunista Alemão (KPD), o de maior contingente operário no mundo, depois do soviético, teve sua direção alterada, com a substituição de Ruth Fischer Thaelman. Na França, revolucionários de primeira hora como Boris Souvarine, Rosmer e Frossard são substituidos por Maurice Thorez. Carone recupera a obra de um ex-militante da Internacional que atuara na área marítima vinculado ao KPD, Richard Jlius Herman Krebes. Kerebes legou à posteridade sua experiência de militante no livro *Do fundo da noite*, escrito sob o pseudônimo de Jan Valtin. Para o autor, a política da IC pode ser dividida em: primeiro período, a fase que se segue à Primeira Guerra Mundial, de crise aguda do capitalismo, de inúmeras revoluções, terminando com a expulsão da URSS dos invasores estrangeiros e a formação da Terceira Internacional: o segundo período, que se inicia com a derrota dos trabalhadores alemães (1921-1923), o assassinato de Liebknecht e Rosa Luxemburgo pela social-democracia alemã, que ocupava a presidência da Alemanha com o ex-operário Erbert: dá-se um processo de estabilização parcial de capitalismo com o plano Davies e aumento da influencia dos PCs até 1927: o terceiro período inicia-se em 1927, num momento de recuperação capitalista e de industrialização da URSS além dos níveis alcançados em 1914 e o surgimento de movimentos revolucionários nas colônias.

Interessante é a apresentação que o autor faz da Confederação Sindical Latino-Americana, onde Mariátegui propõe ao debate as reivindicações do movimento camponês, juvenil operário e camponês e índio (p.261). Carone critica as ideias fora do lugar, ou seja, obras que repetem cegamente modelos europeus, como *O processo*, de A. P. Figueiredo e *O socialismo*, do general Abreu e Lima (1855), que alienarão muitos militantes da realidade social e política do país. Segundo ele, a grande distância entre o modelo europeu e a realidade brasileira foi responsável por muitos intentos fracassados de organização e ação proletária.

Como dizia Vicente Licinio Cardoso, o intelectual brasileiro é em geral um exilado em sua própria terra (veja-se a conjuntura atual; repetem-se nos cursos acadêmicos sobre a teoria dos partidos políticos as teorias de Lênin, Ostrogorsky, Weber). O conhecimento da realidade, tendo em vista a formação de uma teoria do partido político no Brasil, não entra em cogitação, seja dos "teóricos" ou dos "práticos".

Carone mostra que, apesar do peso da imigração estrangeira na região centro-sul, a maioria do proletariado urbano é brasileira. Faz isso a partir de uma análise das contradições secundárias entre as etnias no meio operário; assim, entre 1910 e 1930, o trabalhador ítalo-espanhol era tipificado como altamente solidário, reivindicativo, "de briga", enquanto o de origem portuguesa e o brasileiro, eram vistos como "briguentos" e "conciliadores". É claro que tais tipificações são meros recursos intelectuais para compreensão de uma realidade mais complexa e não significam uma cópia fotográfica do real.

Também merece atenção a emergência do sindicalismo de orientação católico-conservadora, as Associações de Auxilio Mútuo, Ligas Operárias e Bolsa de Trabalho, formas de solidariedade operária autônomas, assim como o surgimento de advogados e políticos de classe média como Medeiros e Albuquerque, tenente Vinhaes, Evaristo de Moraes, Gustavo de Lacerda, Joaquim Pimenta, Maurício de Lacerda, que marcam o início do movimento operário. Estes líderes proletários surgirão durante o processo da formação e constituição do proletariado como classe no país.

Não deixa de destacar a abnegação, a combatividade e o desprendimento dos trabalhadores, seja de ideologia socialista, anarcossindicalista ou comunista, na luta social. Aponta a existência do tenentismo "social" com Prestes, diferenciado do tenentismo "político" de Miguel Costa. Em suma, uma obra definitiva do mestre Carone, que deve ser lida e meditada por quem de direito.

Papel dos dirigentes sindicais é vasculhado*

Capital, sindicatos e gestores, de João Bernardo. São Paulo: Vértice, 1987. 120 p.

O autor nasceu em Portugal em 1946 e de 1963 a 1968 dedicou-se ativamente ao movimento estudantil, o que lhe valeu várias prisões e expulsão por oito anos de todas as universidades portuguesas. Esteve exilado na França de 1968 a 1974. Militou no Partido Comunista Português (1964-1966), passou depois a militar em organizações de tendência maoísta de 1966 a 1973. Desde então tem seguido uma "tendência libertária". Durante a Revolução dos Cravos fundou o jornal *O Combate*, do qual foi colaborador constante.

Tem publicado livros e artigos em vários países. Em Portugal, pela editora Afrontamento, publicou: *Para uma teoria do modo de produção comunista* (1975), *Marx crítico de Marx* (três volumes,

---

* *Folha de S.Paulo*, 31/5/1987. Ilustrada.

1977) e *O inimigo oculto* (1979); pela editora Vértice publica este *Capital, sindicatos e gestores*.

João Bernardo coloca, preliminarmente, que a luta sindical, quando limitada a aumentos salariais, reforça o setor 2 da economia (bens de consumo).

Por outro lado, mostra o autor que a função dos sindicatos é a "negociação", que se constitui num dos pilares do capitalismo, seja privado, seja estatal. Assinala que os chamados "dirigentes sindicais" aparecem no contexto global do capitalismo como "administradores do mercado de trabalho", organizam o processo de exploração da força de trabalho e gerenciam seu funcionamento.

Proprietários capitalistas

Justamente por negociarem com as administrações das empresas é que os diretores "de sindicato" tendem a converter-se em proprietários capitalistas. Mostra o autor como a fragmentação da classe operária por empresas ou por categorias profissionais é estimulada pelas formas de remuneração negociada de muitos contratos de trabalho, em que os trabalhadores aceitam cortes salariais ou um bloqueio no aumento do salário a ser percebido em troca da aquisição de ações e participação nos conselhos de administração das empresas pelos seus "dirigentes sindicais".

O autor mostra como na Alemanha Ocidental o BFG (Bank Für Gemeinwirtschaft AG) foi criado na década de 1950 pela fusão de seis bancos regionais detidos pelos sindicatos. Desde 1920 as organizações sindicais alemãs fundam bancos próprios. É o único banco boicotado pelos árabes, pelas relações que mantém com o banco Hapoalim, da Histadruth (Central Sindical de Israel).

Em Israel, um quarto dos trabalhadores sindicalizados tem como "patrão" os próprios sindicatos. Nos EUA o sindicato Unmwa (United Mine Workers of America), fundado em 1890, no final da década de 1960 tinha 450 mil filiados; e é "proprietário" do National Bank of Washington. As grandes empresas facilitam o acesso da diretoria dos sindicatos a informações confidenciais e consulta à sua contabilidade.

Chrysler, General Motors, Pan American, incluem representantes da diretoria de trabalhadores em seus Conselhos de Administração e possibilitam a eles a aquisição de ações. Em troca, os "dirigentes sindicais" limitam as reivindicações de seus "representados". Eles impõem aos trabalhadores a aceitação de "cortes salariais". Há uma redução salarial e a ascensão dos "dirigentes sindicais" à administração da empresa.

Capital como "relação social"

A subordinação do sindicato à empresa alcança sua forma mais "perfeita", segundo o autor, quando a empresa é propriedade do sindicato. O capital é basicamente uma "relação social", conclui João Bernardo, "ela resulta do fato de os trabalhadores serem mantidos como proletariado a conferir ao dinheiro possuído pelos aparelhos sindicais a qualidade do capital" (Bernardo, 1987, p.53).

Na segunda parte do livro (intitulada "Gestores: desenvolvimento histórico e unificação de uma classe"), mostra o autor como através do "nacional-bolchevismo" o Comintern aproxima-se da Alemanha e assina o Tratado de Rapallo, que constituiu uma aliança entre o leninismo e a indústria pesada alemã. Havia sido no X Congresso do PC, em 1934, que Stálin afirmara que "apenas a orientação antieslava dos alemães levantava obstáculos à aproximação com a URSS e não o caráter fascista do Estado alemão, pois ele sublinhava as boas relações com o fascismo italiano" (p.75).

Aponta o autor a semelhança entre os fascismos, o leninismo e o stalinismo com o New Deal, processos que promoviam os administradores a organizadores da mão de obra, portanto, a agentes do capital. Mostra João Bernardo como o processo de descolonização alicerçado no "Terceiro mundismo" proclamara a prioridade da "nação" sobre a "classe", bandeira dos novos burocratas exploradores do trabalho.

Capital, sindicatos e gestores[*]

Capital, sindicatos e gestores. de João Bernardo. São Paulo: Vértice, 1987. 120 p.

O autor analisa um fenômeno singular: o desenvolvimento do capitalismo dos sindicatos. Ele é financiado diretamente mediante quantias extorquidas aos trabalhadores. As cotizações sindicais se constituem numa grande massa monetária que, se não for usada para "fundos de greve" ou apoio a outras lutas operárias, tende à desvalorização. Daí a razão de os sindicatos constituírem bancos próprios, adquirirem terrenos urbanos, empreenderem construções. Na medida em que o sindicato não concebe a aplicação desses fundos em outras formas de luta dos trabalhadores, ele realiza um investimento capitalista.

As diretorias de sindicatos na Alemanha Ocidental, Suécia, EUA, Israel, Venezuela e México consentem em reduções salariais

---

[*] *Educação & Sociedade*, ano 8, n.27, Campinas, set. 1987.

dos seus associados em troca de compra de ações de empresas, participação nos Conselhos de Administração e acesso às informações confidenciais.

Utilizando inúmeros exemplos de empresas dos países anteriormente enunciados, mostra João Bernardo que é com dinheiro que os trabalhadores poderiam ter ganhado, mas não ganharam, com essa diferença entre os salários normais ou previstos e os salários reduzidos, que as direções sindicais sustentam sua ascensão na hierarquia da administração capitalista das empresas. Os trabalhadores financiam a aquisição de capital pelos "dirigentes sindicais".

O autor exemplifica com o caso da General Motors, onde o organismo de administração conjunto UAW (Sindicato dos Trabalhadores da Indústria Automobilística) da General Motors concordou com a introdução da alteração das normas de trabalho que reverteriam num aumento de 10% da produtividade média em toda a companhia, representando uma economia de 2,4 bilhões de dólares; há a acrescentar uma economia nos custos do trabalho calculada em 3 bilhões de dólares nos 29 meses seguintes por causa da redução em salários e regalias. Só na GM dos EUA trabalham 350 mil assalariados, e a empresa teve em 1981 lucros de 333 milhões de dólares. Os trabalhadores ficaram muito escandalizados porque, após a assinatura do acordo, a empresa anunciou a concessão de elevados bônus na remuneração dos administradores (da empresa e do sindicato) (Bernardo, 1987, p.48). No México, após a nacionalização dos bancos, a eventual aquisição de companhias construtoras pelos sindicatos operários tinha como fundamento "recompensá-los pelo papel desempenhado na imposição de restrições salariais aos trabalhadores" (p.48).

Assim, "quando um representante sindical participa do Conselho de Administração de uma empresa ao lado de elementos do patronato tradicional, as diferenças atenuam-se, é uma classe gestorial absolutamente unificada que toma corpo" (p.55). No capitalismo, participar na gestão é participar na propriedade. Argumenta o autor: "gerir é gerir o trabalho realizado pela classe proletária".

Quem aceita as reduções salariais são os trabalhadores. Quem recebe, por isso, direito de participar no Conselho de Administração das empresas e adquire em nome da diretoria lotes de ações é o sindicato.

Em outubro de 1982, na Suécia, após o Partido Social Democrata regressar ao poder, desvalorizou a moeda em 16%, o que acarretou melhoria da competividade empresarial e aumento dos lucros. Para incitar o patronato a investimentos e impedir que parte desses lucros servisse às reivindicações dos trabalhadores, "o governo estabeleceu um acordo com os sindicatos. Estes impediriam que as reivindicações salariais ultrapassassem determinado nível. Em troca, os sindicatos obteriam do governo uma lei que colocaria em funcionamento os fundos regionais" (p.42).

Na segunda parte do livro, intitulada "Gestores, desenvolvimento histórico e unificação de uma classe", situa o autor como regimes aparentemente inimigos – fascismo, New Deal e stalinismo – na prática significaram a autonomia dos gestores na organização da mão de obra. Especial atenção ele dá à ideologia "terceiro mundista" que, ao privilegiar o conceito de nação em detrimento do conceito de classe, encobre a dominação de novas burocracias exploradoras sobre a massa dos trabalhadores. É uma obra altamente polêmica, daí a importância de sua leitura.

A arma afiada da memória[*]

Primeiro de Maio: cem anos de luta, de José Luís del Roio. São Paulo: Global, 1986. 170 p.

O livro contou com a organização do Centro de Memória Sindical (SP), com auxílio da Fundazione Feltrinelli, que forneceu os *posters* e as 35 fotos a respeito da data que fazem parte do volume.

Essas entidades uniram-se na comemoração de uma data que pertence aos trabalhadores, sem patrões e sem estado, na visão de um Primeiro de Maio unitário.

Os trabalhadores de todo o mundo comemoram os mártires de 1º de maio de 1886. Faz cem anos. Naquele dia, uma gigantesca greve abalou a maioria das cidades norte-americanas. Os trabalhadores reivindicavam a *jornada de oito horas de trabalho*.

Enquanto a greve prosseguia, três dias após, realizou-se um ato público em Chicago. No final do mesmo, quando maioria

---

[*] *Leia Livros*, maio 1988.

dos trabalhadores presente se retirava, a polícia atacou os que lá estavam. Explode uma bomba matando um policial e ferindo muitos outros. Até hoje não se identificou quem lançara a bomba; segundo os pesquisadores e sociólogos o mais provável é que a bomba tenha sido jogada por um agente provocador a mando da polícia.

Porém, o governo norte-americano estava decidido a desmobilizar o movimento operário criminalizando suas lideranças mais expressivas.

Para isso prendeu os trabalhadores Louis Lingg, Adolph Fischer, Albert Parsons, August Spies e George Engel. Enquanto isso a "grande" imprensa, que sempre se caracterizou pela venalidade através do *Chicago Times*, criava um clima de repressão por meio de artigos, pregando que *"a prisão e o trabalho forçado são a única solução possível para a questão social. É necessário que esses meios sejam mais usados"* agregando que *"o único jeito de curar os trabalhadores do orgulho é reduzi-los a maquinas humanas e o melhor alimento que os grevistas podem ter é chumbo"* (Roio, 1986, p.56).

Foi o que ocorreu. Montou-se uma farsa de processo onde o júri foi indicado pelo juiz, tendo a defesa indicado 981 candidatos ao júri. O julgamento se iniciou em 21/6/1886 terminando a 9/10/1886, com a condenação à morte de Persons, Engel, Fischer, Lingg e Spies, de Fielden e Schwab à prisão perpétua e de Neeb a quinze anos de cárcere.

O sindicalista Neeb enuncia seu "crime" e de seus companheiros quando diz ante o Juiz: *"eu cometi um grande crime excelência, eu vi os balconistas dessa cidade trabalharem até 21 e 22 horas. Lancei um apelo à organização da categoria e agora eles trabalham ates às 19 horas; aos domingos estão livres"* (p.61).

Numa sala silenciosa, o sindicalista Spies, um dos condenados faz sua última defesa: "Se com o nosso enforcamento vocês pensam em destruir o movimento operário" – este movimento do qual milhões de seres humilhados esperam a redenção – *"se esta é sua opinião, enforquem-nos. Aqui terão apagado uma faísca, mas lá e acolá, atrás e na frente de vocês, em todas as partes, as chamas crescerão. É um fogo subterrâneo e vocês não podem apagá-lo"* (p.62).

Decorridos seis anos desse ato de "terrorismo de Estado", o governador do estado de Illinois, em virtude dos protestos mundiais contra a iniquidade do "processo" e da sentença, "anula-a" e liberta os três sobreviventes, acusando de *"infâmia o juiz, os jurados e as falsas testemunhas"*. [...]

A poluição no interior do sistema fabril[*]

Insalubridade: morte lenta no trabalho, Diesat (Departamento Intersindical de Estudos e Pesquisas de Saúde e dos Ambientes de Trabalho). São Paulo: Oboré, 1989.

Insalubridade: morte lenta no trabalho (Diesat, 1989) é fruto de uma pesquisa levada a efeito pelo Diesat (Departamento Intersindical de Estudos e Pesquisas de Saúde e dos Ambientes de Trabalho), nascido em 1979 como órgão de assessoria sindical nas questões relativas a saúde e trabalho. Órgão de utilidade pública, não está subordinado a partidos políticos ou centrais sindicais. Suas pesquisas têm como base a demanda do movimento sindical na busca pela saúde do trabalho.

O livro analisa as patologias específicas de cada tipo de atividade industrial, que vão desde o desgaste mecânico por causa da repetição dos mesmos movimentos físicos durante uma jornada

---

[*] *Jornal da Tarde*, São Paulo, 9/9/1989, Caderno de Sábado.

de trabalho de oito a doze horas aos processos de degeneração orgânica associados a doenças ocupacionais, decorrentes do contato com substâncias tóxicas de todos os tipos.

É elevado o índice de mortalidade entre a população trabalhadora brasileira, na faixa entre 15 e 54 anos; afeta a 57% no sexo masculino e 37% no sexo feminino. Anualmente mais de 5 mil novas substâncias são introduzidas no sistema industrial.

O livro mostra como os locais de trabalho aparecem envoltos em vapores de substâncias químicas, poeira e névoas. Acresce o fato de a maior parte da poeira tóxica ser invisível, porém, seu efeito cumulativo no organismo significa a morte lenta no trabalho. O país, em matéria de pesquisa toxicológica, está dando os primeiros passos.

A pesquisa analisa no setor siderúrgico a Cosipa, onde o ruído excessivo mistura-se ao calor e há a intoxicação pelo benzeno, produzindo a leucopenia, só muito tardiamente reconhecida como doença profissional pelo Inamps. Foram encontrados na empresa 2100 leucopênicos. A doença resulta de uma alteração orgânica caracterizada pela diminuição dos glóbulos vermelhos no sangue.

Foram encontrados trabalhadores sofrendo de benzenismo por causa da exposição crônica ao benzeno, que é altamente tóxico e pode provocar a leucemia. A pesquisa analisa a exposição do trabalhador ao chumbo, que se traduz em impotência sexual; a pesquisa mostrou níveis de chumbo no ambiente de trabalho mil vezes acima dos toleráveis.

O livro analisa a pesquisa realizada em São Caetano do Sul na Indústria Matarazzo, na seção dedicada à fabricação do agrotóxico BHC, onde o benzeno encontra-se no ar em alto nível de concentração, na base de 1000 ppm (parte por milhão), enquanto o limite permitido por lei é de 8 ppm!

O livro analisa a ação do dissulfeto de carbono e suas consequências sobre a saúde de um trabalhador exposto por horas e horas à ação deste produto altamente tóxico. Analisa a Cia. Nitro Química, onde em outubro de 1986 seiscentos funcionários do setor de fiação entraram em greve de protesto contra as más condições de trabalho.

Exames constataram excesso de ácido sulfúrico e sulfídrico no ar, que causara quatorze casos de conjuntivite química entre os trabalhadores. Névoas de gás sulfídrico foram encontradas num nível de concentração 211 vezes acima do permitido em lei. Alia-se a isso iluminação deficiente, calor e ruído excessivo. A fiscalização da Delegacia Regional do Trabalho (DRT) é omissa e o sindicato não pode entrar na fábrica.

O livro aponta a seção de raiom com nível de ruído muito elevado e iluminação deficiente. A seção de dissulfeto de carbono era conhecida como "Ilha do Diabo", pelo calor excessivo e frequentes explosões que causavam queimaduras entre os trabalhadores. A demorada exposição ao dissulfeto de carbono pode levar a pessoa à arteriosclerose, a sofrer de degeneração do fígado e depressão do sistema nervoso central, que, por sua vez, produz insônia, dor de cabeça, tontura, impotência, hipertensão e surdez.

Por ironia da vida, por ocasião da realização da Semana de Prevenção de Acidentes de Trabalho, um dos diretores da Eletrocloro declarava orgulhosamente que a empresa ostentava acidente zero e doença profissional zero; 48 horas depois, o Sindicato dos Trabalhadores Químicos do ABC denunciava a existência de 79 contaminados pelo mercúrio.

Essa contaminação atinge o sistema nervoso central, causando distúrbios emocionais, alteração da memória, perda da coordenação dos movimentos, fadiga geral. Provoca inflamações na pele, sangria das gengivas e compromete o funcionamento dos rins.

Em suma, o livro, no seu conjunto, aborda o tema da poluição no interior do sistema fabril e a necessidade de os trabalhadores organizarem-se para lutar por seu direito à vida.

Mesmo em países de capitalismo desenvolvido há carências, ocorre a falta de inspetores que façam cumprir adequadamente as normas. Quanto à legislação brasileira a respeito, ela ainda deixa muito a desejar.

Verifica-se, também no Brasil, o sub-registro de doenças profissionais e a involução legislativa, que limita cada vez mais o nível de benefícios por doenças ocupacionais que ao trabalhador caberia receber. O livro alerta os trabalhadores e seus sindicatos sobre a importância da luta pela saúde, tão importante quanto as campanhas salariais das várias categorias profissionais. É para ser lido e meditado.

Economia dos conflitos sociais [orelha]*

Num momento de contraofensiva neoliberal vinculada a legitimar a hegemonia capitalista nesta altura do século XX, sua obra constitui leitura obrigatória de todos aqueles para quem antes dos fatos existem argumentos: os fatos não falam por si mesmos. *Economia dos conflitos sociais* tem o mesmo valor para a análise marxista que a *Enciclopédia das ciências filosóficas* de Hegel teve para o idealismo alemão do século XIX.

A *Economia dos conflitos sociais* concentra uma "suma metodológica" por meio da qual, através da análise do universo de discurso de pensadores como Kant, Fichte, Schelling e Jacobi, o autor estuda a mais-valia: como capacidade de ação, a partir de Kant, que vê o mundo centrado no "eu-em-relação"; como ação intelectual, em Fichte, para quem a ação intelectual do *nós* é fundante da criação da realidade; em Schelling para quem a con-

---
* *Economia dos conflitos sociais*, de João Bernardo. São Paulo: Cortez, 1991.

tradição tem como vetor o divino; e, finalmente, em Jacobi, para quem a vontade como ação extrafilosófica pela fé funda o real.

Nesse contexto, o autor situa a importância de Marx como criador da ação entendida como práxis, base de uma teoria da ação radical e inovadora. Mostra como em Marx a ação não era pensada enquanto um processo intelectual, mas sim uma práxis concomitantemente material e social. É o caráter material da prática que leva a pensá-la como o social. Sob o capitalismo, cada processo de produção diz respeito aos trabalhadores enquanto coletivo, pois ele não pode ser isolado dos demais e os produtos que resultam de um processo de trabalho só existem como *capital*, enquanto vivificados pelos processos em sequência. Daí o caráter social da prática dos trabalhadores constituir um contínuo no tempo e abranger a totalidade dos trabalhadores, enquanto uma força coletiva global, embora diversificada. Por isso, segundo o autor, conceber a prática como social num sistema onde existe uma pluralidade de processos de trabalhos específicos e interdependentes implica um todo estruturado com mecanismos de causalidade complexos, em que o todo é mais do que a mera justaposição das partes.

Marx, segundo o autor, agregou virtualidades novas à concepção hegeliana de alienação, transformando as teorias da ação numa teoria da práxis, através da reformulação da teoria da alienação e atribuindo centralidade à capacidade de ação através da força do trabalho.

Para Marx, a alienação transcorre no universo criado pela mais-valia; a exploração da mais-valia relativa converte a força de trabalho em apêndice do capital, fazendo crescer a massa de capital ante os trabalhadores, agravando sua miséria. Ressalta o autor não se tratar da miséria absoluta e sim de uma definição relativa de miséria social porque se define através da articulação do coletivo operário que produz a mais-valia e a classe que dela se apropria, na forma camuflada de sobretrabalho, taxa de juros e renda da terra.

Se para Marx a força de trabalho se constitui numa medida básica da formação do valor, somente ela produz e reproduz a vida social. Essa é uma concepção vinculada ao modelo da mais-valia como um modelo de antagonismo social, que decorre da constatação da existência de uma sociedade dividida em classes, com interesses diversificados, em que a razão histórica de uma das classes é elegida como o único elemento capaz de agir.

É a existência da contradição que permeia o modelo da mais-valia, por meio da qual a ação da força de trabalho institui a equivalência, e o tempo de trabalho determina o valor da força de trabalho como valor do *output*. [...]

O valor do uso da força de trabalho – para o autor –, na sua incapacidade de incorporação do tempo de trabalho, introduz o conflito pela defasagem entre os tempos de trabalho incorporados. A defasagem se dá na medida em que, sob o capitalismo, os trabalhadores perdem o controle sobre o processo de trabalho e sobre o destino do que foi produzido. A contradição da mais-valia é uma contradição interna, da qual resultam as classes sociais, definidas em função dessa contradição básica.

O capitalismo, considerando o alto custo social da repressão direta, recorre a inovações tecnológicas para o aumento da produtividade, isto é, da exploração do trabalho. Daí a importância da exploração da mais-valia relativa, que tem como complemento a emergência de ideologias conciliatórias, de "participacionismo", "cogestão", que afirmam a vitória dos exploradores do trabalho. Emerge então uma burocracia sindical, um sindicalismo de negociação, por meio do qual os capitalistas procuram "antecipar" os conflitos mediante "concessões" secundárias para resguardar o essencial: seu controle sobre os meios de produção, a tecnologia, a organização do trabalho; elaboram "doutrinas" a respeito, para garantir a legitimidade patronal no processo capitalista. Isso faz com que o Estado Restrito, emergente no período da acumulação primitiva do capital, imediatamente repressivo, ceda lugar ao Estado Amplo, que desenvolve políticas sociais de integração da mão de obra no sistema, acentuando a exploração da mais-valia relativa.

A resposta operária a esse integracionismo, que se articula internacionalmente, tem sido a auto-organização independente a partir do local de trabalho.

Em contrapartida, permanece a contradição fundamental, que opõe trabalhadores ao capital, à medida que aqueles lutam contra este, em que o agente dá passagem a um novo sistema econômico – não são as forças produtivas, mas serão os trabalhadores em luta. Daí João Bernardo definir a corrente que acentua o antagonismo citado anteriormente como o marxismo das relações de produção.

Na economia revolucionária, diferentemente da economia da submissão, em que funciona o disciplinamento do trabalhador pela máquina e organismos administrativos no interior da fábrica, aparece o trabalhador como sujeito coletivo num processo de luta.

Por um processo coletivo da luta, o trabalhador rompe com a disciplina fabril criando estruturas horizontais, conselhos, comissões – essas sim constituem o elemento revolucionário, pois significam no ato a introdução de relações comunistas entre seus membros.

O comunismo não é algo a atingir; decorre da auto-organização da mão de obra através de estruturas horizontais que rompem com a verticalidade dominante nas unidades produtivas. É aí que se criam relações sociais novas, incompatíveis com a disciplina fabril tradicional e precursoras de relações sociais comunistas, ou seja, da auto-organização do trabalhador a partir da unidade produtiva, superando a verticalidade, a hierarquia e a fragmentação que o capital procura eternizar no seu seio.

Nas suas 370 páginas, encontrará o leitor problematizado o tema do capital, do Estado, da exploração da mais-valia relativa e da resposta operária ao capital.

Referências bibliográficas

ADUNESP confirma negociações políticas para definir o reitor. *Folha de S.Paulo*, 13 mar. 1984. p.21.
ADUSP. *O livro negro da USP*. São Paulo: Brasiliense, 1979.
AMERICAN PHILOSOPHICAL SOCIETY. *History of Chinese Society*. Philadelphia, 1949. v.36.
ANTONIADIS-BIBICOU, H. Byzance et le mode de production asiatique. *La Pensée*. Paris, n.129, 1966.
BAIROCH, P. *La Revolución Industrial y el subdesarrollo*. México: Siglo XXI, [s.d.].
BENDIX, R.; FISHER, L. As perspectivas de Elton Mayo. In: ETZIONI, A. *Organizações complexas*. São Paulo: Atlas, 1962.
BEN-GURION, D. *O despertar de um Estado*. Rio de Janeiro: Monte Scopus, 1957. 290 p.
Benjamin, F. S. Educação e mudança social: uma tentativa de crítica. São Paulo: Cortez, 1980.
BERNARDO, J. *O inimigo oculto*. Porto: Afrontamento, 1979.
_____. *Capital, sindicatos e gestores*. São Paulo: Vértice, 1987. 120 p.
_____. *Economia dos conflitos sociais*. São Paulo: Cortez, 1991.

BISSERET, N. *Les inégaux ou la sélection universitaire.* Paris: PUF, 1974.

BOOTH, C. *Life and Labor of People of London.* London: MacMillan, 1891-1903.

BROSSAT, A., KLINGBERG, S. *Le Yiddishland révolutionnaire.* Paris: Balland, 1983. 362 p.

BRUNO, L. *O que é autonomia operária.* São Paulo: Brasiliense, 1985. 91 p.

BURNHAM, J. *The Managerial Revolution.* New York: John Day Company, 1941.

CARONE, E. *Classes sociais e movimento operário.* São Paulo: Ática, 1989. 309 p.

_____. *O marxismo no Brasil (das origens a 1964).* Rio de Janeiro: Dois Pontos, 1986. 264 p.

CARVALHO, N. V. de. *Autogestão: o governo pela autonomia.* São Paulo: Brasiliense, 1983.

CASTRO, C. M. et al. *Estudos e Pesquisas*, Rio de Janeiro, Instituto de Tecnologia Educacional, n.3, 1978.

CHINOY, E. *Automobile Workers and the American Dreams.* New York: Doubleday, 1955.

CROZIER, M. *Le phénomène bureaucratique.* Paris: Seuil, 1963.

DAHRENDORF, R. *Democracy and Freedom, an Essay in Social Logic.* Melbourne: Macmillan, 1919.

_____. *Sociología de la industria y de la empresa.* México: Uthea, 1965.

DEDO-DURO na USP. *Folha de S.Paulo,* 22 jul. 1964.

DEJEAN, C. La crise du salaire au rendement, un exemple belge. *Sociologie du Travail,* Paris, v.2, 1961.

DIESAT (Departamento Intersindical de Estudos e Pesquisas de Saúde e dos Ambientes de Trabalho). *Insalubridade: morte lenta no trabalho.* São Paulo: Diesat-Oboré, 1989.

DJILAS, M. *La nouvelle classe dirigeante.* Paris: Plon, 1957.

DOMMANGET, M. *Os grandes socialistas e a educação.* Braga: Europa--América, 1974.

DONOLO, C. *Per la critica dell'università.* Torino: Einaudi, 1971.

DOSTOIÉVSKI, F. *Os demônios.* [s.l.: s.n., s.d.].

DUDORINE. *Planification et programation lineaire de l'aprovisionnement materiel et técnique*. Moscou: Ekonomizdat, 1961.

DUMAZEDIER, J. *De la sociología de la comunicación colectiva a la sociologia del desarollo cultural*. Quito: Ciespal, 1967. 228 p.

ENGELS, F. *Anti-Dühring*. Paris: [s.n.], 1931.

ENGELS, F.; GODELIER, M. *El modo de producción asiático*. Córdoba: Editorial Universitaria de Córdoba, 1966.

ETZIONI, A. *Organizações modernas*. São Paulo: Pioneira, [s.d.]

FAYOL, H. *Administração industrial e geral*. São Paulo: Atlas, 1960.

FOURIER, C. *Traité de l'association doméstique-agricole*. [s.l.: s.n.], 1922. t.5.

_____. *Ludwig Feuerbach et la fin de la philosophie classique allemande*. Paris: Éditions Sociales, 1970.

_____. *Le nouveau monde industriel et societaire*. [s.l.: s.n., s.d.a]

_____. *Oeuvres completes*. [s.l.: s.n., s.d.b].

FREYER, H. *La Sociología, ciencia de la realidad*. Buenos Aires: Losada, 1944.

GARAUDY, R. et al. *Estruturalismo e marxismo*. São Paulo: Jorge Zahar, 1968. 289 p.

GIVET, J. *La gauche contre Israel*. Paris: J. J. Pauvert, 1968. 200 p.

GOUVEIA, A. J. Desigualdades no acesso à educação de nível médio. *Pesquisas e Depoimentos*, CRPE, São Paulo, v.10., dez. 1996.

GRANICK, D. *El hombre de empresa soviético*. Madrid: Revista do Ocidente, 1966.

GRAY, A. *The Socialist Tradition*. London: Longmans, Green and Co., 1947.

GURVITCH, G. *Les cadres sociaux de la connaissance*. Paris: PUF, 1966.

HAMMOND, J.; HAMMOND, B. *The Town Labourer*. London: Longmans, Green and Co., 1925.

_____. *The Rise of Modern Industry*. New York: Harcourt, Brace and Co., 1926.

HEGEL, F. *Principes de la philosophie du droit*. Paris: Gallimard, 1940.

HEIERLI, U. *Realidade tecnológica*. Porto: Res, 1976.

JACOB, F. *A lógica da vida*. [s.l.: s.n., s.d.].

JACOBY, H. *La burocratización del mundo*. Buenos Aires: Siglo XIX, 1972.

KAMINSTER. *Manuel de l'entreprise industrielle*. Moscou: [s.n.], 1961.
KAPELIOUK, A. *Sabra et Chatila: enquete sur un massacre*. Paris: Du Seuil, 1982. 116 p.
KUHN, T. *A estrutura das revoluções científicas*. São Paulo: Perspectiva, [s.d.].
LA BOÉTIE, E. de. *Discurso da servidão voluntária*. 2.ed. São Paulo: Brasiliense, 1982.
LAPASSADE, G. *Procès de l'université*. Paris: Belfond, 1969.
_____. *Chaves da Sociologia*. Rio de Janeiro: Civilização Brasileira, 1976.
_____. *Homens, grupos e organizações*. Petrópolis: Vozes, 1976.
LÊNIN, V. *O capitalismo de Estado e o imposto em espécie*. Curitiba: Guaíra, 1945.
_____. *La révolution bolcheviste*. Paris: Payot, 1970.
LEROY, M. *Histoire des idées sociales en France*. Paris: Gallimard, 1962. v.1.
LEWIN, H. et al. *Mão de obra no Brasil*: um inventário crítico. Petrópolis: Vozes/PUC-RJ/OIT, 1977.
LEWIT. *Sociologie du Travail*, Paris, v.2, n.127, 1970.
LILGE, F. *The Abuse of Learning*: The Failure of German University. New York: Macmillan, 1948.
LOBROT, M. *A pedagogia institucional*. Lisboa: Iniciativas Editoriais, 1966.
MAITLAND, F. W. The Survival of Archaic Communities. In: *The Collected Papers of Frederic William Maitland*. Cambridge: HAL Fisher, 1911. 2v.
MALLART Y CUTÓ, J. *Organización científica del trabajo*. Barcelona: Labor, 1942.
MANNHEIM, K. *Ideologia e utopia*. Rio de Janeiro: Globo, 1950.
MARX, K. *Le 18-Brumaire de Louis Bonaparte*. Paris: Éditions Sociales, 1928.
_____. *El capital*. Madrid: Aguilar, 1931.
_____. *El capital*. Trad. Wenceslao Roces. México, Fondo de Cultura Económica, 1946.
_____. *Contribution à la critique de l'economie politique*. Paris: Éditions Sociales, 1957.

MARX, K. ; ENGELS, F. *Manifesto do Partido Comunista*. Rio de Janeiro: Editorial Vitória, 1954.

_____. *Marx-Engels-Gesamtausgabe* (Mega).

MASPERO, H.; BALAZS, E. *Histoire et institutions de la Chine ancienne*. Paris: PUF, 1967.

MAYER, J. P. *Max Weber y la política alemana*. Madrid: Instituto de Estudios Políticos, 1966. 221 p.

MCLUHAN, M. *Os meios de comunicação como extensões do homem*. São Paulo: Cultrix, 1969. 407 p.

MEC quer reduzir o índice de pobreza. *O Estado de S. Paulo*, 15 jul. 1979.

MEIGNIEZ, R. *La pathologie sociale de l'entreprise*. Paris: Gauthier Villars, [s.d.].

MEISTER, A. *Socialisme et autogestion*. Paris: PUF, 1953.

MERLEAU-PONTY, M. *Humanisme et terrour*. Paris: Gallimard, [s.d.].

MEYER, M. *L'entreprise industrielle d'état en Union Sovietique*. Paris: Cujas, 1964.

MOREIRA, D. *Psiquiatria, controle e repressão social*. Petrópolis: Vozes, 1983. 205 p.

MOTTA, F. P. *Teoria Geral da Administração*: uma introdução. São Paulo: Pioneira, 1975.

NOSELLA, P. *Por que mataram Santo Dias?* São Paulo: Cortez, 1980. 125 p.

NOVOS RUMOS. São Paulo: Instituto Astrojildo Pereira, n.1. 230 p.

PANZIERI, R. *La división capitalista del trabajo*. Córdoba: PyP, 1972.

PAOLI, N. J. *Ideologia e hegemonia*: as condições de produção da educação. São Paulo: Cortez, 1980.

PEISKER, J. *Die Serbische Zadruga*. Zeitschrift, Sozial und Wirtschaftsgeschichte, v.7, 1900.

PORTAL, R. *Os eslavos, povos e nações*. Lisboa: Cosmos, 1968.

POSSAS, C. de A. *Saúde, Medicina e trabalho no Brasil*. Campinas. Dissertação de mestrado em Ciências Sociais, Instituto de Filosofia e Ciências Humanas, Unicamp, 1980.

RAMOS, A. G. *Sociologia industrial*. Rio de Janeiro: Mendes Júnior, 1952.

_____. *Administração e estratégia do desenvolvimento*. Rio de Janeiro, Fundação Getúlio Vargas, 1960.

RAMOS, J. A. *Revolución y contrarrevolución en la Argentina*. Buenos Aires: Amerinda, 1957. 458 p.

RIZZI, B. *Il collettivismo burocratico*. Imola: Galeati, 1967.

ROIO, J. L. del. *Primeiro de Maio*: cem anos de luta. São Paulo: Global, 1986. 170 p.

RÜSTOW, A. *Ortsbestimmung der Gegenwart*. Zurich-Erlenbach: Rentsch, 1950-1952. 2v.

SAINT-SIMON, C-H. *Ouvres*. [s.l.: s.n., s.d.a].

SAINT-SIMON, C-H. *Producteur*. In: *Ouvres*. [s.l.: s.n., s.d.a].

SALGADO, P. et al. Introdução. In: SALGADO, P. (org.). *Enciclopédia do integralismo*. Rio de Janeiro: Livraria Clássica Brasileira, 1959. v.9.

SCHMID, J. R. *El maestro-compañero y la pedagogía libertaria*. Barcelona: Fontanella, 1973.

SCHRAMM, W. (org.). *Proceso y efectos de la comunicación colectiva*. Quito: [s.n.], 1964. 496 p.

SOCIÉTÉ TAYLOR. *L'organisation scientifique dans l'industrie américaine*. Paris: Dunod, 1932.

SODRÉ, N. W. *Contribuição à história do PCB*. São Paulo: Global, 1984. 119 p.

TAYLOR, F. Administração científica do trabalho. [s.l.: s.n., s.d.].

TEIXEIRA, A. S. Uma perspectiva da educação superior no Brasil. *Revista Brasileira de Estudos Pedagógicos*, v.80, n.111, jul./set. 1968.

TOURAINE, A. *Historia general del trabajo*. Barcelona: Grijalbo, 1965. 4v.

TRAGTENBERG. M. *Burocracia e ideologia*. São Paulo: Ática, 1974.

TRINDADE, H. *Integralismo*: o fascismo brasileiro na década de 30. São Paulo: Difel, 1979.

TROTSKI, L. *A história da Revolução Russa*. Rio de Janeiro: Paz e Terra, 1977.

TUCKETT, J. D. *A History of the Past and Present State of the Labouring Population*. London: [s.n.], 1846. v.1.

VEGA, G. de la. *Comentarios reales de los incas*. Buenos Aires: Emecé, 1945. v.1.

WEBER, M. Der Streit um den Charakter der Altgermanischen Sozial-Verfassung. *Jahrbücher Nationalökonomie und Statistik*, v.83, 1904.

WEBER, M. In: TROELTSCH, E. (Org.) *Gesammelte Schriften*. Tübingen: Mohr, 1912. v.2.

_____. *Economía y sociedad*. México: Fondo de Cultura Económica, 1944.

_____. In: GERTH, H. H.; MILLS, C. W. (Orgs.). *Ensaios de sociologia*. Rio de Janeiro: Jorge Zahar, 1946. p.67.

_____. *Historia económica general*. México: Fondo de Cultura Económica, 1956.

_____. *Economía y sociedad*. 2.ed. México, Fondo de Cultura Económica, 1964.

_____. *A ética protestante e o espírito capitalista*. São Paulo: Pioneira, 1967.

_____. *Parliament and Government in Germany*: economy and society. New York: Bedminster Press, 1968. v.3.

_____. *Sobre a universidade*: o poder do Estado e a dignidade da profissão acadêmica. São Paulo: Cortez, 1989. Coleção Pensamento e Ação, v.1.

WEINSTOCK, N. *Le pain de misère*. Paris: Maspero, [s.d.].

WITTFOGEL, K. A. *Oriental Despotism, a Comparative Study of Total Power*. New Haven: Yale University Press, 1957.

_____. *Wirtschaft und Gesellschaft Chinas, Versuch der Wissenschaftlichen Analyse Einer Großen Asiatischen Agrargesellschaft*. Leipzig: Hirschfeld, 1931.

SOBRE O LIVRO

Formato: 14 x 21 cm
Mancha: 23 x 44,5 paicas
Tipologia: Iowan Old Style 10/14
Papel: Offset 75 g/m² (miolo)
Cartão Supremo 250 g/m² (capa)
1ª edição: 2012

EQUIPE DE REALIZAÇÃO

Capa
Isabel Carballo

Edição de Texto
Igor Ojeda (Preparação de original)
Frederico Ventura (Revisão)
André Galletti (Revisão)

Editoração Eletrônica
Estúdio Bogari (Diagramação)

Assistência Editorial
Alberto Bononi

Mundial Gráfica

Este livro foi impresso
pela Mundial Gráfica